정책평가와 성과관리

이광희 · 한종희 · 윤수재
강은숙 · 공병천 · 홍재환 옮김

도서출판 대영문화사

옮긴이의 말

심사분석을 거쳐 기관평가로 이어진 정부업무 평가제도는 새로운 평가법 제정을 앞두고 도약을 위한 전환기를 맞이하고 있다. 그 동안 행정부가 정책평가를 주도했으나 국회에 예산정책처가 생기고 감사원에 평가연구원이 설립되면서 점차 다원화된 패러다임으로 바뀌고 있다. 또 통제를 암묵적으로 강조했던 타율적 모델에서 성과에 대한 통찰을 강조하는 자체평가가 중시되고 있으며, 발전을 위한 제도적 전환기를 맞이하여 성과관리(performance management)가 새롭게 대두되고 있다. 이런 전환기의 와중에 평가에 대한 경직된 관점과 취약한 방법론 등에 기인하는 부정적 논란이 없지는 않다. 이 책은 정책평가 및 성과관리와 관련하여 복잡하면서도 급변하고 있는 현실에 부응하려는 의도를 가지고 있다.

이 프로젝트는 2003년 겨울부터 시작된 한국행정연구원 정책평가센터 연구모임에서 시작되었다. 당시 정책평가센터 수석연구원으로 재직중이던 6인의 역자들은 학문과 현실의 두 영역을 넘나들면서 한국의 정책평가 및 성과관리에 대한 탐구를 수행하고 있었다. 그러나 평가를 둘러싼 현실의 다양성과 빠른 변화에 조응하지 못하는 이론의 한계를 절감하면서 두 영역의 간극을 좁히는 데 도움을 줄 수 있는 학습과 토론이 필요하다고 생각했다. 이러한 필요성을 공감한 역자들은 정책평가 및 성과관리와 관련된 외국 저널들의 논문들을 주제별로 모아 세미나를 시작했다. 약 3개월 동안 30여 편의 논문들을 읽고 세미나를 진행하면서 정책평가에 대한 새로운 경향과 다양한 방법론을 알게 되었고, 우리 나라 현실과의 비교 및 적용 가능성을 검토했다.

세미나를 마무리하면서 역자들은 공동 연구의 성과를 내어야 한다는 데 의견을 모으고 번역서를 내기로 했다. 각 역자들이 담당하고 있는 실무 영역과 관련된 연구를 하나의 책으로 모으자는 의견도 있었는데, 이러한 의

견을 존중하여 후속적인 시리즈물로 기획하기로 했다. 한편 역자들은 번역을 위한 워크숍을 수 차례 가지면서 번역할 논문을 최종 7개로 선택했고, 각자의 관심도에 따라 번역 책임자를 정했다. 이 과정에서 한국해양대학교로 이직한 강은숙 교수가 바쁜 와중에도 2개의 논문을 번역하게 되었다. 번역 작업은 예상외로 시간이 많이 걸렸으며, 번역된 초고를 한 논문당 두 사람이 1차 검토하는 작업을 수행했다. 이후 이광희 박사가 모든 원고를 원문과 대조해 가며 수정했고 용어와 문체의 통일성을 기하도록 노력했다.

이 책의 구성은 각 논문의 주제 및 특성에 따라 배치되었다. 제1장은 이 책의 서론적 성격을 가지는데, 벤(Robert D. Behn, 하버드대학교 케네디스쿨)이 *Public Administration Review*에 기고한 논문으로서 성과측정의 여덟 가지 목적을 제시하고 그에 따른 측정 수단과 주의 사항을 보여 준다. 성과측정의 목적이 다양하고 그 목적에 따른 성과측정의 방법 및 결과 활용이 다를 수 있다는 벤의 주장은 정책평가와 성과관리에 대한 경직된 사고 방식과 태도를 극복하는 데 도움을 줄 수 있을 것으로 생각된다. 어디서나 평가가 화두로 등장하고 있는 시점에서 필독이 요구되는 글이라 하겠다.

제2장은 와트(Montgomery Van Wart, 아이오와주립대)와 버맨(Evan Berman, 센트럴 플로리다대)이 *Public Productivity & Management Review*에 기고한 논문인데, 정책평가와 성과관리에서 주요한 가치로 제기되고 있는 생산성 개념을 다루고 있다. 생산성의 변천 과정에 대한 역사적 고찰, 효율성 및 효과성과의 관계에 대한 검토, 생산성 패러다임의 새로운 변화 등으로 이루어진 이 글은 성과관리를 이해하는 데 기본적인 틀을 제시한다.

제3장은 퇴니히(Jean-Claude Thoenig, 유럽행정연구소)가 *Evaluation*에 기고한 논문이며, 정부개혁과 성과관리의 관계를 다루면서 평가의 유용성을 보여 준다. 특히 평가 우수 사례가 주는 교훈을 제시하면서 평가의 긍정적인 측면을 부각시키고 실용적인 접근법을 강조하고 있다. 부정적 측면을 다루는 4장과 비교하며 읽는다면 더욱 도움이 될 것이다.

제4장은 1장의 저자인 벤의 논문으로서 *Public Productivity & Management Review*에 실려 있으며, 성과관리에 장애로 작동하고 있는

여러 가지 사고 방식들을 지적하고 있다. 성과관리에 대한 온갖 찬사와 지지에도 불구하고 성과관리에 대한 부정적인 인식은 만만치 않다. 이 글은 성과관리에 대한 미국 사회의 잘못된 사고 방식을 일곱 가지 심리적 유형으로 분류하고 있으며, 이러한 장애를 극복하기 위해 성과 리더십을 강조한다. 성과관리를 추진하고 있는 공공 부문의 관리자들에게 매우 많은 시사점을 주는 글이라 하겠다.

제5장은 버크메이어(Johanna D. Birckmayer)와 바이스(Carol H. Weiss, 하버드대학교 교육대학원)의 공동 논문으로서 *Evaluation Review*에 실려 있으며, 프로그램 평가를 수행할 때 이론에 근거할 필요성을 주장하면서 이와 관련된 사례들을 제시하고 있다. 이론에 기초한 평가(TBE)를 수행한다면 이론의 발전을 꾀할 수 있으며, 또 한편으로는 프로그램의 개선도 가져올 수 있다. 이 글은 TBE를 잘 활용하기 위해서는 평가 연구자들이 이론에 대한 지식을 축적하면서도 이론을 현실에 적용할 수 있는 감각을 키울 것을 주장하고 있다.

제6장은 그린(Jennifer C. Greene, 일리노이주립대), 벤저민(Lehn Benjamin), 굿이어(Leslie Goodyear)가 공동으로 *Evaluation*에 기고한 논문으로서, 정책 또는 프로그램을 평가할 때 다양한 방법의 혼합을 강조하고 있으며, 혼합법이 잘 이루어진 사례들을 보여 준다. 현대 사회의 복잡성과 불확실성에 적절히 내처하기 위해서는 하나의 패러다임에 의존해서는 안 되며 다양한 관점과 방법을 도입할 필요가 있다. 이를 위해 평가 연구자들은 정책과 프로그램이 만들어 내는 사회 현상에 대해서 깊은 통찰력과 개방된 자세를 가져야 함을 주장한다.

제7장은 니한(Ronald C. Nyhan, 플로리다 애틀랜틱대)과 마틴(Lawrence L. Martin, 컬럼비아대)이 공동으로 저술한 논문으로 *Public Productivity & Management Review*에 실려 있으며 성과측정 자료에 대한 전통적인 분석과 최근의 경향인 자료포락분석(DEA)을 비교하며 소개하고 있다. 국내에서도 자료포락분석을 이용한 연구가 점차 활발해지고 있으나 실제 자료포락분석에 대한 소개는 접근하기 쉽지 않은 수학적 공식들이 많은 편인데 반해, 이 글은 자료포락분석을 단순비율분석 및 회귀분석과 대조해 가

며 그 특징과 장점을 쉽게 보여 주고 있다.

이처럼 목적과 가치, 그리고 방법론에 이르기까지 정책평가 및 성과관리의 다양한 측면을 두루두루 살펴본다는 점에서, 이 주제에 관심을 가진 학생과 연구자, 그리고 실무자에게 이 책은 많은 도움이 되리라고 믿는다. 그러나 역자들의 많은 노력에도 불구하고 번역상의 오류와 실수가 적지 않을 것이며, 이에 대해서는 전적으로 역자들의 책임이다.

끝으로 이 책은 역자 6인의 공동 번역으로 이루어졌다. 특정 시기 동안 한국행정연구원 정책평가센터에 같이 근무하면서 프로젝트를 출범시켰지만 이직과 파견, 격무 등 프로젝트에 변동을 주는 요인들이 계속 생겨났다. 그럼에도 힘을 모아 결실을 맺는 데 협력해 준 역자들에게 심심한 감사를 표한다. 그리고 우리들의 이러한 뜻에 공감하여 저널에 실린 글들을 우리말로 옮기도록 허락해 준 Sage Publications의 클리퍼드(Anna Clifford) 씨와 American Society for Public Administration의 라킨(John Larkin) 씨에게도 고마움을 표한다. 끝으로 흔쾌히 출판을 맡아 준 대영출판사 임춘환 사장님과 세심하고 정치(精緻)한 노력을 보여 준 편집 실무진에게도 감사를 드린다.

2006년 2월
역자들을 대표하여
이 광 희

정책평가와 성과관리

차 례

제 1 장

왜 성과를 측정하려 하는가?*
: 다양한 목적에 따른 상이한 측정 수단

로버트 벤(Robert D. Behn)

성과측정(performance measurement) 그 자체가 목적은 아니다. 그렇다면 왜 공공관리자들은 성과를 측정하려 할까? 그 이유는 성과측정을 통해서 여덟 가지 관리 운영상의 목적(managerial purposes)을 달성할 수 있도록 도움을 받고자 하는 데 있다. 전반적 관리전략의 한 부분으로서, 공공관리자들은 성과측정을 통해 1) 조직의 업무를 평가(evaluate)하여, 2) 평가 결과를 예산(budget)에 반영시키고, 3) 조직구성원들을 동기부여(motivate)시키거나 4) 통제(control)하거나, 5) 조직을 홍보(promote)할 수 있는 기회로 삼고, 6) 목표 달성에 대한 정신적·경제적 보상을 소식의 성례식 행사를 통해 치하(celebrate)하며, 7) 구성원들을 학습(learn)시켜, 8) 결국 이런 것들을 통해 최종적으로 업무 성과 제고(improve)를 기하는 데 이용한다. 그런데, 단일한 성과측정 자료만으로는 위에서 제시한 여덟 가지 목적을 모두 부합시킬 수는 없다. 따라서 공공관리자는 한 가지 '마법의 측정 자료'만을 추구해서는 안 된다. 대신에 공공관리자들은 어떠한 성과측정이 관리목적에 부합하는가와, 그 목적에 맞게 측정 방법을 어떻게 전략적으로 배치할 것인가에 대해 심각하게 고려해야 한다. 이 두 가지 사항을 고려한 후에 비로소 공공관리자들은 측정 목표 달성에서 요구하는 특성을 지닌 자료

* 출처: Why Measure Performance?: Different Purpose Require Different Measures, *Public Administrative Review*(2003) *63(5)*: 586-606.

를 선택할 수 있다. 성과를 제고하는 것은 다른 일곱 가지 목적이 지향하는 가장 근본적인 목적이다. 성과측정에 관한 최소한의 잠정적 이론 없이는 공공관리자는 무엇을 측정해야 하는가에 대한 결정조차도 할 수 없다.

누구나 성과를 측정한다.[1] 공공관리자들은 그들의 조직 성과, 그리고 조직 업무와 관련된 계약자들 및 협력자들의 성과를 측정하고 있다. 연방, 주(州), 시(市)의 입법기관들은 각 행정부가 정기적으로 성과측정 결과를 보고해 줄 것을 요구한다. 이해 관계가 있는 조직(예: 입법기관)은 성과를 측정하여 정부 업무에 대해 책임을 지도록 한다. 저널리스트들은 여러 기관의 업무 성과(학교는 시험의 평균 점수, 또는 도시의 안전에 대해서는 FBI 범죄 통계치)를 비교하는 신문 첫 페이지 차트를 가장 좋아한다. 더욱이 공공기관들은 각 기관의 성과측정 결과를 모아 발간하는 데 열을 올리고 있다(Murphey, 1999). 웨스턴 시드니대학(University of Western Sydney)의 쿠즈민(Alexander Kouzmin)과 그의 동료들은 "성과측정을 할 때 OECD 국가들의 주요한 흐름의 하나가 "성과측정 체계의 구축"이라고 결론짓고 있다. "성과측정 체계를 구축함으로써 나라마다 비슷한 정부 업무에 대한 비교가 가능해지며"(Kouzmin et al., 1999: 122), "공공부문에서 성과주의 문화를 정착시키는 데 기여할 수 있다"(123). "성과측정은 오늘날 정부 현안 가운데서도 뜨거운 감자와 같은 이슈"라고 텍사스대학교의 블로지트(Terrel Blodgett)와 매니지먼트 파트너 사(Management Partner, Inc)의 뉴파머(Gerald Newfarmer)는 적고 있다(Blodgett & Newfarmer, 1996: 6).

---

1) 물론 **누구나** 다 성과를 측정하는 것은 아니다. 미국의 도시정부를 대상으로 한 포이스터(Henry Poister)와 스트레이브(Gregory Streib)의 조사에 의하면, "695명의 응답자 중 약 38%가 성과측정을 시정부 운영에 활용하는 것으로 조사되었는데 이것은 이전에 보고된 것보다 낮은 수치이다"(Poister & Streib, 1999: 328). 위의 조사와 비슷하게 아몬스(David N. Ammons)도 시정부들 사이에서 성과측정의 '빈약한 기록(meager record)'에 관해 보고하고 있다(Ammons, 1995: 42). 물론 성과를 측정한다고 **보고**한 사람들이 그들이 행한 성과측정을 어떠한 특정 목적에 부합하도록 제대로 **활용**하지 않을 수도 있다. 이 점에 관해 조이스(Philip G. Joyce)는 "성과정보가 실질적으로 예산 결정 과정에 활용된다는 증거는 거의 없다"라고 지적하고 있다(Joyce, 1997: 59).

제1절 성과를 왜 측정하나?

성과측정을 하는 이면에는 무슨 의도가 있을까? 사람들은 성과측정을 통해 무엇을 기대하는가? 성과측정 결과는 기대 수준 이하의 성과를 낸 부서, 관료, 또는 정부 업무에 종사하는 계약자들을 징계하는 데 활용되는 것인가? 실제로 사람들은 성과측정을 어떻게 이용하는 것일까? 정부 성과측정을 정부의 상위 목적과 연계하는 데는 어떠한 논리(rationale)가 있는 것인가? 성과를 측정하는 것, 또 그 측정 자료 자체에 무슨 의미가 있는가? 누군가가 어떤 것을 이루려고 성과를 측정하고, 그 자료를 사용할 때만이 비로소 성과측정과 그 자료에 의미가 부여되는 것이다. 사람들이 공공 서비스를 제공하는 공공기관, 공공 프로그램, 영리・비영리 계약자들 등등의 성과를 측정하려는 목적은 무엇일까?[2)]

공공부문 성과를 측정하는 이유는 성과측정은 바람직한 것이기 때문이다. 그런데 성과측정은 좋은 것이라는 사실을 어떻게 알 수 있을까? 이것은 일반 기업체들은 그들의 성과를 측정하기 때문에 민간부문이 공공부문보다 능률적으로 더 잘 운영된다는 사실에서 알 수 있다. 그러나 불행히도 성과측정시에 민간부문에서 이용하는 경제적・재정적 논거를 공공부문에 적용하는 것은 적절하지 못하다. 그렇다면 공공기관에서 측정하려고 하는 것은 도대체 무엇인가? 물론 측정하려는 것은 공공기관의 성과이다. 그런데 어떠한 종류의 성과를 측정하는가? 측정한다면 어떻게? 성과측정 자료를 가지고 공공기관에서 무슨 일을 할까? 사회 각 분야의 전문가들은 성과측정의 여러 가지 목적을 제시하고 있다.

• "각 정부(연방, 주, 시)를 비롯한 비영리 조직에서 이루어지는 성과측정

2) 일반적으로 (1) 공공기관, (2) 공공 프로그램, (3) 공공 서비스를 제공하는 비영리 또는 영리기관, 또는 (4) 공공, 비영리, 영리조직에 해당하는 기관들의 협력기관이 성과를 측정할 수 있다. 논의의 편의상 저자는 그냥 공공기관이라고만 언급하지만 공공기관의 성과라 함은 위의 네 가지 경우를 모두 포함하고 있다.

은 공공 프로그램의 효과성(effectiveness)을 입증하라는 시민의 요구를 반영하는 데 초점을 두고 있다"(Wholey & Newcomer, 1997: 92).

- "성과점검 체계(performance monitoring systems)는 예산 형성 단계, 자원 배분, 조직원의 동기 부여, 정부 서비스의 질을 개선하는 데 이용되며, 이러한 것들은 결국 정부 업무에 대한 외적인 책임성을 확보함"(Wholey & Harty, 1992: 609)과 동시에 "시민과 정부 사이의 의사소통의 향상을 가져온다"(Wholey & Harty, 1992: 604).
- "성과측정은 매년 실시되어 공공책임성과 정책결정력을 높일 수 있고, 좀더 수시로 실시되어 관리와 프로그램의 효과성을 증진시킬 수 있다" (Wholey & Newcomer, 1997: 98).
- "정부회계표준국(The Governmental Accounting and Standards Board)에 의하면, 성과 자료는 목표를 정하는 것뿐만 아니라 목표 달성을 위한 프로그램을 계획하는 데 필요한 정보를 제공한다. 또한 성과 자료는 프로그램을 수행하고 자원을 배분하는 데 이용되며 수행 과정을 점검하고 그 결과를 평가하여 프로그램을 개선해 가면서 성과를 높이는 데에도 이용된다" (Hatry et. al., 1990: v).
- 도시연구소의 코프진스키(Mary Kopczynski)와 국제도시경영협회(International City/County Management Association)의 롬바도(Michael Lombardo)는 비교 성과 자료(comparative performance data)가 아래의 다섯 가지 지방정부의 성과측정 용도로 사용될 수 있다고 말한다. (1) "좋은 성과를 낸 곳과 개선이 요구되는 곳을 알아내고, (2) 높은 성과를 낸 곳을 성과가 미흡한 곳의 개선 목표로 정하는 데 지표로 이용할 수 있으며, (3) 조직의 크기, 서비스 제공 방식, 또는 지리적 여건 등이 비슷한 기관들(subset of jurisdictions)의 성과를 비교할 수 있고, (4) 정부 외부의 이해관계자들(예를 들어 시민, 비즈니스 그룹 등)에게 정부 성과에 대한 정보를 제공하며, (5) 더 나은 성과를 내기 위해 지역사회와 협력을 구하는 데 비교 성과 자료가 사용된다"(Kopczynski & Lombardo, 1999: 133).
- 지방정부의 성과측정 지지자들에 의하면, "좀더 정교한 성과측정 체제는

제반 관리 과정을 견고히 하여, 자원 배정에 대한 향상된 정보를 제공하고 의회 감사의 질을 높임으로써, 공공부문의 책임성(accountability) 제고를 가져온다" (Ammons, 1995: 37).

- 오스본(David Osborne)과 플래스트릭(Peter Plastrik)은 『정부혁신지침서(*The Reinventor's Fieldbook*)』에서 "성과측정을 통해 공공관리자들은 조직을 책임성 있는 조직으로 만들어 성과에 대한 영향이 조직에 미치도록 한다. 이렇게 함으로써 시민과 공공 서비스 소비자들이 정부 성과의 가치를 판단할 수 있게 한다. 그리고 시민과 소비자들의 심판은 공공관리자들에게 성과 개선에 필요한 정보를 주는 것이라고 지적하고 있다" (Osborne & Plastrik, 2000: 247).
- 인디애나대학교의 크래브측(Robert Kravchuk)과 코네티컷 주 노동부의 섀크(Ronald Schack)는 성과측정 목적에 대해 구체적으로는 제시하지 않았으나, 그들은 효과적인 성과측정을 위한 연구설계를 제안하면서 몇 가지 목적을 주장한다. 기획(planning), 평가(evaluation), 조직학습(organizational learning), 성과 개선 노력(improvement efforts), 의사 결정(decision making), 자원 할당(resource allocation), 통제(control), 권힌 이양(facilitating the devolution of authority to lower levels of the hierarchy) 촉진, 그리고 공공 서비스의 책임성(accountability) 증진 등이 싱과측정 목직에 해당된다 (Kravchuck & Schack, 1996: 348, 349, 350, 351).

성과측정은 여러 가지 목적으로 활용될 수 있다. 또한 사람마다 다른 목적을 가지게 된다. 의원들은 저널리스트와는 다른 목적을 가지고 있다. 정부 외부의 이해관계자들은 정부 내에서 일하는 공공관리자와는 다른 목적을 가지게 된다. 이렇게 사람마다 성과측정의 목적이 다르게 마련인데, 이 글에서는 공공관리자들에게 초점을 둔다.

제 2 절 성과측정의 여덟 가지 목적

공공관리자들이 성과를 측정하는 목적은 정확히 무엇인가? 아무리 범위를 좁혀도 이에 대한 답은 간단하지 않다. 어떤 학자는 공공관리자에게 "성과측정의 의도(목적)는 성과에 대한 신뢰할 만하고(reliable), 타당한(valid) 정보를 제공하는 것이다"(Theurer, 1998: 24)라고 조언한다. 그러나 이러한 주장이 "성과 목적은 무엇일까?"라는 질문에 답이 된다고 보기는 어렵다. 공공관리자는 신뢰할 만하고 타당한 정보를 가지고 무엇을 하려는 것일까? 정부 성과에 대한 정보를 생산해 내는 것 자체가 성과측정의 목적은 아니다. 어떻게 정보를 활용할 것인가에 대한 분명한 아이디어가 부재하거나, 획득한 정보가 활용 목적에 부합하지 않다면 성과측정 정보는 거의 활용되지 않는다. 그렇다면 중요한 것은 성과측정으로 무엇을 할까?(성과측정 목적)와 특정 목적 달성을 위해 어떤 종류의 측정이 필요한가?(성과측정 방법)이다. 실제로 이러한 성과측정 뒤에 숨어 있는 논리는 무엇인가? 즉 특정 정책 목적을 달성하기 위한 공공관리자의 의식적 노력과 성과측정 자료 사이에는 어떠한 인과 관계가 있을까?

하트리(Harry Hatry)는 성과정보의 쓰임에 대해 몇 가지를 제시하고 있다. 그에 의하면, 공공관리자는 성과정보를 다음의 열 가지 일을 수행하는데 활용할 수 있다고 한다. (1) 선출직 공직자 또는 일반 시민의 요구에 대한 책임 확보적 대응, (2) 예산요구액 결정, (3) 자체 예산 편성, (4) 성과 문제점과 개선 방안 도출을 위한 조사, (5) 구성원 동기 부여, (6) 성과에 관한 계약, (7) 성과평가, (8) 전략적 기획, (9) 시민과의 의사소통 개선, (10) 성과의 질 제고.[3] 하트리는 "성과측정의 근본 목적은 공공 프로그램의

3) 하트리는 성과정보(performance information)라 할 수 있는 것으로서 투입(input), 과정(process), 산출(output), 효과(outcome), 능률성(efficiency), 업무량(workload), 영향자료(impact data) 등을 일반적으로 제시하고 있지만, 성과측정의 열 가지 목적을 논할 때(Hatry, 1999b: 12) 그가 말하는 성과정보라 함은 거의 대부분의 경우 결과치(outcome measures)를 의미한다.

질 향상에 있다"고 말하면서 위의 열 가지 목적 중 책임성 향상과 시민과의 의사소통 원활 등 이 두 가지 목적을 이루면 결국 정부에서 시행하고 있는 프로그램 향상을 가져오게 된다(Hatry, 1999b: 158, 157)고 지적하고 있다.

필자의 성과측정 목적은 하트리의 그것과 약간 다르다. 성과측정의 여러 가지 이유를 고려해 볼 때, 다음과 같은 여덟 가지 목적(내용적으로 중복되는 것도 있지만[4])을 제시한다. 공공관리자는 전체적인 경영전략의 한 부분으로서 성과측정을 활용하여 (1) 업무를 평가하고(evaluate), (2) 예산을 편성하며(budget), (3) 조직 구성원을 통제하고(control), (4)동기 부여시키며(motivate), (5) 조직에 영향력을 행사할 수 있는 이들에게 조직이 잘하고 있다고 확신을 심어 주고(promote), (6) 정례적인 행사를 통해 성과에 대해 치하하며(celebrate), (7) 조직목표 달성을 위해 요구되는 행동을 학습하고(learn), (8) 최종적으로는 일곱 가지 목적을 달성하는 과정을 통해 조직의 성과를 개선(improve)하는 것이다.[5]

---

4) 여덟 가지 목적들이 모두 완전하게 구별되는 것은 아니다. 예를 들면, 학습이라는 목적이 의미를 가지려면 다른 목적과 연계되어 활용되어야 한다. 분명한 것은 성과측정을 통해 얻은 학습 효과는 성과 향상과 예산에 반영되어야 한다. 마찬가지로 평가 그 자체가 궁극적인 목적은 아니다. 성과측정을 통한 평가가 의미를 가지려면 평가한 결과가 성과를 개선하기 위해 공공 프로그램을 재설계하거나 더 가치 있는 곳에 재원을 투입하는 사원 새배정 등에 활용되어야 한다. 이러한 예산 목석조차도 성과 향상 목적에 부합되도록 설계되어야 한다.

다른 일곱 가지 목적도 마찬가지로 성과 향상에 부수적이다. 공공관리자가 성과측정을 통해 공공기관을 평가, 통제, 예산 편성, 동기 부여, 홍보, 향상된 성과에 대한 치하, 잘되는 것과 그렇지 못한 것의 원인을 밝히는 학습의 효과를 기대한다. 이렇게 하는 이유는 이러한 일곱 가지 활동이 결국 정부의 성과 향상에 도움을 줄 것이라는 믿음과 바람 때문이다.

그러나 성과측정을 예산 편성이나 조직구성원을 치하하는 데 활용하는 것이 자동적으로 성과 향상을 보장하지는 않는다. 마찬가지로 성과측정을 통제나 동기 부여 전략과 연계한다고 해서 성과 향상을 반드시 가져오는 것 또한 아니다. 성과 향상을 염두에 두고 평가와 학습 과정을 행한다면 공공관리자는 **왜** 성과를 측정하는가, 성과측정과 관련하여 **무엇**을 해야 하는가, 성과 향상을 위해 어떻게 성과측정을 활용할 것인가 등에 관한 문제를 고려해야 한다.

5) 저자가 성과측정의 목적이 여러 가지라고 분명하게 지적할 수 있는 것은 필스버리(Joile Bain Pillsbury)의 공로 때문이다. 1996년 4월 16일 듀크대학교(Duke University)의 한 세미나에서 그녀는 성과측정의 다섯 가지 목적, 즉 평가, 동기 부여, 학습, 홍보, 치하에

위에서 제시된 여러 가지 목적 중 공공관리자들에게 성과측정의 현실적이고 최종적인 목적은 성과의 향상이다. 다른 일곱 가지 목적은 성과 향상이라는 궁극적 목적 달성을 위한 수단에 불과하다. 성과 향상을 위해 얼마나 많은 하위 목적을 포함시킬 것인가는 어느 정도 자의적인 문제이다. 그러나 분명히 구분되는 목적들을 달성하기 위해 성과측정을 활용할 수 있어야 하며, 따라서 하위 목적은 세심하고 주의깊게 선택되어야 한다. 그래야만 개별 목적들에 부합하는 구체적인 측정 방법을 명확히 할 수 있다.[6)]

성과측정의 다양한 목적들 가운데 벤(Robert D. Behn)은 기획, 의사 결정, 프로그램의 수정, 성과 목표 설정, 바람직한(요구되는) 성과 인지, 성과 비교, 이해관계자들에게 정보 제공, 성과 계약, 책임성 증진 등은 성과측정 목적 목록에 포함시키지 않았다. 이것들을 성과측정 목적 목록에서 뺀 이유는 벤이 제시한 여덟 가지 기본 목적에 포함되기 때문이다. 예를 들어 보면, 기획, 의사 결정, 프로그램 수정 등은 여덟 가지 기본 목적 중 예산 편성(budgeting)과 성과 개선(improving)에 포함될 수 있다. 공공관리자가 기획(plan)해서, 의사 결정을 하거나(make decisions), 프로그램을 수정하는(modify programs) 이유는 자원을 재배정해서 장래의 성과를 향상시키기 위함이다. 마찬가지로 성과 목표(performance targets)를 설정하는 이유도 구성원을 동기 부여시켜 성과를 향상시키기 위함이다. 성과를 비교한다는 것은 암묵적이지만 부정할 수 없는 사실, 즉 성과를 평가한다는 뜻이다. 바람직한 성과를 인지(인정)한다는 것은 성과 개선을 기하기 위함이다. 이해관계자들에게 정보를 제공한다는 것은 성과를 평가하고, 성과에 관한

대해 정의했다(Behn, 1997b).

그런데, 다른 사람들도 여기에 대해 언급하고 있다. 예를 들면 오스본과 게블러(Osborne & Gaebler, 1992)도 "결과 지향적인 정부"라는 장에서 다섯 가지 표제가 저자의 여덟 가지 목적 중 다섯 가지 목적의 내용을 담고 있다: "결과를 측정하지 않으면, 실패를 구별할 수 없다"(147) (평가); "성공을 올바르게 판단할 수 없다면, 그 성공에 대한 정당한 보상을 할 수 없다"(148) (동기 부여); "성공을 올바르게 볼 수 없다면, 그 성공으로부터 배울 수 없다"(150) (학습); 실패를 인지할 수 없다면, 그 실패를 교정할 수 없다"(152) (개선); "성과에 대한 결과를 효과적으로 보여 줄 수 있다면, 공공기관에 대한 공적 지지(public support)를 얻을 수 있다"(154) (홍보).

6) 본문에서 제시된 목적 이외에 다른 목적을 부과하려면 추가적인 목적에 맞는 성과지표의 특징적 요소를 분명히 밝혀야 한다.

〈표 1-1〉 공공관리자가 성과측정을 하는 여덟 가지 목적

목적: 성과측정이 답을 줄 수 있는 공공관리자의 질문	
평가(evaluate)	내가 맡고 있는 기관이 잘하고 있는가?
통제(control)	부하 직원들이 일을 올바르게 수행하도록 어떻게 확실하게 할 것인가?
예산(budget)	내가 맡고 있는 기관은 어떠한 프로그램에, 누구에게, 무슨 프로젝트에 돈을 사용하는가?
동기 부여 (motivate)	성과 향상에 필요한 일을 일반 직원들, 중간관리자들, 영리, 비영리 조직 관계자들, 일반 시민들에게 어떻게 하도록 할 것인가?
홍보(promote)	정치 지도자들, 의원들, 이해관계자들, 언론인들, 그리고 일반 시민들이 내 기관이 잘하고 있다고 어떻게 확신을 갖도록 할 것인가?
치하(celebrate)	무슨 업적을 냈을 때 기관의 주요한 행사를 통해 그 성공에 대해 축하할 것인가?
학습(learn)	왜 어떤 일은 잘 되고 잘 되지 않는 것인가?
성과 개선 (improve)	누가 무슨 일을 다르게 하면 성과가 개선될까?

학습 기회를 부여한다는 것을 의미한다. 성과계약(performance contracting)은 성과평가에서 성과 개선에 이르기까지 여덟 가지 목적을 모두 포함한다 공공 업무에 대한 책임성 확보가 의미하는 바에 따라서 공공 부서를 평가, 통제, 독려하여 성과 개선을 통해 정부 업무에 대한 책임성을 증진할 수 있다[7](<표 1-1> 참고).

7) 그러나 책임성 제고가 성과측정의 목적들 중에서도 다른 목적들과는 분명히 구별되는 중요한 목적의 하나가 될 수 없는가? 어쨌든 간에 많은 학자들과 공공기관 실무자들은 성과측정과 책임성의 연계를 강조하고 있다. 성과측정과 책임성의 연계가 하트리가 주장하는 성과정보의 활용에 대한 첫 번째 주장이다(Hatry, 1999b: 158). 정부회계표준국(Governmental Accounting Standards Board)이 주관한 "서비스와 실적(service efforts and accomplishments: SEA)에 관한 보고서"에서 하트리, 파운틴, 그리고 설리번(Hatry, Fountain, & Sullivan, 1990)은 다음과 같이 말하고 있다. 즉 SEA 측정은 "정부의 임무를 완수하여 국민에 대해 책임을 다하게 할 수 있도록 함으로써 국민들이 그 책임성을 평가하는 데 도움을 주려는" 정부회계표준국의 바람을 나타내는 것이다. (2) 이러한 성과측정을 하지 않는다면 선출직 공직자, 시민, 그리고 다른 성과측정 이용자들은 "정부 업무 성과의 적정성을 온전히 평가할 수 없거나 납세자와 기타 자원의 관리에 대해 책임을 지도록 할 수가 없다"(2-3)라고 그들은 주장한다. 선출직 공직자와

목적 1. 정부 업무에 대한 평가

일반적으로 평가하기 위해서 성과를 측정한다. 실제로, 성과측정 체계를 개발하려는 많은 학자들과 실무자들은 프로그램 평가 분야 출신이다. (성과측정의 많은 이유가 언급되었음에도 불구하고) 종종 성과측정의 분명한 이유는 밝히지 않은 채 평가라는 목적은 당연히 전제된다. 성과측정에는 다른 목적들이 있다고만 하고 사람들은 성과측정의 가장 중요한 이유가 성과를 평가하는 데 있다는 사실은 거의 말하지 않는다. 이 같은 사실은 성과감사, 예산 자료, 평가 관련 논문, 발표, 또는 교재를 등을 통해 간접적으로 나타날 뿐이지만, 결국 사람들은 조직 또는 프로그램의 성과를 측정하여 그 조직이나 프로그램을 평가하게 되는 것이다.

1993년 정부성과결과법(Government Performance and Results Act of

공공관리자는 "국민들에게 정보를 제공하여 국민들이 정부 운영 결과를 평가할 수 있도록 책임 있게 지원하는 "책무를 가지고 있다"(5)고 말한다.

그러나 정부가 성과에 대해 국민에게 책임을 진다는 것에 대한 정확한 의미는 무엇인가? 1989년 한 결의안에서 정부회계표준국은 SEA 정보를 '책임성의 주요한 요소'라고 명명했다. 결의안에서 정부회계표준국은 책임성의 개념에 대해 상당한 비중을 두고 있다: "책임성이란 정부기관의 행위를 설명하고, 기관이 한 일에 대해 정당성을 확보하며 시민의 요구에 응대할 의무를 진다는 것으로서 결국 이러한 것들은 공적 자원을 증가시키고, 그 공적 자원이 쓰이는 목적에 정당성을 부여한다는 의미이다" (Hatry et al., 1990: v). "정부에게 책임을 지도록 한다(hold government accountable)"는 것은 정부 업무를 설명하고(explain), 그에 대해 정당성을 부여하고(justify) 국민의 요구에 응대하는 것으로만 국한시킬 수 있는가? 아니면 책임성이라 함은 정부 업무의 결과에 대한 처벌(punishment)까지 의미하는 것인가?

'책임성'이란 단어의 사용은 다의적이고 모호하다. 시민들이 일반적으로 성과에 대한 책임성의 의미를 먼저 결정하지 않은 상태에서 어떻게 성과측정이 책임성을 제고할 것인가를 검토하기란 어려운 일이다. 공공기관 또는 공공관리자가 성과에 대해 책임을 진다는 것이 무슨 뜻일까? 추측컨대, 성과에 대해 기관이나 사람에게 책임을 지도록 한다는 것은 몇 가지 성과지표가 필요함을 의미할 것이다. 그렇다면 책임성을 제고하기 위해 어떤 성과지표가 가장 유용할 수 있을까? 어떻게 성과지표가 실질적으로 활용되어 책임성을 향상시킬 것인가? 어떻게 성과측정을 이용해서 책임성을 제고할 것인가? 무슨 지표를 이용해서 책임성을 증진시킬 것인가? 성과측정을 책임성 증진에 어떻게 활용할 것인가에 대해 생각하기 이전에 책임성의 개념적 정의를 분명하게 해둘 필요가 있다. 성과에 대한 책임성에 대한 좀더 자세한 논의는 벤(Behn, 2001)을 참조.

1993)이 시행되면서 발표된 한 보고서에서 국가행정학교(National Academy of Public Administration: NAPA)는 다음과 같이 말하고 있다. "프로그램 결과에 대한 측정은 프로그램의 목표 달성을 향한 현재 진전 정도에 관한 중요한 정보를 제공한다. 이것은 프로그램의 문제점이 왜, 어떻게 개선 또는 악화되었는지는 말해 주지는 않지만, 현재 프로그램의 문제점이 개선되고 있는지 아니면 악화되고 있는지, 현황 파악에 관한 정보를 제공한다"(NAPA, 1994: 2). 이러한 언급에는 '평가(evaluation)' 또는 '평가하기(evaluate)'라는 단어는 포함하고 있지 않지만 성과측정은 일종의 프로그램 성과에 대한 사정(assessment)이라는 사실을 분명하게 내포하고 있는 것이다.

물론, 공공기관의 성과를 평가하기 위해 공공관리자는 공공기관이 달성하기로 한 목표가 무엇인지를 알아야만 한다. 이것은 크래브쿡과 섀크가 개발한 열 가지 성과측정 설계 원칙들(performance-measurement design principles) 중 두 가지 원칙에 해당된다. 한 가지 원칙은 "분명하고, 일관된 미션(mission), 전략(strategy)과 목표(objectives)를 수립하는 것이고, 다른 한 가지 원칙은 측정을 위한 사전 정지 작업(prelude)으로서 프로그램의 구조를 합리화하는 것이다" (Kravchuk & Schack, 1996: 350). "성과측정은 정책 또는 프로그램을 명확히 이해하는 것으로부터 시작되며 아울러 의미 있는" 성과측정은 합리적인 프로그램의 구조를 요구하기 때문에 이 두 가지 원칙이 선행되어야 한다. 그런데 불행히도 공공관리자들이 합리화된 프로그램 구조 및 명확한 미션, 전략, 목표를 연방의회나 시의회에서 결정해 주기를 기다리면 그들은 성과를 측정하는 데 다음 단계로 나아갈 수 없게 된다.[8)]

공공관리자들이 성과측정의 평가적 요소에 신경을 쓰는 것은 당연한 일

8) 조이스(Joyce, 1997)도 비슷한 주장을 하고 있다. 즉 "성과를 측정할 수 있다는 것은 기관이나 프로그램이 달성하려는 것을 분명하게 이해하고 있다는 것과 일맥상통한다"(50). "불행하게도 연방정부와 주정부에서 업무에 대한 성과측정을 할 때 미 헌법과 정치적 전통으로 인해 정부 업무를 명확하게 이해하고 성과를 측정하는 것이 쉽지 않다. 왜냐 하면 정부 업무에 대한 목표에 대한 해석이 정책 과정의 매 단계마다 달라지기 때문이다"(60)라고 지적한다.

이다. 정책 목표가 분명하여 모든 사람이 이해할 수 있고 프로그램의 구조가 합리적이라면 이러한 정책을 책임지고 있는 사람들은 성과측정을 두려워하지 않을 것이다. 그러나 정책 목표에 관한 합의가 없다면, 공공관리자들은 자기들이 추구하지도 않았던 목표를 달성하지 못했다는 비판을 우려한다. 정책 목표가 비합리적인 프로그램 구조(여러 가지 제약, 불충분한 자원, 무리한 진도표 등)를 지니고 있다면 아무리 유능한 관리자라 할지라도 성과 목표치를 달성할 수 없게 된다.

더욱이, 분명한(explicit) 평가 목적을 가지고 성과 자료를 수집하지 않는다면, 성과측정의 평가 목적은 항상 묵시적(implicit)일 뿐이다. 성과 자료를 활용하여 공공기관을 평가한다는 것은 까다롭고 정교한 노력이 요구되는 일이다. 쉽게 얻을 수 있는 자료를 가지고 비슷한 업무를 수행하는 기관을 단순 비교하는 것은 가장 일반적인 평가 기법이다. 하트리(Hatry, 1999a: 104)에 의하면, "정부기관 내 성과 비교의 초점은 우선 전통적으로 사용되며 쉽게 얻을 수 있는 자료에서 나온 지표(indicators)에 맞추어야 한다." 이러한 것은 일반적인 일인데, 왜냐 하면 "가장 훌륭한 성과 자료는 새롭고 지속적인 자료 축적 방법의 개선 없이는 얻어질 수 없기 때문이다."

그런데 종종, 이미 있거나, 쉽게 얻을 수 있는 자료는 단순 평가 비교를 할 수 있는 기회를 준다. "이렇게 비교 가능한 자료에 의한 성과측정은 대략적인 비교만 가능하다는 사실을 비교 성과 자료를 수집하는 사람들과, 미디어는 물론 일반 시민들까지도 알아야만 한다"(Hatry, 1999a: 104). 이러한 대략적인 성과 비교에 대해 마감 시간에 쫓기는 신문 기자들은 올바르게 인지하고 있을까? 매일 아침 신문에서 눈을 끄는 막대그림표만 한번 쭉 훑어보게 되는 일반 대중들은 이 사실을 알고 있을까? 이 점에 관해 하트리 자신도 그렇게 낙관적이지만은 않다:

> 비교 자료에 대한 근본적 문제는 그것이 공표되었을 때 득보다 실이 더 클 것인가 하는 우려에서 비롯된다. 자료가 많은 오류를 포함하고 있거나, 아니면 공정하지 못해 미디어로부터 지나치게 공격을 받아 그것을 해명하고 설명하는 데 쓸데없이 많은 시간과 노력을 들인다면, 실이 더 크게 발생하게 되는 것이다. 한편, 자료가 전체적으로 피평가기관으로 하여금 낮은 성과의 원인을 찾고, 스스로

개선할 수 있는 방안을 강구하도록 한다면, 이 같은 노력은 피평가기관이 다소 불리하게 평가를 받았다 해도, 가치 있는 일이 되는 것이다(Hatry, 1999a: 104).

학자들, 분석가들, 또는 공공관리자들이 이러한 성과측정 노력에 동의하며 환영을 보낸다면, 대부분의 성과 자료는 공공기관의 성과를 평가하는 데 활용될 수 있을 것이다.

목적 2. 조직 구성원의 통제

테일러(Frederick Winslow Taylor)는 사망한 지 오래다. 오늘날 조직 구성원들의 행태에 영향력을 행사할 수 있는 가장 좋은 방법은 그들의 업무에 대해 정해진 규정에 따라 일을 하도록 하고, 규정 준수 여부를 측정하는 것이라고 믿는 공공관리자는 아무도 없을 것이다. 오늘날에는 모든 관리자에게 권한이 부여(empowerment)되어 있다.

그런데, 성과측정을 통해 구성원들로 하여금 업무를 수행하도록 하는 것은 차치하더라도, 오늘날 공공기관 또는 공무원을 더 이상 테일러 방식으로는 통제하지 않는다고 믿는 것은 지극히 순진한 생각이다.[9] 왜 많은 정부에서 여전히 품목별 예산제도를 운용하고 있을까? 오늘날 구성원을 통제할 목적으로 시간·동작연구를 이용하지는 않는다. 그런데 분명한 것은 의회나 행정부의 고위정책 결정자들은 성과 기준(performance standards)을 확실하게 세운다는 사실이다. 성과 기준을 확립하고 난 후에 비로소 조직 구성원 개개인의 성과를 그 기준(mandates) 준수 여부에 따라 측정하는 것

9) 상관과 부하 간의 통제적 접근법은 이제 현대적 관리기법은 아닐지 모르지만, 정책결정자들이 해당 실무 기관을 어떻게 관리하느냐 하는 문제 때문에 통제적 접근법이 여전히 유효한 측면이 있다. 신공공관리론(new public management)은 두 가지 서로 상반되는 접근 방법을 가지고 있다: 관리자가 관리하도록 하는 것(letting the managers manage)과 관리자를 관리하는(making the managers manage) 것이 서로 대립된다(Kettle, 1997: 447-448). 관리자에게 관리하도록 하는 전략은 관리자에게 더 많은 유연성을 줌으로써 기관을 실질적으로 운영할 수 있도록 권한을 부여하는 것인 반면, 관리자를 관리하는 전략은 여러 가지 면에서 관리자를 통제하는 기법이다. 성과계약에 기초하여 관리자를 관리하는 전략하에서는 성과 목표를 달성할 수 있는 유연성이 관리자에게 부여된다; 동시에 이러한 유연성에 기초한 성과 목표는 관리자를 '통제'하는 기준도 될 수 있는 것이다. 이러한 아이디어를 제공한 익명의 심사위원에게 감사드린다.

이다.[10] 결국 이것은 주인-대리인이론(principle- agent theory)의 주요 관심사인데 어떻게 그 기준들을 작동시켜 대리인의 행위를 통제하느냐의 문제와 일맥상통한다(Ingraham & Kneedler, 2000: 238- 239).

통제 유형에 관한 논의는 오랜 역사를 가지고 있다. 명시적으로 밝히지는 않지만 성과측정 뒤에 숨어 있는 목적은 통제이며, 성과측정은 다양한 통제 유형 중 하나이다. 하버드 경영대학원의 브런스(William Bruns)는 "경영대학원의 회계 강좌와 회계 교재에서는 '통제'라는 단어를 분명하게 사용한다"(Bruns, 1993: 1)고 적고 있다.[11]

카플란(Robert Kaplan)과 노튼(David Norton)은 균형성과기록표(balanced scorecard)를 설명하는 가운데 일반경영 분야는 '통제에 대한 편견(control bias)'이 있다면서 다음과 같이 말한다. "전통적으로 측정 체계는 재정 분야에서 발전되어 왔기 때문에 어쩌면 통제 편견이 있을 수 있다; 즉 성과측정 체계는 종업원들이 따라야 할 특정 행위들을 구체화하며, 실제 종업원들이 그런 행동을 하는지를 측정한다. 경영 부문의 성과측정 체계는 종업원의 행태를 이런 식으로 통제하게 된다. 이러한 측정 체계는 산업화 시대(Industrial Age)의 공학정신(engineering mentality)과 어울린다"(Kaplan & Norton, 1992: 79). 공공부문에서도 비슷한 성과측정 체계가 적용될 수 있다. 의회가 측정 체계를 만들어 의회가 원하는 대로 행정부의 행위를 규정하며, 의회가 원하는 방식으로 행정부가 예산을 쓰도록 할 수 있다. 행정부의 고위 의사결정권자, 규제기관이나 또는 상위기관에서도 위와 같이 성과측정 체계를 만들어 놓고 조직 구성원들이 규정된 행위를 하는지, 정해진 방식으로 돈은 쓰는지 여부를 볼 수 있다.[12] 독자 여러분의 눈에는 지금

---

10) 공공관리자가 하위 공직자를 통제하는 일련의 방법에 대한 자세한 논의는 랜다우와 스타웃(Landau & Stout, 1979)을 참조.

11) 통제라는 것을 분명히 밝히고 있는 회계 관련 경영학 교재는 다음과 같다: 앤서니(Robert Anthony)의 책 *The Management Control Function*(1988)과 고빈다라얀(Vijay Govindarajan)과 함께 *Management Control System*, 그리고 영(David W. Young)과 공저한 *Management Control in Nonprofit Organizations*(1999) 등이 있다.

12) 오버맨과 로레인(Overman & Loraine, 1994: 193)은 "경영정보 시스템이 더 많은 통제를 가져오는가?"라는 물음을 제기했으나 그들 스스로는 이 물음에 대해 결론을 내리지는 않았다. 99 Air Force 사업의 분석에서 그들은 경영정보의 질 및 정보의 시기적절성

테일러가 미소짓고 있는 모습이 보이지 않는가?

목적 3. 정부 예산의 수립

성과측정은 공공관리자가 예산을 배정하는 데 도움을 준다. 그렇지만, 거시적 수준에서 보면 예산 배정은 정치적 결정이다. 국민들이 선출직 공직자에게 정부 활동에 관한 결정을 위임하게 되므로 예산 배정에서 정치적 우선순위는 정부기관의 성과에 있는 것이 아니고 예산의 거시적 선택에 있다.

성과예산(performance budgeting)과 결과 지향 예산(results-oriented budgeting)에서는 성과 자료가 활용된다 (Holt, 1995-96; Jordon & Hackbart, 1999; Joyce, 1996; Lehan, 1996; Melkers & Willoughby, 1998, 2001; Thompson, 1994; Thompson & Johansen, 1999). 예산 배정에서도 성과측정을 이용하는 사람과 그것이 활용되는 맥락에 따라 성과측정은 다른 의미를 지니게 된다.[13] 예를 들면 성과주의 예산은 매년 예산을 배정할 때 성과에 대한 자료를 단순히 포함하는 것을 의미하지는 않는다. 또는 성과주의 예산은 품목별 지출(성과 목적은 명시되지 않은)이 아니라 성과 목적이나 구체적으로 사업 활동 목표치(품목별 예산 배정에서는 이러한 활동 목표가 관리자에게 임의로 맡겨지는데)가 분명히 예산상에 명시됨을 의미할 수 있다. 그리고 성과주의 예산이라 함은 성과를 목표치와 비교하여 잘한 기관에 대해서는 추가 재원 지원으로 보상해 주고, 목표치 달성에 실패한 기관

등과 사업 성과의 상관 관계는 발견하지 못했다. 그러나 그들은 "경영정보가 조직에서의 여타 가치를 상징화할 수는 있다"(194)고 주장한다. 연구에서 통제와 성과 사이에 분명한 상관 관계를 발견하지 못했음에도 불구하고 입법기관, 상위기관, 해당 실무기관에서는 성과측정을 통해 구성원들을 통제하려 한다.

13) 멜커스와 윌러비에 의하면, 50개 중 47개 주가 "기관 임무와 사업 목적, 그리고 사업 목표에 대한 전략적 계획과 사업 결과에 대해 의미 있는 정보를 제공하는 계량적 자료가 요구되는" 성과주의 예산의 형태를 취하고 있다 (Melkers & Willoughby, 2001: 54). 그러나 놀랍게도 성과주의 예산 시행 여부를 묻는 질문에 대해 많은 정부(35개 정부)가 성과주의 예산에 부정적인 견해를 가지고 있는 것으로 조사되었다. 성과주의 예산을 개념 정의하기가 어려울 뿐만 아니라 또한 성과주의 예산의 시행 여부를 알아내는 것도 어렵다.

은 예산 삭감으로 제재할 수 있음을 의미하기도 한다.

그런데, 성과 제고를 위해 예산을 활용하는 방식은 원초적 수단에 불과하다. 만약 소방서가 성과 목표 달성에 실패했다면 시정부는 어떻게 해야만 할까? 소방서의 예산을 삭감해야 하나? 아니면 예산을 늘려야 하나? 아니면 소방서장을 해고하고 소방서의 성과 기록을 추적하며 개선할 수 있도록 새로운 관리자를 채용할 것인가? 여기에 대한 해법은 공식적 성과 자료로는 포착할 수 없는 요인, 즉 소방서가 처해 있는 구체적 환경(specific circumstances)에 달려 있다. 분명한 것은 소방서에 대한 예산 삭감은 성과를 개선하기 위한 방안이 아니라는 점이다(시의회가 소방 안전이 어린이 교육, 하수구 보수, 또는 범죄 예방 등의 문제보다 정치적 우선순위도가 낮다고 결정한다면 소방서의 예산 삭감은 지극히 당연한 것처럼 보이지만). 하지만, 만약 소방서의 성과 부진이 자금 부족, 예를 들어 비용 효과면에서 우수한 장비를 도입할 수 있는 자금이 부족한 것에 원인이 있는 것으로 나타난다면, 소방서의 예산을 늘리는 것이 현명한 대응이다. 그런데 돈으로 개선할 수 없는, 예를 들어 리더십의 부재, 직접 소방 활동을 보완하는 화재 예방전략의 미비, 소방훈련 기준의 미달 등의 요소가 소방서 성과 부진의 원인으로 작용할 수도 있다. 따라서 성과 달성 여부에 기초한 예산의 증감은 부진한 기관의 성과를 자동적으로 개선시킬 수 있는 전략은 아니다.

그러나, 실무관리자들은 성과 자료를 이용하여 자원 배정 결정에 관한 정보를 얻을 수 있다. 일단 선출직 공직자들이 거시적 수준에서 정치적 우선순위를 결정해 놓으면, 좀더 세부적인 결정을 맡고 있는 공공관리자들은 제한된 자원을 비용과 편익을 고려하여 사업과 활동에 배정하게 된다. 이러한 세부적 예산 결정을 할 때, 관리자들은 성과 자료가 유용하다는 사실을 발견하게 된다.

목적 4. 성과 개선에 필요한 일을 하도록 동기 부여

공공관리자들은 성과 자료를 활용하여 성과를 더 잘 낼 수 있는 방안을 학습하게 된다. 성과 증진을 위해 구성원들에게 요구되는 행위를 관리자들이 이해하고 있다면, 구성원들이 그러한 행위를 하도록 성과 자료를 이용할 수 있다. 동기를 부여하기 위해 성과 자료를 활용하는 것은 매우 유용하다.

동기 부여의 기본 개념은 다음과 같다. 먼저 사람의 관심을 끌 수 있도록 성과 목표를 수립한다. 다음으로 목표 달성 정도를 측정하여 환류시킴으로써 구성원들이 자신의 목표를 달성하는 데 집중하도록 한다. 다음으로 목적을 향해 진행되어 가는 상태를 측정하게 되는데, 이는 목적 달성을 위해 계속 노력을 기울이는 과정에 중요한 환류 정보를 제공하는 것이다. 앨라배마대학교의 던컨(Jack Duncan)은 *The Great Ideas of Management*에서 목표 설정이 성과에 미치는 영향에 대해 다음과 같이 결론을 내리고 있다: "위에서 제시한 바와는 다르게 구성원을 동기 부여시키는 기술(motivational technique)은 현재까지 알려진 것은 없다" (Duncun, 1989: 127).

이러한 동기 부여 전략을 시행하기 위해서는, 기관이 리더십을 발휘하여 구성원들에게 달성해야 하는 목적을 분명하게 인지시킨 후에 성과 자료를 활용해야 한다. 이러한 목표의 공유와 성과 자료의 활용은 구성원들이 자신의 업무를 명확히 인식하게 하고, 임무에 대한 성취감을 제공한다. 더 나아가, 분명한 성과 목표는 기관의 목적을 달성하기 위한 개선 방안을 모색하는 데 창의력을 유발하기도 한다 (Behn, 1999). 따라서 성과 자료의 활용은 성과 향상을 자극하게 되고, 이는 곧 전체적인 조직 발전에 이르게 하는 학습(learning) 효과를 낳는 것이다.[14)]

1970년대 뉴욕 시의 체이스(Gordon Chase)는 성과 목표를 제시하여 보건행정에 종사하는 공무원들을 동기 부여시켰다고 한다 (Rosenthal, 1975; Levin & Sanger, 1994). 1980년대 매사추세츠의 복지과에서도 이 같은 동기 부여 전략을 활용했다 (Behn, 1991). 1990년대는 펜실베이니아의 환경보호국도 이와 비슷한 전략을 운용했다 (Behn, 1997a). 그러나 성과 목표 제시를 통한 동기 부여 전략 중 아마도 가장 모범적인 사례는 뉴욕경찰국의 컴스태트(Compstat) 프로그램일 것이다. 이 프로그램이 범죄를 줄이는 데

14) 동기 부여와 관련하여 성과측정을 좀더 논쟁적으로 활용하는 것은 구성원의 보수와 연계시키는 것이다. 이에 대한 논의(Smith & Wallace, 1995) 참조.

기여했으며, 프로그램을 개발한 브래튼(William Bratton) 경찰국장이 주목을 받았다(Silverman, 2001: 88-89, 101).

목적 5. 정부 활동 및 업적의 홍보

미국인들은 자기네 정부가 비효율적이고 비효과적이지 않나 의심하고 있다. 그러나 만약 공공기관들이 공적 목적을 달성하려 한다면, 국민의 지지가 필요하다. 성과 자료는 국민의 지지를 얻는 데 도움을 줄 수 있다. 왜냐 하면 성과 자료는 정부가 부진할 때뿐만 아니라 잘하고 있을 때 또는 아주 잘하고 있을 때까지도 보여 주기 때문이다. 예를 들면, 정부 성과 제고를 목적으로 하는 국가행정학교의 보고에 의하면 "성과 자료를 제시함으로써 사업 성공의 정당성, 추가 자원의 필요성, 소비자, 이해관계자, 그리고 기관 구성원들의 지지 등을 얻을 수 있고, 내·외로부터 조직을 인정받을 수 있다고 한다"(NAPA, 1999: 7).

그러나 여전히 많은 공공관리자들은 성과 자료를 이용해서 기관의 가치를 홍보하는 데 실패하고 있다. "성과 자료로 기관의 존재 정당성을 찾을 수 있지만 많은 기관들은 자기네 기관의 효과성(effectiveness)을 성과 자료로 입증해 내지 못하고 있다"(Boone, 1996: 10).

연구보고서 「유용한 성과지표를 향하여(Toward Useful Performance Measures)」에서 한 패널은 다음과 같이 주장하고 있다. "성과지표는 프로그램의 가치와 업적을 다양한 계층의 시민들에게 알리는 데 아주 유용한 수단이 될 수 있다"(NAPA, 1994: 23). "그뿐만 아니라 성과측정을 이용해서 프로그램의 성과와 의의를 말할 수 있으며"(9), "성과측정 체계가 지니는 가장 중요한 의의는 성과측정 체계를 통해 공공 서비스에 대한 국민의 신뢰를 제고할 수 있는 점에 있다"(9). 즉 성과측정을 함으로써 직·간접적으로 특정 기관의 역량 또는 특정 프로그램의 가치를 (일반적인 정부 활동도 마찬가지) 홍보할 수 있다.

목적 6. 성과에 대한 치하와 보상

모든 조직은 조직이 이루어 낸 업적을 정례적인 행사를 통해 치하할 필요가 있다. 이와 같은 의식은 구성원들이 함께 할 수 있는 기회를 주고, 구성원들 사이에 개인적 또는 집단적인 상호 관련성을 갖게 하여, 공유된 목적을 향하도록 한다. 특정 목적을 달성함으로써, 일반적으로 사람들은 개인적 성취감과 자긍심을 갖게 된다(Locke & Latham, 1984, 1990). 축하 행사는 반드시 회계연도 마지막이나 중요한 프로젝트 종료에 때를 맞추어 성대하게 벌이는 행사에만 국한되는 것은 아니다. 작거나, 이따금 또는 기대하지 않았던 성취를 이루었을 때도 즉흥적인 축하 행사가 벌어지는데, 이러한 계획되지 않았던 행사를 통해 작은 업적과 그것을 만들어 낸 사람들에게도 관심을 갖게 하는 것이다. 이러한 축하 행사를 통해 구성원들의 관심을 다가올 다음 도전에 집중하도록 할 수 있다.

성과측정의 다른 목적들처럼(가장 중요하고 궁극적 목적은 물론 성과 개선에 있지만), 치하 그 자체가 목적은 아니다. 축하 의식은 중요하다. 의식을 통해 일을 독려할 수 있고, 조직을 홍보하며, 새로운 구성원을 충원할 수 있기 때문이다. 구성원을 자극하여 다음 달, 또는 내년도에는 더 발전하게 만들 수 있기 때문에 축하 행사는 역시 중요하다. 이런 행사는 기관에 관심을 불러일으켜 기관의 역량을 증진시키게 만듦으로써 결국 성과 개선에 도움을 줄 수 있게 한다. 기관에 대한 관심과 역량 증진은 기관 운용의 재량권을 확대하고 재원도 증가시킨다. 게다가, 이 두 가지 요소(확장된 관심과 역량)는 또 다른 자원을 불러모으게 되는데, 즉 성공한 기관에서 일하기를 원하는 헌신적인 사람들이다. 축하 행사는 별로 관심을 끌지 못하는 다른 조직에 있으면서 성공한 기관에서 일하기를 바라는 잠재적 협력자들의 관심까지도 끌게 된다. 그리고 조직으로 하여금 높은 성과를 낼 수 있는 협력자에 관심을 가지게 하여 자신에 대한 성취감을 강화시키게 된다(Behn, 1991: 92-93).

축하 행사는 학습과도 연관될 수 있다. 커다란 연회가 아니라 비공식·세미나 또는 발표회를 통해서도 사업의 성공과 기여한 사람들에게 감사의 뜻을 전하는 목적을 달성할 수 있다. 기대하지 않았던 성과나 흔치 않은 승리를 얻은 사람들에게 어떻게 그러한 성공을 이루었는지 설명을 요청하는 일은 다른 사람들에게 학습 기회를 제공하는 것이다(Behn, 1991: 106-107).

그러나 성과측정을 통한 축하 행사와 성과 향상과의 연관성은 간접적인 관계라 할 수 있다. 왜냐 하면 이것은 동기 부여(motivation) 또는 예산 편성(budgeting), 학습(learning), 아니면 홍보(promotion) 등 다른 목적들과 함께 작용하기 때문이다. 궁극적으로는, 성과측정의 목적이 어디에 있든 간에 그것이 유효한 이유는 가장 본질적인 목적인 **성과 향상**에 있기 때문이다.

목적 7. 성공과 실패로부터 배우기

성과 자료는 평가를 위한 정보뿐만 아니라 학습을 위한 정보도 포함하고 있다. 평가의 목표는 **어떤** 일이 잘되고 안 되는지를 결정하는 데 있는 반면 학습의 목표는 그 **이유**를 알아내는 데 있다.

그런데, 업무의 성공과 실패의 원인을 밝히기 위해서는(즉 학습이 되려면), 공공관리자는 자료로부터 정보를 추출하는 일정한 기제(mechanism)가 필요하다. 자료는 그 자체로서 설명할 수 있다고 일반적으로 생각할 수 있는데, 이것은 추상적 자료를 의미 있는 정보로 전환시키는 기제가 이미 무의식적으로 작동되었을 때만 가능하다. 자료는 해석하는 사람(interpreter)을 거친 후에야 비로소 설득력 있는 설명을 제공하게 되는 것이다. 따라서 사람들마다 다른 해석을 할 수 있기 때문에 같은 자료에서도 다른 교훈이 도출될 수 있다.15)

---

15) 윌리엄스, 맥쉐인과 섹리스트(Williams, McShane & Sechrest, 1994)는 "통계적 훈련이 안 된 사람에 의해 자료가 잘못 해석될 가능성"(538)과, 동시에 "자료에 기초했더라도 요약된 관리정보는 정책결정자에 위험함을 염려하고 있다"(539). 그들은 자료를 해석하면서 관리자와 평가자의 서로 다른 가정을 지적하고 있다: "관리자들은 종종 사업이나 기관의 운영을 긍정적으로 여겨 성공적일 것이라고 가정하는"(541) 반면, "평가자는 사업 배후에 있는 가정에 의문을 제기하는 것을 자신들의 핵심적 역할이라고 생각한

공공관리자가 너무 많은 자료를 가지고 있다면 아무것도 학습할 수 없게 된다. 네브스(Carole Neves)와 버지니아 테크(Virginia Tech)의 울프(James Wolf), 그리고 벤튼 사(Benton & Associates)의 벤튼(Bill Benton)은 다음과 같이 적고 있다. "많은 기관에서 성과 자료의 홍수로 인해 유용한 정보를 제공받는 것이 아니라 '혼동'만 초래하고 있다." 조지아주립대학교의 포이스터(Theodore Poister)와 스트레이브(Gregory Streib)는 자료는 많지만 정보는 부실한(Data Rich but Information Poor) 현상을 'DRIP 증후군(DRIP Syndrome)'이라고 부른다 (Poister & Streib, 1999: 326). 네브스와 그녀의 동료들은 "공공관리자들은 시간이 부족하기 때문에 많은 숫자들 중에서 유용한 정보를 찾기란 무척 어려운 일"(Neves et al., 1986: 141)이라고 결론내리고 있다.

공공관리자들은 성과 자료에서 무엇이 잘 **안 되고** 있는지를 배울 수 있다. 그렇다면, 그들은 성과를 내지 못하는 활동을 중지시키고, 재원과 사람을 좀더 효과적인 활동으로(같은 목적 또는 다른 목적을 달성하기 위해) 재배치할 수 있다. 또한 그들은 성과 자료를 통해서 잘되는 것이 무엇인지도 배울 수 있다. 그렇다면, 그들은 현재 있는 자원을 잘되고 있다고 검증받은 활동으로 돌릴 수도 있다. 성과 자료에 대한 학습으로 인력과 재원의 배치에 관한 계획을 세우는 데 도움을 받을 수 있다.

너 나아가, 학습은 좀더 직접적으로 성과 개선에 도움을 줄 수 있다. 성과 자료는 기관이 성과를 잘 내고 있는지, 못 내고 있는지를 보여 줄 뿐만 아니라 그 **원인**도 알려 준다: 무엇 때문에 성과를 잘 내고, 무엇 때문에 성과가 부진한 것인가? 성과를 개선하려면 무엇이 이루어져야 하는가?

성과 자료에서 학습 효과를 얻으려 할 때, 공공관리자들은 종종 블랙박스 문제(enigma)에 직면하게 된다.[16] 자료는 기관이 성과를 잘 내고 아니

다"(541). 따라서 평가자는 일단 사업이 잘 되지 않을 것이라 생각하며 일을 시작하는 반면 관리자는 당연히 사업은 잘될 것이라고 믿는다.

16) 모든 학문 영역에서 블랙박스 안에서 무엇이 일어나는가를 이해하기란 어려운 일이다. 예를 들어 물리학자들이 중력이라는 블랙박스 안에서 어떤 일이 벌어지는지 알 수 없다. 그들은 두 물체가 서로 끌어당기고 있는 사실을 발견하고 그 당기고 있는 힘을 계산해 낼 뿐이지 두 물체의 질량과 거리라는 투입 요소가 어떻게 물리적 힘이라는 산출

면 잘 못 내고 있는지는 보여 줄 수 있지만, 반드시 그 **원인**까지 말하지는 않는다. 자료는 기관이라는 블랙박스 활동 결과인 산출물과 블랙박스 안의 활동을 위한 투입물만을 기술할 뿐이지, 그 블랙박스 안에서 무슨 일이 벌어지는지까지 보여 주지는 않는다. 어떻게 다양한 투입물들이 결합하여 산출물을 생산해 낼까? 조직의 차원에서는 블랙박스가 투입물을 산출물로 전환하기 위해 무슨 일을 하고 있을까? 사회의 차원에서 블랙박스는 무슨 일을 하고 있을까?[17]

물론, 공공관리자들은 성과 자료 내외에서 벌어지는 일련의 과정에 관한 부분적 자료를 만들어 낼 수 있다. 이렇게 만들어진 자료, 즉 관리자들이 측정하려고 하는 블랙박스의 특징과 일이 처리되는 과정 등에 관한 자료를 통해 어떤 투입물이 질 높은, 또는 질 낮은 산출물로 전환되는가를 알아내지는 못한다. 측정하려는 블랙박스 내부의 과정이 많으면 많을수록 산출물과 확실한 인과 관계에 있는 것은 적어진다. 이러한 인과 관계는 완전히 무작위적이다.[18] 어떤 요소들은 암시적인 인자(significant contributors)로

로 전환되는지 알 수 없다. 여러 조건하에서 두 물체 사이에 작용하는 인력을 정확하게 알아내는 데 세 가지 측정 가능한 투입 요소만 사용하게 된다. 두 물체 각각의 질량과 두 물체 사이의 거리가 그것이다:

$$F=G\times m\times m/d^2 \text{ (}G\text{는 중력 상수)}$$

그러나 위의 식은 두 물체가 원자보다 작은 입자의 경우에는 적용될 수 없다. 따라서 물리학자들은 원자보다 작은 입자들 사이의 인력을 알아내기 위해 새로운 개념을 창안해 낼 필요가 있다(Behn, 1992). 두 물체 간 상대적으로 강한 힘(strong force)과 약한 힘(weak force) 개념을 활용해서 두 미립자 사이의 인력을 계산해 내고 있는데 이것이 블랙박스 안의 힘을 창출하는 원천이 무엇인지를 이해했다는 것을 의미하지는 않는다.

17) 저자의 성과관리 블랙박스 이론은 잉그래햄과 니들러(Ingraham & Kneedler, 2000), 잉그래햄과 도나휴(Ingraham & Donahue, 2000)의 이론과는 다르다. 그들이 주장하고 있는 "새로운 성과 모델(new performance)"에서의 블랙박스는 정부의 관리(management)를 뜻하며 환경적 요소들 속에 내재된 정치, 정책 방향, 자원 등이 투입 요소이다. 하지만 저자가 말하는 블랙박스란 정부기관(더 정확히 말하면 정부기관에서 일하는 사람들), 협력 관계(공직자들과 일하는 파트너) 또는 사회(일반 국민)를 말한다. 관리와 리더십은 블랙박스의 성과를 개선하는 데 중요한 투입 요소이다. 관리와 리더십을 통해 환경으로부터 많은 투입을 제공받고, 블랙박스 내 구성원들이 성실성, 지식, 창의성을 가지고 영향을 미침으로써 투입 요소를 산출물과 결과물로 전환한다.

18) 모든 자료가 무작위인 상태에서 5%의 통계적 유의 수준을 가지고 20개의 잠재적 인과 변수를 검증한다고 했을 때 평균적으로 하나의 변수만이 통계적으로 유의하며 100개 인

작용하지만, 또 다른 요소들과 만나면 주요한 인자(real causes)로 작용하게 된다. 따라서 성과 자료를 전환하여 블랙박스에서 일어나는 일을 이해하기란 단순하거나 쉬운 일이 아니다.

목적 8. 성과 개선 방안의 모색

"성과 '측정' 그 자체가 목적은 아니다. 그런데 성과를 향상시키려면 관리자에 의해 활용되어야만 한다" (NAPA, 1994: 22). '개선하다'(또는 개선, 개선하기)라는 말은 국가행정학교 보고서에 수없이 나온다. "성과 자료는 지속적인 환류 과정(feedback loop)의 한 부분으로서, 이러한 환류 과정을 통해 프로그램의 가치(의의), 업적, 또는 프로그램에 개선이 요구되는 곳을 알 수 있다"(22). 그러나 "GPRA계획 어디에도 성과정보 활용이 프로그램의 성과 향상을 가져온다는 증거를 발견하지 못했다" (8).

마찬가지로, 하트리도 "성과정보의 근본적인 목적은 프로그램을 개선시키는 데 있다"(Hatry, 1999b: 158)고 주장한다. 그러나 그것을 **어떻게?** 성과측정과 성과 개선에는 정확히 **무슨** 관계가 있을까? 성과측정이 성과 개선으로 이어지게 하기 위해 **누가**, **무엇**을 해야만 하는 것일까? 아니면 성과측정만 하면 성과 개선이 자동적으로 이루어지는 것인가? 그것은 아니다. "측정만으로 성과 개선을 가져오는 것은 아니다" (Hatry, 1994: 15).

측정을 통해 무엇은 잘 되고, 무엇은 잘 안 되는지를 학습한 후에 그 학습된 내용이 프로그램 개선으로 전환될 수 있다. 이렇게 하기 위해 학습과 개선과의 관계에 의식적이고 적극적인 개입이 요구되는 것이다. 능력 있는 개인의 노력만으로도 성과측정이 성과 개선으로 이어질 수 있을까? 아니면 측정이 개선으로 전환되도록 하는 데 필요한 전략과 한계에 대한 정교한 판단이 필요한 것인가? 성과를 향상시키기 위해 조직은 학습 과정을 통해 얻은 교훈을 받아들이고, 그 교훈을 기초로 하여 조직을 변화시키며, 조직 환경에 적응시킬 수 있는 역량이 요구된다.

과 변수가 투입되면 5개 정도의 변수가 유의미한 것으로 검증된다.

그러나 학습을 성과 자료에서 얻어내기란 까다로운 일이다. 공공관리자들이 어떤 요소가 성과에 긍정적 또는 부정적으로 작용하는지를 구별해 내는 것이 쉬운 일은 아니다. 말할 것도 없이 이러한 영향 요소들을 변화시켜 성과 개선을 도모하기란 더욱 어려운 일이다. 성과 개선을 위해서는 환류과정에 세심한 주의가 요청된다. 환류란 학습을 통해서 얻은 교훈이 조직구성원들의 행태를 변화시켜 더 좋은 결과를 낼 수 있는 방향으로 조직 활동 과정 속에서 제대로 작동되는지 여부를 확인할 수 있는 능력을 말한다. 성과 개선은 적극적인 조직운영 학습(operational learning)의 결과이다. 성과 자료를 통한 학습에 관한 도전은 이론적(intellectual), 그리고 실제 조직운영적(operational) 측면에서 나타날 수 있다. 성과측정을 활용해 부서의 성과를 개선시키기를 바라는 공공관리자들은 두 가지 도전에 직면하게 된다. 그들은 활동 계획, 절차, 또는 인사상의 어떠한 변화가 성과 개선을 가져오는지를 파악해야 하는 이론적 도전, 그 다음 관리자들은 확인된 변화를 부서에 실제 작동시키는 방안을 파악해야 하는 조직 운영상의 도전에 직면하게 된다.

성과 자료를 활용하여 평가하는 데는 여러 가지 표준 기제(standard mechanisms)가 있는데, 성과 자료를 이용한 조직 활동의 통제와 예산 편성에 관한 기제들이 있을 수 있다. 그러나 학습과 성과 개선을 목적으로 한다면 성과 자료를 정책 목표, 정치적 환경, 예산 자원, 프로그램 구조, 운영능력, 규제 제약 등 여러 가지 요소들과 함께 고려하는 좀더 포괄적이며 질적인 분석이 요구된다. 성과 학습과 개선을 위한 지침서(cook-book)는 없다.[19]

어떻게 하면 성과측정을 통해 성과 향상을 가져올 수 있는가? 대부분의 경우 직접적이거나 명시적이지는 않지만 여러 가지 면에서 측정은 성과에 영향을 미칠 수 있다. 다양한 환류 과정이 존재한다. 모든 환류 과정들이 분명한 것은 아니며, 인과 관계가 밝혀진 분명한 것일지라도 그것이 기대한 대로 작동하는 것은 아니다. 따라서 조직의 성과를 측정하여 성과 향상

19) 바로 이것이 성과 학습이나 성과 개선보다 성과평가가 학계에서 더 많은 주목을 받는 이유이다.

을 피하기 위해서는 **무엇을** 측정하느냐뿐만 아니라 측정한 것을 **어떻게** 활용하느냐 하는 문제를 심각하게 고려하는 리더십이 필요하다. 측정 결과를 활용해 성과 향상을 도모하는 방안에 대한 최소한의 잠정적 이론조차 없는 상황에서 무엇을 측정하느냐와 같은 측정 대상에 관한 논의는 그리 쉬운 일만은 아니다.

제 3 절 측정 목적에 따른 기준 선정

어떤 목적에 어떠한 측정이 가장 적합한가? 이것은 간단한 문제가 아니다. 어느 한 측정 기준은 특정한 목적에는 부합하지만 다른 목적에는 완전히 무용지물이 되기도 한다. 많은 경우에, "프로그램 성과 개선에 대해 효과적인 정보를 주는 측정은 자원 배정에는 유용한 정보를 제공하지 못한다" (Newcomer, 1997: 8).

크래브쿡과 섀크는 다음과 같이 지적하고 있다. 한 가지 측정 기준, 심지어 다른 기준들을 모아 고려해도 모든 상황에 부합하는 기준은 없다: "특히 성과정보 사용자들의 요구와 이해는 다양하기 때문에 모든 것을 충족시키는 단일한 측정 기준을 추구하는 것은 포기해야만 한다." 따라서 그들은 "주요한 성과정보 이용자들의 요구에 대비하는 측정전략을 주장한다" (Kravchuk & Schack, 1996: 350).

필자도 이러한 측정전략과 비슷한 접근 방법을 취하고자 한다. 사용자마다 다른 성과정보 활용에 신경을 쓰기보다는 공공관리자들의 성과정보 활용의 다양한 목적에 초점을 두고자 한다. 사용자마다 다른 측정을 원한다. 왜냐 하면 그들마다 성과측정 목적이 다르기 때문이다. 사용자의 본질이 아니라 사용 목적의 본질이 어떠한 특성을 지닌 성과측정이 가장 유용한지를 결정한다. 성과측정시 강조되는 일반적인 충고는 "투입물(in puts)을 측정하지 말라. 과정(processes)을 측정하지 말라. 산출물(outputs)을 측정하지 말라. 결과물(outcomes)을 측정하라"라는 것이다. 그러나 결과 측정이 모든 성과측정 목적에 반드시 가장 좋은 측정은 아니다.

〈표 1-2〉 목적에 따른 성과측정 정보의 특징

목적: 각각의 목적을 달성하기 위해 공공관리자는 다음의 성과측정 정보가 필요하다.

평가(evaluate)	투입물(inputs)과 외생적 요소(exogenous factors)가 고려된 결과물(outcomes)
통제(control)	조절 가능한 투입물
예산(budget)	결과물(outcomes)이나 산출물(outputs)의 투입물에 대한 비율로 표시된 능률성(efficiency) 정보
동기 부여 (motivate)	생산 목표와 비교한 실시간대 현장에서의 산출물
홍보(promote)	시민들의 관심사이며 쉽게 이해될 수 있는 성과
치하(celebrate)	개인적이거나 조직 차원에서 성취감을 줄 수 있는 주기적 또는 중요한 성과 목표
학습(learn)	기대한 것에서 차이를 보이는 자료
성과 개선 (improve)	조직 운영상의 변화가 성과의 변화로 이어지게 하는 조직 내부 요소들의 관계성

공공관리자는 측정 목적에 맞는 성과측정(정보)을 찾을 수 있을까? 그에 대한 대답은 조직에서 관리자의 지위가 아니라 측정정보가 측정 목적이 요구하는 것을 가지고 있느냐 없느냐에 달려 있다 (<표 1-2> 참조).

목적 1: 평 가

평가는 비교를 필요로 한다. 기관의 성과를 평가하기 위해서 관리자는 그 기관의 성과를 어느 기준과 비교하게 된다. 이러한 기준은 과거 성과로부터 나오거나, 유사한 역할을 수행하는 기관의 성과로부터, 또는 정치적 기대에서 나올 수도 있다. 성과 비교의 기준 없이는 부서가 성과를 잘 내고 있는지 못 내는지를 결정할 수 없다.

실질 성과를 성과 기준(performance criterion)에 맞추어 비교한다는 것은 투입(input), 과정(process), 산출(output) 환경 등과 연관된 결과(outcome)에 관한 다양한 정보를 요구한다. 그러나 실질 성과를 측정할 때의 초점은 여러 측정정보들 중 결과에 맞추어진다. 어떤 공공기관을 평가한다는 것, 즉 그 기관의 목적 달성 여부를 알아보는 것은 그 기관이 수행한 임무(mission)가 영향을 발휘해 생겨난 결과를 측정하기를 요구한다. 결과 측정(outcome measure) 정보는 관리자에게 **효과성**(effectiveness) **문제**에 관한 답을 줄 수 있다: 기관이 만들어 내려 했던 결과(results)를 달성했는가? 이 결과를 투입 정보로 나누면 **효율성**(efficiency)에 관한 문제에도 답을 하게 되는 것이다: 기관이 비용 편익을 고려한 경제성의 원칙에 입각해 이러한 결과를 얻어냈는가? 어쨌든, 효과성 문제나 효율성 문제에 답을 구하기 위해서는 성과 결과에 대한 측정이 필요하다.[20)]

물론, 기관이 생산한 결과적 요소만으로 그 기관의 활동을 평가할 수 없다. 다른 요소들, 예를 들어 경제적 조건 등이 결과에 영향을 미칠 수도 있기 때문이다. 따라서 **영향**(impact) **문제**에도 관심을 둘 필요가 있다: 이것은 기관 스스로 달성한 것이 무엇인가의 문제이다. 이러한 영향 문제에 관한 질문은 실제적 결과(actual outcomes)와 만약 그 기관이 활동하지 않았을 경우에 발생할 수 있었던 결과와의 차이가 무엇인가이다.

어떤 조직이나 프로그램을 사정(assess)할 수 있는 또 다른 측면은 내부 운영(internal operations)을 평가하는 것이다. 이것은 **모범 사례**(best-practice) **문제**에 관한 것이다: 이것은 기관이나 프로그램의 운영(operations)과 실제(practices)가 가장 효과적이고 효율적인 조직과 비교하는 문제이다. 모범 사례에 대한 평가를 하기 위해서는 측정 기준(정보)이 필요하다. 조직의 내부 운영에 관한 정확한 지침(appropriate descriptions)과 같은 운영 기준(operational standards)이 측정 기준(정보)으로 될 수 있다.

단일한 측정 정보와 단일한 성과 기준에 의거한 단순 비교만으로는 정확한 평가를 할 수 없다. 내용이 있고 신뢰할 만한 기관 성과의 모습을 보여 주

---

20) 주의: 조직 성과만이 사업 결과에 영향을 미치는 유일한 요소로 볼 수 없지만 조직의 성과를 평가하는 데 사업 결과를 활용하는 것은 의미가 있다. 그러나 일반적으로 인지 심리학자들에 의하면 결과라 함은 성과평가에서 '결과 효과(outcome effect)'를 가리킨다. 결과 효과는 평가자들에게 물리적인 현재의 여건하에서의 실제적 결과에 비중을 두게 한다. 즉 미래의 불확실성에 싸여 있는 의사 결정을 평가할 때 평가자들은 당시의 여건하에서의 처음의 결정을 유효하게 설명할 수 있는 결과를 그렇지 못한 결과보다 높은 점수를 준다(Baron & Hershey, 1988; Lipshitz, 1989; Hawkins & Hastie, 1990; Hershey & Baron, 1992; Ghosh & Ray, 2000).

기 위해서는 여러 가지 기준에서 본 다양한 측정정보(multiple measures)에 입각한 평가가 요구된다.

목적 2: 통 제

기관과 그 구성원의 행태를 통제하기 위해 공공관리자는 투입에 대한 의무 조건(input requirements)을 명시할 필요가 있다. 투입에 관한 측정정보(input measures)를 활용하는 관리자들은 투입 정보를 통제에 활용하고자 한다. 투입 정보를 통제에 활용하기 위해 관리자는 조직과 개인들의 행태를 면밀히 관찰하여 파악한 다음, 그들이 올린 성과를 정해 놓은 의무 조건과 비교하게 된다. 이런 비교를 하면 누가 그 조건을 따르고, 안 따르는지를 알 수 있다: 수업시 선생님들이 교과 과정 준수 사항을 지켰는가? 또는 판사가 형량 선고 기준에 따라 형량을 선고했는가 등의 문제인 것이다. 이러한 의무 조건 등은 반드시 지켜야 하는 지침과 같은 것이다: 교과 과정 지침(curriculum guidelines), 형량 선고 지침(sentencing guidelines) 등을 예로 들 수 있다. 이러한 지침들은 꼭 준수해야만 하는 조건들이고, 조건들은 통제하기 위함이다. 이러한 조건들에 대한 복종(준수) 여부를 측정하는 것이 통제의 기제(mechanism of control)이다.

목적 3: 예 산

성과측정 정보를 예산 편성의 목적으로 사용하기 위해서는 기관 활동의 능률성을 나타낼 수 있는 자료가 필요하다. 일단 정치권에서 예산 편성의 우선순위가 총체적으로 결정되면, 관리자는 능률성을 나타내는 자료를 이용해서 어떤 활동에 배정받은 자금이 사용되는지를 나타낼 수 있다. 성과자료를 통해 예산 편성 배후에 있는 정치적 목표를 달성하는 데 다른 조직 또는 다른 프로그램이 더 효율적이라고 밝혀지는데도, 왜 한정된 자원을 특정 조직이나 프로그램에 쓰는 것일까?

성과측정 정보를 예산 편성 과정에 활용하려면 관리자는 성과 결과 자료뿐만 아니라, (이것은 효율성 식에서 분자에 해당된다) 신뢰할 만한 (분모에 해당되는) 비용 자료도 필요하다. 이러한 비용 자료는 기관의 활동 비용으로 분명하게 보이는 것도 있지만 간접 경비인 경우 자료의 산정이 어려운 경우도 있다. 그런데 정확한 비용 산출을 위한 비용 계정(cost-accounting) 또는 활동 비용 계정(activity-based accounting)을 따로 마련해 운용하는 정부는 거의 없다(Coe, 1999: 112; Joyce, 1997: 53, 56; Thompson, 1994).

일반적으로 예산 편성이란 자금을 배정하는 문제이지만, 관리자는 재정 문제와 인사 문제를 연계해 예산 문제에 접근해야 한다. 재정과 인력 배치의 생산성을 극대화하기 위해서는 인력 수요를 감안하여 여기에 대한 비용도 예산 편성에 고려해야 한다. 인력에 관한 예산 편성의 목적으로 성과측정을 활용하려면 결과(outcomes) 또는 산출(outputs) 자료뿐만 아니라 사람에 대한 자료도 필요하다. 관리자는 인력 자료를 기초로 하여 생산성을 가장 높일 수 있는 활동에 구성원을 배치한다.

목적 4: 동기 부여

구성원을 더 열심히 더 세련되게 일을 하도록 동기 부여시키려면 관리자는 생산 목표(production target)와 비교할 수 있는 실시간 산출 자료가 필요하다. 조직은 그 조직의 활동 결과를 만들어 내는 것이 아니고, 산출물을 생산해 내는 것이다. 조직을 자극해 성과를 향상시키려면 현장에서 실질적으로 하고 있는 것을 향상시킬 수 있도록 조직을 독려해야만 한다. 따라서 조직의 전반적인 성과를 평가하기 위해서는 성과의 파급 효과(영향)까지 고려한 결과 자료가 필요하지만, 조직 현장 수준에서 구성원을 동기 부여시키기 위해서는 산출 자료가 요구된다.[21] 관리자는 구성원들에게 그들이

21) 경영에서 카플란과 노튼(Kaplan & Norton, 1992)이 강조하듯 "운영과 재무와의 관련성을 밝히기가 쉽지 않다"(79). 그들은 "향상된 운영의 성과가 재정 상태에 반영되지 못한다면, 조직의 전략과 임무에 대해 전면적으로 재검토가 요구되는 시점"(77)이라고 강조하고 있다. 이것은 똑같이 정부 부문에도 적용될 수 있다. 공공관리자도 기관의 운영과 결과의 분명한 연계성을 분명히 해둘 필요가 있다. 성과를 향상시키기 위해 구성원

할 수 없는 것을 하도록 할 수 없고, 그들이 별로 영향력을 행사할 수 없는 것에 영향력을 미칠 수 있게 할 수 없고, 그들이 직접 만들어 낼 수 없는 것에 대한 결과를 생산하게 할 수 없다.

또한 구성원에게 동기를 주기 위해 관리자는 산출 자료를 신속하게 수집 배포해서 환류 과정이 이루어지도록 해야 한다. 산출물에만 관계하는 사람들은 기관의 전반적 성과 목표를 잘 모르는 이상 생산 과정이나 생산 과정에서 벌어지는 문제점을 조정할 수 없다. 존제이대학(John Jay College) 경찰행정학과의 실버만(Eli Silverman)은 뉴욕경찰국의 컴스태트(Compstat) 프로그램을 "정보 중심의 경찰 활동(intelligence-led policing)"이라고 설명한다(Silverman, 2001: 182). 뉴욕경찰국에서는 범죄에 대해 전략적으로 대응하기 위해 현재 유행하고 범죄 고리들과 유형들에 대한 자료를 경찰국장에서 말단 순찰경찰에 이르기까지 모든 경찰관에게 배포한다.

지위 고하를 막론하고 모든 경찰관이 프로그램에 대한 정보를 공유하는 뉴욕경찰국의 사례는 학교와 선생님들에게 시험 점수를 공유함으로써 동기부여시키는 전략과 맥을 같이한다. 시민들이 학교로부터 기대하는 궁극적인 결과는 능력(생산성) 있고 책임감 있는 조직의 구성원으로 자랄 수 있는 아이들일 것이다. 그러나 성과를 자극하기 위해 이러한 아이들을 성과측정의 기준으로 사용한다면 많은 문제를 야기하게 된다. 첫째, 시민으로서 능력과 책임감을 측정할 수 있는 기준을 제시하기가 어렵다(단순히 임금 수준으로 능력을 측정할 수 있겠는가? 투표 참여를 가지고 시민으로서의 책임감을 측정할 수 있겠는가?). 둘째, 학교와 선생님들만이 미래 성인의 책임감과 능력을 결정짓는 요인으로 볼 수 없다. 셋째, 학교와 선생님들이 어린이를 지도한 때와 그 결과가 측정되는 때는 몇 달, 몇 년도 아닌 몇십 년씩 차이가 나는 시간 지체(time leg) 현상이 발생하므로 측정 결과를 다시 학교나 선생님들에게 알려서 시정 조치를 취하게 하는 것은 현실적으로 불가능한 일이다. 시간 지체 현상을 고려해 볼 때, 학교와 선생님들을 동기부여하는 수단은 아이들의 학습된 성과를 측정할 수 있는 시험 점수에 의존

을 독려하는 데 산출(결과) 측정을 활용했으나 성과 개선이 되지 않았다면 산출이 바람직한 결과로 이어지는 것과 그렇지 못한 것에 대한 재검토가 요구된다.

할 수밖에 없는 것이다. 학교나 선생님들이 미래 성인의 능력과 책임감을 얼마나 고양시키는지는 알 수 없지만, 측정 가능한 지식과 기술을 아이들에게 전해 준다고 기대할 수 있다.[22)]

조직의 책임자는 산출 목표(output target)를 설정해 놓고 구성원을 동기부여해 상당한 성과를 올린 다음 조직 활동의 최종 목표(outcome target)를 정할 수 있다. 산출 목표가 조직 내부 운영의 개선을 가져오는 데 초점을 두는 것이라면, 최종 목표는 조직 밖에서 벌어지는 일에 초점을 둔다. 즉 기관 활동의 최종 결과에 영향을 미칠 수 있는 다른 조직들과의 협력 관계 개선을 모색하는 방안 등이 동기 부여의 핵심이 된다(Bardach, 1998; Sparrow, 2000).

목적 5: 홍 보

기관이 효과적·효율적으로 활동하고 있다고 시민들을 설득하려면 관리자는 시민들이 관심을 가지는 일에 대한 성과 자료를 쉽게 이해할 수 있도록 만들어야 한다. 시민들의 관심을 끄는 성과만이 기관의 목적과 관련될 수 있다.

정부성과결과법(Government Performance and Results Act)에 기초한 국가행정학교의 성과측정 보고서에 의하면, 대부분의 계획은 “성과평기 결과를 상부에 보고할 필요성은 인정하고 있지만 상위 공직자들의 요구에 따른 결과 보고 수준과 형식은 기관 책임자를 위한 그것과는 달라야 한다는 사실을 분명하게 보여 주지 못하고 있다.” “성과평가에 대한 요구는 기관의 최고 책임자, 대통령, 의회 지도자들의 시각에 따라 다르기 때문에 각각의

---

22) 여러 가지 면에서 공공기관의 내부 운영 성과를 독려하기 위한 측정은 기업 경영의 내부 운영 성과에 대한 카플란과 노튼의 측정과 일맥상통한다. 이러한 내부 운영 성과를 알아볼 수 있는 측정지표(measures)에 대해 다음과 같이 적고 있다. “기업은 앞서갈 수 있는 역량과 기업 운영 방안을 결정한 다음 구성원의 행위에 기초하여 그것들을 측정할 수 있는 측정지표를 구체화해야 한다”(Kaplan & Norton, 1992: 74-75). 즉 내부 관리 운영의 개선을 위해 구성원을 독려할 때 기업의 지도자에게는 산출을 알아볼 수 있는 측정지표가 필요하다.

특별한 요구 사항은 분명하게 정의되어야 한다" (NAPA, 1994: 23). 비슷한 맥락으로 성과평가에 대한 소비자의 관심은 다양하다 (Kaplan & Norton, 1992: 73-74).

운전면허국을 생각해 보자. 운전면허국의 임무는 운전자, 승객, 자전거 타는 사람, 그리고 보행인 등의 안전 확보에 있을 것이다. 이러한 임무를 수행하기 위해 이 기관은 자동차를 검사하여 자동차의 안전장치들이 제대로 작동하는지를 확인하고, 운전자들이 안전 운행을 하는지를 조사하기도 한다. 그런데, 시민들은 운전면허국 하면 무엇을 가장 먼저 떠올릴까? 가장 먼저 생각하는 것은 다름아닌 서비스를 제공받기 위해 오래도록 서 있어야 하는 긴 줄일 것이다. 이 기관이 국민들에게 기관 스스로의 이미지를 홍보하려면 기관 성과의 한 측면, 개선된 성과를 분명하게 보여 주어야 한다. 그것이 바로 고객들이 서비스를 받기 위해 줄을 서서 기다리는 시간일 것이다. 단축되는 시간을 성과측정의 자료로 활용해 기관을 홍보할 수 있다.[23]

아몬스(Ammons, 1995)는 가히 혁명적인 접근 방법을 제안한다: "성과측정을 흥미롭게 만들어라." 그는 "시정부들은 현지의 언론과 대중의 관심을 끌 수 있는 성과측정 기준을 채택해야만 한다"(43)고 주장한다. 특히 어느 정도까지는 "지역사회의 자긍심을 비교할 수 있는 자료도 성과측정 기준에 포함시켜야 된다"(38). 이러한 자료를 통한 비교는 특정 학계 또는 산업 분야의 준거로 발전될 수 있다. 아몬스가 지적했듯이 "기준을 통한 이러한 비교는 특히 기초 자료가 축적되지 않은 기관 홍보시 주목을 받는다"(39).[24] 그는 이러한 기준에 의한 지역 간 비교를 홍보에 사용하는 것을 강조하며, 시민들은 도시정부 간의 다양한 공공 서비스 순위(언론들이 이 순위에 촉각을 세우고 있기 때문에)에 관심을 기울이고 있다고 주장한다. 이런 이유에서 그는 "기관 운영의 효율성과 효과성을 나타내는 것뿐만 아

23) 2002년 1월 주정부 재무장관에 출마를 선언하는 자리에서 그라바우스카스(Daniel A. Grabauskas)는 매사추세츠 자동차등록국에서 관련 서비스를 제공받는 데 한 시간 이상이 단축되었음을 강조했다 (Klein, 2002).

24) 일반 국민을 위해 NAPA자문단이 제안한 바와 같이 성과측정은 목적에 맞게 요약 정리될 필요가 있다 (NAPA, 1994: 23).

니라 지역 간 비교를 할 수 있는 측정정보의 필요성을 강조한다"(38). "이러한 측정정보들은 **홍미롭고 의미 있는** 도시 간 성과 비교를 가능하게 한다"(44).

운전면허국의 서비스를 제공받기 위해 줄을 서서 기다리는 시간은 홍미롭고 의미 있는 측정 기준이 된다. 도시 간 비교를 할 때 줄을 서서 기다리는 시간이 어떻게 하면 의미 있는 성과측정의 기준으로 될 수 있을까? 줄을 서서 기다리는 평균 시간, 아니면 줄을 서서 기다리는 시간이 1시간 이상이면 시민들은 도저히 받아들일 수 없는 서비스 제공 수준으로 하여 1시간을 기준으로 할 것인가?[25] 어떠한 시간을 측정 기준으로 선택하든 간에 선택한 기준을 가지고 다른 도시의 운전면허국과 비교하려 할 것이다. 그러나 캐롤라이나 주민들이 운전면허국의 줄에서 보내는 시간이 사우스 캐롤라이나 또는 노스 다코다의 그것보다 적다고 해서 기뻐하겠는가? 다른 도시의 운전면허국과 비교를 하지 않고 현지의 슈퍼마켓이나 은행에서 기다리는 시간과 비교하면 운전면허국의 성과를 홍보할 수 있는 의미 있는 비교가 되는 것인가? 운전면허국을 일반 대중에게 홍보하려면 시민들이 면허국처럼 일상적으로 많이 접하는 기관의 성과와 운전면허국의 성과를 비교하는 것이 중요하다.

이를 위해서 운전면허국은 성과 자료를 공표하는 것뿐만 아니라 자료를 일반 시민들이 물리적으로나 심리적으로 쉽게 접근할 수 있도록 해야 한다.

25) 공공기관의 실적을 증진하기 위해 기관의 실적을 측정할 수 있는 측정 기준을 선정할 때, 시민들의 관심사를 반영하는 성과측정이 무엇인가 하는 문제는 그렇게 단순한 것은 아니다. 자동차등록국을 방문한 시민들이 진정으로 신경쓰는 것이 무엇인가? 시민들은 아마도 서비스를 제공받기 위해 늘어선 줄일지 모른다. 하지만 줄에서 처음에 위치하고 있는 사람들이라면 줄에 대해서는 크게 신경쓰지 않을 것이다. 어떤 이들은 29분 기다리는 것은 괜찮지만 30분은 안 된다고 말할지 모른다. 아니면 편안한 의자만 준비되어 있다면 기다리는 것은 개의치 않는다고 말할 수도 있다. 따라서 성과측정 지표를 선정하기에 앞서 시민들이 무엇을 원하는지 알아볼 수 있는 여론조사를 실시하는 것이 바람직하다. 불특정 다수(polls)나 특정 집단(focus groups)을 대상으로 하는 조사든 간에 실제와는 괴리가 있는 조사 결과가 나올 수 있다. 자동차등록국을 직접 방문한 사람들을 대상으로 하는 소비자조사(이 조사는 서비스를 제공받고 기관을 떠날 때나, 줄을 서 있을 때 실시할 수 있음)가 기관의 성과를 측정하는 방안에 대해 좀더 의미 있는 결과를 제공할 수 있다.

시민들이 그 자료를 얻을 수 있어야 하고 얻은 자료는 쉽게 이해할 수 있어야 한다.

목적 6: 치 하

기관이 특정 성과에 대해 축하하기 전에 기관 관리자는 구성원들이 달성했을 때 진정으로 성취감을 느낄 수 있을 만한 성과 목표를 설정하는 것이 필요하다. 이러한 성과 목표는 구성원들에게 동기 부여시킬 때도 이용될 수 있는 것인데, 연간 목표는 월별 또는 분기별로 나눌 수 있다. 축하할 만한 가시적이고 의미 있는 성과를 내게 되면 관리자는 달성된 성과에 상응하는 정례적인 축하연을 가질 필요가 있다.

"경축하다(to celebrate)"의 동사는 주요한 지명 수배자를 잡았거나, 어렵고 질질 끌던 프로젝트를 마감일에 끝냈을 때처럼 회계연도 마지막에 큰일의 성취에 대한 축하식을 갖는 뜻을 포함하고 있다. 그런데 사기업체인 경우 관리자는 좀더 일상적이고 작은 성취에 대해서도 치하를 해 준다; 이러한 치하를 통해 구성원들로 하여금 자기네 회사가 최고의 승자라고 믿게 한다(Peters & Austin, 1985). 공공관리자도 비슷한 전략을 구사할 수 있다(Behn, 1991: 103-111). 이러한 전략이 성공적으로 작동하려면 민간부문에서 차용한 전략이 구성원들을 자극하여 기관의 성과 개선으로 발전해야 하며, 기관은 개선된 성과에 대해 축하하는 것으로 이어져야 한다.

목적 7: 학 습

어떤 점은 잘되고 어떤 점은 잘되지 않는지를 학습하기 위해서 관리자는 다양하고 폭넓은 성과 자료를 소유하고 있어야 한다. 이러한 자료는 기관의 운영상 다양하면서도 세심하게 분화된 정보를 제공해 준다. 그런데 기관의 성과 개선점을 찾기 위해서 관리자는 지나치게 많은 정보를 통합하는 것은 피하라고 크래브쿡과 섀크(Kravchuk & Schack, 1996: 357)는 당부한다.

벤치마킹(benchmarking)은 학습을 촉진하기 위한 전통적인 성과측정법의 하나이다(Holloway, Francis, & Hinton, 1999). 벤치마킹을 통해 다음 세 가지 질문에 답할 수 있다: 조직이 잘하고 있는 것은 무엇인가? 조직이 잘 못하고 있는 것은 무엇인가? 잘 못하고 있는 것을 개선하려면 무슨 일을 지금과 어떻게 다르게 처리해야 하는가? 조직은 사조직이건 공공조직이건 간에 중요한 운영 과정을 진단하고 그 성과를 측정한 다음, 그 측정한 자료를 가장 잘하고 있다는 기관의 그것과 비교하게 된다.[26] 가장 우수하다는 기관과 비교한 결과 나타난 차이점은 조직이 개선되어야 한다는 사실뿐만 아니라 어떻게 조직을 개선해야 하는가에 대한 **방법**을 찾는 실마리도 제공해 준다.

쿠즈민 등(Kouzmin et al., 1999: 121)은 벤치마킹은 "조직 성과를 평가하고, 벤치마킹한 조직으로부터 배우고, 조직의 변화를 촉진시키는 수단"이라고 적고 있다. "벤치마킹은 벤치마킹한 우수한 조직과의 차이를 극복할 목적으로 조직의 생산품, 서비스, 운영 실태를 우수한 조직의 그것들과 비교하며 지속적이면서 체계적으로 측정하는"(123) 것이다. 따라서 "벤치마킹은 전체적으로 보아 학습전략"(131)의 하나이다. 이러한 학습전략이 효과를 거두려면 성과를 개선하려는 조직이 우수한 조직으로부터 학습할 수 있는 토양을 갖추도록 스스로 노력해야 한다. 이런 이유 때문에 "벤치마킹의 학습 효과는 조직의 여건과 성과 개선을 위한 조직 자세가 가지고 있는 방안에 따라 좌우된다"(132).

어떠한 성과 자료가 학습을 가장 잘 촉진할 수 있는지를 결정하기란 쉬운 일이 아니다. 관리자가 성과 개선을 위해 해야 할 일을 분명히 알고 있는 경우라면 성과 자료로부터 학습할 필요가 없다. 그러나 관리자가 조직의 성과를 개선시킬 수 있는 방안을 모른다면, 자료로부터 학습 과정을 통해 얻은 것을 어떻게 활용해야 하는가? 크래브쿡과 섀크(Kravchuck & Schack, 1996: 356)는 다음과 같이 적고 있다: 측정 체계(measurement system)는 "의사결정권자가 살펴보려는 것을 반영한다". 즉, 성과측정 체

26) 실제로는 조직의 성과를 개선하기 위해 관리자는 가장 우수한 실제(best practice)를 찾기보다는 더 나은 실제(better practice)를 발굴해 낼 필요가 있다.

계를 설계하여 측정하려는 대상을 결정할 때, 관리자는 우선 무엇을 측정할 것인가를 확정지은 다음 그것을 측정할 수 있는 측정 체계를 구축하게 된다.

그러나 현실적으로 학습은 위와 같은 의식적이고 체계적인 것을 통해 이루어지기보다는 기대하지 않았던 우연한 데에서 이루어진다. 노벨물리학상 수상자였던 페인만(Richard Feynman)이 설명한 바와 같이, 실험은 기대하지 않았던 결과를 낳는데, 이러한 결과로부터 과학자들은 가능성 있는 설명을 추론해 가는 것이다 (Feynman, 1965: 157). 멘델(Gregor J. Mendel)은 아주 작은 완두콩과 큰 완두콩을 교배시켜, 크기가 중간 또는 작은 것, 또는 큰 것 등 기대하는 크기의 완두콩도 얻지 못했는데, 이러한 실패를 통해 우연히 유전의 법칙을 발견하게 된다 (Messadié, 1991: 90). 과학적 학습이 이렇게 기대하지 않았던 우연한 발견을 설명해 가는 과정에서 이루어지는 것처럼 공공기관의 학습도 마찬가지로 기대하지 않았던 것에서 시작된다.

그런데 기대하지 않았던 것을 평가하기 위한 측정 체계를 어떻게 설계할 것인가? 크래브쿡과 섀크(Kravchuk & Schack, 1996: 356)가 말하는 바와 같이 "우연히 발생한 것은 기존의 측정 틀 속에서는 설명될 수 없다." 그러나 이러한 한계에도 불구하고 측정된 자료가 이질적일수록, 자료의 다른 속성으로부터 학습될 가능성은 더욱 높아질 수 있음을 보여 준다. 이것이 의도하지 않았던 자료를 통해서 얻을 수 있는 이점이라 할 수 있다. 조직생활 속에서 구성원이 관리자에게 하는 일상적인 이야기를 모아 요약하면, 조직 운영의 실상을 알 수 있는 정보를 제공하는 것이다. 그러나 엄밀히 말해 이것은 의도되지 않은 것이기 때문에, 이러한 정보로 진정한 학습 효과를 발휘하게 하여 조직 변화(이러한 학습을 통해 조직의 개선을 꾀하는 것인데)에 활용하려면 정보로 제공된 일상적인 이야기에 대해 더 세심한 조사가 요구된다.

사실, 학습은 공식적 성과 자료에는 나와 있지 않은 비공식적인 점검을 통해 얻은 생소한 자료에서 촉발한다. 이런 생소한 자료의 일부는 기존의 성과측정 체계에는 맞지 않고, 일부는 고려 대상에서 제외되기도 하고 또 아주 틀린 것도 있을 수 있다. 따라서 이런 점을 고려해 관리자는 생소한 자료의 활용 전략을 만들어 내야 한다. 조직은 이 전략을 통해 무엇이 기존과는 다른 이질적인 것을 발생하게 했는지, 어떻게 이것을 해소할 것인가, 아니면 이질적인 것을 어떻게 이용할 것인가 등의 문제를 학습하게 되는 것이다.[27)]

기대와 다른 것은 의도한 바가 실패한 것이며, 이러한 실패는 학습할 수 있는 기회를 제공한다.[28)] 실패 원인을 찾는 조사 과정에서 기대하는 것과 다른 많은 자료를 얻게 된다. 이것은 기관에서 요구하는 행위 또는 규정된 행위의 결과에서 기대하는 자료와는 다른 것을 말한다. 실패는 학습할 수 있는 두 가지를 주는데, 하나는 실패의 원인이고, 다른 하나는 기대하지 않은 것에서 나온 자료이다(Petroski, 1985; Sitkin, 1992).

그러나, 공공부문의 경우 기관이나 특정 프로그램의 실패는 보통 처벌이 뒤따르게 된다. 실패가 밝혀졌거나 (추정되기만 해도) 실패를 가져온 예상하지 못했던 자료를 숨기려 하는 경향이 있다. 불행히도 조직은 이처럼 일부가 숨겨진 자료를 통해 학습한다.

---

27) 자동차등록국의 성과를 증진시키기 위해 관리자는 자동차등록국에서 평균 대기 시간을 다른 공공기관과 비교해 공표할 수 있다. 성과를 측정하는 데 기다리는 시간은 쉽게 이해될 수 있는 측정지표이다. 그러나 대기 시간이 보고되었을 때, 평균 대기 시간은 사람들에게 쉽게 와 닿지 않기 때문에 이를 가지고 그 기관의 성과를 설명하는 데는 한계가 있을 수 있다. 평균 대기 시간은 흥미롭고 다양한 자료에서 얻을 수 있는 조직의 학습효과를 반감할 수 있는 너무 단순한 측정 기준이 될 수 있다. 전체 주 평균 시간의 절반 정도로 대기 시간이 걸렸다면 이 사실로부터 조직의 성과를 개선하기 위해 무엇을 학습할 것인가? 월별로 보사면 어떤 달에, 하루 중 어느 시간내가 가장 긴 대기 시간을 기록하는가, 또 이러한 사실로부터 조직이 할 수 있는 것은 무엇인가? 이러한 다양한 측정 변량으로부터 관리자는 기관에서 가장 모범적인 실제와 개선이 요망되는 행태를 알 수 있다.

28) 기대와 다른 것이 예상된다면 추측컨대 그러한 일탈을 미리 막았어야 했다. 물론 이러한 일탈이 엄청난 큰 실패가 아니고 사소한 실수라 할 수 있다면 이것으로부터 조직 개선에 도움을 받을 수 있는 학습 기회를 가질 수 있다. 실패를 예상했으나 그것을 미리 막거나 아니면 그것을 막을 수 있는 위치에 있는 사람을 설득하지 못해 그 실패를 그대로 발생하게 하는 사람이 있다. 아니면 실패를 예상하고 바라는 사람도 있을 수 있는데 다른 사람들은 바라지 않는 그 실패로 인한 결과가 더 큰 개인적인 목표(agenda)가 될 수 있기 때문이다. 또 개인에 따라서 있을 수 있는 미지의 실패에 대해 그 실패가 현실화되었을 경우 따르게 되는 개인적인 비용과 책임이 그 실패를 두려워 포기함으로써 생길 수 있는 책임과 비용보다 작을 경우라면 그 실패에 대해 모험을 하고 이러한 실패를 기대하게 된다.

기대하는 것과 차이가 크게 나면 그것으로부터 관리자는 학습할 기회를 얻는다. 하지만 대부분의 경우 이러한 차이를 파악하는 것이 쉽지 않은데, 차이가 발견되면 그 원인을 분석한 후에 그 차이로부터 조직 개선에 도움을 받을 수 있다. 따라서 관리자는 조직 운영, 조직 구성원의 행태뿐만 아니라 전반적으로 사회 구성원 전체를 이해할 수 있는 지식을 지니고 있어야 관찰된 이질적인 성과 자료가 의미 있는 차이를 보이는 것인지, 아니면 통계학적으로 허용되는 편차에 불과한 것인지를 구별해 낼 수 있다. 차이를 보이는 성과 자료가 관찰되면 이에 대한 학습전략을 세워 차이를 보이는 원인과 그것이 의미하는 바를 학습하게 된다.

크래브쿡과 섀크(Kravchuk & Schack, 1996: 356)는 "조직학습은 성과측정만 가지고 이루어질 수 없다"는 사실에 주의를 기울일 것을 당부하고 있다. 바꾸어 말하면 "성과측정 체계가 조직을 책임지고 있는 사람들이 맡는 프로그램에 대한 관련 지식을 습득하고, 습득된 지식을 바탕으로 프로그램을 이해하여, 관리하는 노고를 대신할 수는 없다"(350). "측정 자료가 관리자의 전문 지식 또는 공식적인 자료를 보완할 수 있는 다른 성과정보 등에 기초하여 기관의 변화를 이끌어 내는 조직학습을 위한 여러 노력을 시도할 수 있는 시기는 제시할 수 있다"(356). "자료는 성과 개선을 위해 조직 운영에 관한 신중한 조사가 필요하다는 신호를 보내는 지표로 간주된다"(357). 네브스, 울프와 벤튼(Neves, Wolf, & Benton, 1986: 129)은 다음과 같이 적고 있다: "관리 운영의 실태를 보여 주는 지표들은 주의와 관심을 불러일으킬 수 있는 것들이어서 관리자에게 면밀한 조사가 필요한 이유를 암시해 줄 수 있다." 관리자가 자기가 맡고 있는 조직뿐만 아니라 그 조직 활동에 영향을 미칠 수 있는 정치적 · 사회적 · 문화적 환경에 대해 더 많은 것을 이해하고 있으면 있을수록, 관리자는 공식적 또는 비공식적 통로를 통해 얻은 성과 자료 중에서 이질적 자료에 대해 어떤 것이 더욱 면밀한 조사가 요구되는 것인가를 구분해 낼 수 있다.

기대와는 다른 성과 자료가 학습할 수 있는 기회를 만들어야 한다. 그러나 기대와는 다른 성과 자료 자체가 곧바로 기관 성과 개선을 가져올 수 있는 중요한 교훈을 준다기보다는 이러한 성과 자료는 성과 개선을 위해 더욱 세밀한 검토가 요구되는 연구 의제를 시사할 뿐이다.

목적 8: 개 선

성과를 높이기 위해 관리자는 기관의 산출물을 직접 만들어 내는 구성원의 행태뿐만 아니라 조직에서 만들어 낸 산출물을 실생활에 이용해서 최종 결과물로 전환하는 일반 시민들의 행태에 영향을 미칠 수 있는 방안을 이해할 필요가 있다. 관리자는 조직 내부에서 무엇이 어떻게 돌아가는지를 알고 있어야 한다. 즉 조직 전체의 틀 안에서 누가 산출물과 최종 결과물에 영향을 끼치는가의 문제이다. 또한 관리자는 조직 내부(black box)에 관한 정보를 숙지하고 있어야 한다. 투입물, 환경, 조직 운영 등에 관한 자료도 필요하다. 위의 세 가지는 산출물과 최종 결과물의 개선에 영향을 곧바로 미치거나 미칠 수 있는 중요한 요소이기 때문이다. 예를 들어 설명하면, 소방서장은 소방서의 예산(투입)이 소방 인력, 소방 장비, 소방 훈련 등에 어떻게 배정되어 소방관들이 수행하는 소방전략(fire-fighting strategy)과 화재예방 교육전략(educational fire-prevention strategy)에 어떻게 영향을 미치는지를 파악해야 한다. 소방전략과 화재예방 교육전략이 소방서의 산출물이라고 할 수 있는데, 이 두 가지 전략이 효과를 발휘하면 시민들과 상호 작용하면서 화재를 줄이는 동시에 화재로 인한 사상자를 감소시키는 바람직한 결과를 가져오게 된다.

그런데 불행하게도, 공공기관의 내부에서 일어나는 일, 이해관계자들 사이에서 벌어지는 상호 작용을 이해하기란 복잡하고 어렵다는 사실이다. 그 이유는 직접 산출물을 생산해 내는 구성원, 산출물 생산에 간접적으로 도움을 주는 협력자, 산출물을 활용해 최종 결과물로 전환시키는 일반 시민들이 조직의 성과를 바라보는 관점이 다르기 때문이다. 아무리 작은 행위라도 사회 전체에 변화를 가져오면, 조직과 협력자들은 그 변화에 대응하여 자기들의 행태에 변화를 주게 된다. 일단의 사람들이 동시에 어떤 행동을 취한다면 그 행동의 과정은 매우 복잡하고 예측할 수 없게 전개된다. 이러한 맥락에서 볼 때, 투입 요소 또는 운영 과정에 변화를 많이 주면 말할 것도 없고 아무리 적은 변화라 하더라도, 그 변화로 인한 조직 내부에서 일어나는 조정 과정과 상호 작용을 이해하기란 쉬운 일이 아니다.[29]

우선 관리자는 조직 내부 운영 과정을 파악하면 산출물과 최종 결과물에 바람직한 영향을 미칠 수 있도록 관리자자 할 수 있는 일이 무엇이며, 어떻게 할 것인가에 대해 결정해야 한다. 예산의 규모, 배정의 변화가 사람들의 행태에 어떠한 영향을 줄 수 있는가?[30] 핵심 조직 운영 과정을 바꾸면 다른 과정에 어떤 변화가 오는가? 특정 전략을 바꾸면 다른 전략에는 어떠한 변화를 초래할 수 있는가? 예산, 운영 과정, 전략의 수정 등이 조직과 관계있는 사람들의 행태 변화에 영향을 끼칠 수 있는가?

어떻게 다양한 리더십 활동을 통해 조직 운영에 파장을 일으켜 조직을 변화시킬 수 있는가? 업무 수행 과정의 작은 성공이라도 이에 대한 인정과 치하를 통해 어떻게 다른 사람들에게 동기를 유발할 수 있을까? 분명하고 미래 지향적인 미션을 통해 어떻게 하면 조직 구성원뿐만 아니라 일반 시민들을 움직여 조직의 성과 개선에 도움을 받을 수 있을까? 요약하면, 성과를 개선하려면 조직 자체의 활동뿐만 아니라 그 조직에서 생산해 내는 산출물과 이것이 효과를 나타내는 최종 결과물에 영향을 줄 수 있는 상호 관련된 다른 조직, 사람들의 활동과 행태를 보여 줄 수 있는 다양한 성과 자료가 요구된다.

---

29) 평가자가 이상적이라고 생각하는 것은 "하나의 조직에 하나의 새로운 전략을 구사하는 것이지만" 전략 설정시에 기준이 되는 것은 조직의 인구학적 특성을 반영하는 것이다. 공공관리자는 평가자가 말하는 것처럼 "주의깊게 통제된 실험공간에서" 경영전략을 구사하는 것은 아니다(Karmen, 2000: 95). 관리자는 하나의 조직에 대한 하나의 전략이 아니라 두 개의 전략이 더 많은 승수적 효과를 자져온다고 믿고 있다. 따라서 관리자는 상당히 중립적인 입장을 견지하면서 한 조직에 두 개의 전략을 시행할 수 있다.

30) 이것은 성과를 개선하기 위한 전략의 일환으로 성과주의 예산의 한계점을 드러내는 것이다. 예산담당관이 성과를 개선하기 위해 조직 구성원들의 행태의 변화를 가져오는 예산 배정에 대해 얼마나 많이 알고 있을까? 예산담당관이 진정으로 어떠한 예산이라는 투입 요소의 변화로 조직의 산출물과 더 나아가 그로 인한 사회적 결과의 향상을 가져오는 기관(black box)의 상호 작용 행태의 개선에 관해 인지하고 있을까?

제 4 절 성과측정의 척도 및 맥락

추상적 성과 자료는 실효성이 떨어진다. 성과 자료를 활용하려면 자료에서 정보를 끄집어 낼 수 있어야 한다. 이를 위해 관리자는 자료를 사정할 때 구체적이고 상대적인 척도(gauge)와 더불어 성과측정이 이루어지는 상황과 맥락에 대한 이해가 필요하다. 어떤 트럭이 6백만을 운행했다면, 도대체 6백만이 무슨 말인가? 6백만 마일? 아니면 6백만 피트? 6백만 마일이라면 이 트럭은 엄청나게 운행한 것이 되는 것이고, 6백만 피트라면 고작 1,136마일 운행에 불과한 것이다. 트럭의 운행 상황을 올바르게 파악하려면 최소한 다음과 같이 표현되어야 할 것이다: "어느 비 오는 날 캄캄한 밤에 노면이 안 좋은 길을 2시간에 95마일 운행했다."

성과 자료를 이용해서 다음의 여덟 가지 목적을 이루려면 각기 목적에 맞는 자료를 비교할 수 있는 척도가 요구된다.

(1) 성과 자료를 활용해서 조직의 성과를 **평가**하려면 조직 활동에서 바라는 결과가 필요하다. 바라는 결과와 성과 자료의 비교를 통해 조직의 성과를 판단하기 때문이다.
(2) 성과 자료를 활용해서 구성원의 행태를 **통제**하려면 조식의 목적 달성에 요구되는 바람직한 행동 양식 기준을 설정해야 한다. 이렇게 설정한 행동 양식 기준에 기초해서 개인적 또는 집단적 행태의 일탈 정도를 판단할 수 있기 때문이다.
(3) 능률성 자료를 이용해서 **예산**을 편성하려면 투입과 산출의 경제적 비율이 필요하다, 사회적으로 받아들일 수 있는 능률성의 정도는, 적당한 또는 바람직스럽지 못한 능률성의 수준에 따라 예산은 다르게 편성될 수 있기 때문이다.[31]

31) 관리자는 (조직 내부의 기준을 활용하여) 가용할 수 있는 재원을 가장 효율적이라 할 수 있는 현 활동에 배정할 수 있다. 그러나 관리자는 능률성에 대한 외부의 기준 없이 비능률적인 기관 운영에 재원을 분배할 수 있다.

(4) 성과 자료를 활용해서 사람들을 **동기 부여**하려면 합당하며 의미 있는 목표가 요구된다.
(5) 성과 자료를 활용해서 기관 역량을 **홍보**하려면 일반 대중이 그 조직에 대해 갖고 있는 관심과 요구에 대한 이해가 필요하다.
(6) 성과 자료를 활용해서 업적에 대해 **치하**하려면 구성원들과 함께 일하는 사람들이 그 업적이 축하할 만한 가치가 있는 것으로 여기는지 그렇지 않은지를 구별해 내는 것이 필요하다.
(7) 성과 자료를 활용해서 **학습**하려면 기대하지 않았던 성과물을 찾아내고 다양한 조직・인간・사회적 행태를 예측할 수 있는 능력을 길러야 한다.
(8) 성과 자료를 활용해서 성과를 **개선**하려면 관리자들이 취한 조치가 조직 운영 과정에 어떻게 영향을 미쳐 바람직한 산출물과 결과물로 연결되는지를 이해하고, 더 나아가 예측할 필요가 있다.

위의 여덟 가지 목적(명시적이든 암묵적이든 간에)들은 모두 성과 자료를 비교 평가할 수 있는 척도 또는 기준을 요구한다. 성과 자료를 비교할 수 있는 기준은 성과측정이 이루어지는 맥락에 따라 결정된다. 기준들은 다양한 출처에서 결정되는데 이러한 기준 결정의 원칙들은 각기 장・단점을 지니고 있다. 어떤 조직이 역사적 기록을 기준으로 삼는다면, 특정 시점에서 얼마나 발전되었는가를 볼 수 있다. 아니면 유사한 기능을 수행하는 조직의 자료와 비교할 수도 있다. 성과를 비교할 수 있는 자료는 비교성과측정 컨소시엄(Comparative Performance Measurement Consortium)에 의해 수집되거나 국제도시경영협회(International City/County Management Association, 1999)를 통해 얻을 수 있다. 노스 캐롤라이나대학교가 관장한 노스 캐롤라이나 주의 여러 도시의 성과 비교는 비교 자료를 통한 도시 성과 평가의 대표적 사례라 할 수 있다(Rivenbark & Few, 2000).[32]

32) 기관 사이에 성과를 비교하기 위해 비슷한 기능을 수행하는 기관의 성과를 측정하기란 쉬운 일이 아니다. 기관들의 관할권은 서로 다르게 조직될 수 있다. 그들은 서로 다른 자료를 수집하기도 하고, 기관 운영의 투입, 과정, 산출물, 결과물에 대해 서로 다르게

물론 이러한 비교 자료는 상이한 조직 간의 성과 비교에도 사용될 수 있다. 시민들은 정부의 웹 사이트와 사기업체의 웹 사이트를 비교해 양쪽 웹 사이트 이용의 용이성을 평가할 수 있다.[33] 그런데 성과 자료 비교의 기준 그 자체가 공공기관의 책임자, 의회, 또는 정치가들에 의해서 정해지는 특정 공공기관의 분명한 성과 목표가 되기도 한다. 구성원을 통제하려면 테일러주의적 기준(Tayloristic standard)을 제시하고 구성원들에게 이 기준을 충족시키도록 하여 구성원들을 통제하게 되는 것이다. 성과측정 목적이 여덟 가지 중 어디에 있든 성과 자료와 그 기준이 필요하다.

제 5 절 성과측정의 정치적 복잡성

성과측정의 목적(purpose), 목적에 맞는 성과 측정(measure), 그리고 성

규정지을 수도 있다. 따라서 서로 비교할 수 있는 자료를 얻기란 어렵고 때로는 불가능한 일이다. 이러한 상황을 고려해 볼 때, 기관의 성과 비교를 유효하게 하는 것은 많은 시간을 요하는 작업임에 틀림없다. 이것을 아몬스, 코와 롬바도(Ammons, Coe, & Lombardo, 2001: 102)는 '자료 청소작업(data cleaning)'이라 부르고 있다. 그러나 다양한 기관과 관할로부터 비슷한 자료를 수집했다 해도 유용한 비교를 하기란 어려운 일이다. 어느 시정부에서 특정 기관에 대한 높은 성과 자료를 보고한다면 다음과 같은 이유를 고려해 볼 수 있을 것이다. 그 기관의 지도부가 좀더 예지적이며 효과적으로 조직을 운영했기 때문에, 또는 본래 효과적인 조직구조를 가지고 있기 때문에, 또는 정치적·경영학적 지도력을 발휘해 특정 결과에 초점을 둔 전략을 도입했기 때문에, 또는 시위원회가 우선순위가 높은 기관의 임무를 설정했기 때문에, 또는 시위원회가 기꺼이 현대적인 기술에 투자했기 때문에, 또는 이러한 기술 투자에 많은 시민들이 협조를 했기 때문에. 이러한 다양한 이유를 산정해 볼 수 있는데, 기관 사이의 성과 비교가 가능한 일인가? 쓰레기 수거와 같은 가장 기본적인 공공 서비스 제공에 대한 성과측정 및 비교조차도 쉬운 일이 아니다. 이론적으로 생각하는 것보다 지방정부 사이의 성과 결과 비교가 어려운 이유에 대해 좀더 상세한 논의는 코(Coe, 1999: 111) 참조.

33) 지난 20여 년간 공공부문의 서비스 제공에 대한 비판이 늘어나고 있다. 공공 서비스의 전통적인 성과지표인 웹 사이트의 접근 용이성, 홈페이지에 접속할 때 걸리는 시간은 민간부문의 그것과 쉽게 비교해 볼 수 있다. 민간부문은 소비자 가치 증진을 알아볼 수 있는 지표(measures)를 개선하기 위해 체계적인 노력을 기울이고 있다. 사람들이 은행 서비스를 제공받거나 무료 서비스 전화를 이용할 때 바로 서비스를 제공받는 데 익숙해지면 기술적으로 빠른 서비스가 가능하다는 사실을 알게 되므로 민간 또는 공공부문 모두 서비스를 제공받을 때 짧은 기다림을 기대하게 된다.

과의 기준(standard)은 누가 결정하는 것일까? 공공기관의 관리자가 결정하고 그에 대한 책임도 지게 된다. 관리자를 제외한 선출직 공직자, 정무직 공직자, 의회 의원, 그리고 예산 담당자, 언론인, 비정부기구(NGO)의 이해관계자들, 그리고 시민들도 위와 같은 일을 수행할 수 있다.

그렇더라도 이들은 각기 다른 관점을 가질 수 있으므로, 관리자는 이들의 견해가 포함된 많은 성과 자료를 요청받게 된다. 사기업의 경우 투자분석가는 성과 자료로써 주식 투자 수익률, 또는 시장 점유율 등을 이용해 경영 성과를 평가할 수 있다. 그러나 공공기관인 경우 사기업체에서와 같은 성과 자료가 존재하지 않는다. 따라서 외부 인사들이나 특정 공공기관의 경영 상태를 알아보고자 하는 사람들(예산 담당관이거나 이해관계자이건 간에)은 성과 자료를 만들어 내야 한다.

종종 이들은 그렇게 하기도 한다. 그래서 어떤 의회 의원, 예산담당관은 공공기관의 성과를 알아보기 위해 어떤 것이 어떻게 측정되어야 하는지를 정확하게 알고 있는 경우도 있다. 그런데 가끔은 목적에 맞는 성과 자료를 정하지 못하는 경우도 있다. 선출직 공직자, 신문 편집장, 비정부기구의 이해관계자들은 각자의 입장에서 살펴볼 성과 자료를 정하기도 하는데, 이럴 경우 자료들은 상치될 수 있다.

대부분 외부 인사들은 성과 자료를 평가, 통제, 예산 편성, 처벌을 하는 데 사용한다. "우리는 조직이 책임성을 갖도록 하기 위해 성과 자료를 필요로 한다"고 말하는 사람도 있다. 이 같은 말이 뜻하는 바는 다음과 같다: "성과 자료는 조직을 평가하는 데 필요하다. 만약 그 조직의 성과를 측정할 수 없다면 예산 삭감을 통해 이에 대한 불이익을 주겠다."[34] 외부 인사들은 기관 성과 개선을 위해 성과 자료를 조직 구성원의 동기 부여, 홍보, 또는 업적에 대한 치하의 목적으로는 사용하는 경우는 드물다.

이런 점을 고려할 때 공공관리자들은 성과 자료를 선택할 때 완전히 자유로울 수는 없다. 그들은 다른 조직의 외부 인사가 선택한 자료에 주의를

---

34) 어떻게 책임성을 확보하는 것이 처벌(불이익)을 주는 문제와 연관지을 수 있는지의 여부와 책임성과 처벌을 상이한 것으로 볼 것인가 하는 문제에 관한 논의는 벤(Behn, 2001)을 참조.

기울여야 한다. 외부 인사들이 결정한 성과 자료에 기초해서 조직 성과를 평가해야 할지라도, 관리자들은 조직을 운영하는 데 항시 조직 스스로가 성과 자료 목록을 만들어 관리할 책임과 의무는 지니고 있는 것이다. 따라서 관리자는 외부 인사가 자체 개발해서 사용하고 있는 자료를 합법적으로 요구할 때에는 언제든지 이에 응해야만 한다. 관리자는 스스로 정한 자료를 여덟 가지의 성과측정 목적 중 한 가지 또는 그 이상의 목적에 동시에 사용할 수 있다. 그러나 성과 자료가 외부에서 정해졌다면, 관리자는 그 성과 자료가 성과 측정 여덟 가지 목적 중 각기 어느 목적에 유용성을 지니고 있는지를 신중히 따져보아야만 한다.

제 6 절 완벽한 한 가지 성과측정을 찾는 무모함

"성과를 측정해서 이룬 것이 무엇인가?" 이것은 성과측정에 관한 한 가장 유명한 경구일 것이다.[35] 독자 여러분이 어느 조직의 성과를 측정하기를 원한다면, 보통 다른 사람들도 그렇게 하기를 원할 것이다. 그러나 불행하게도 종종 사람들이 측정한 것은 정확하게 그들이 성과측정을 통해 이루려고 했던 것이 아니라는 사실이다. 사람들은 성과측정의 보이거나 보이지 않는 유용성에만 반응을 보이면서 성과를 측정하지만 그들은 성과를 측정해서 진정으로 그들이 원하는 바를 이루는 것은 아니다. 성과측정의 결과가 기대와는 다르게 전개될 수 있음을 골드만 삭스(Goldman Sachs)에서 책임 학습관으로 일하는 커(Steven Kerr)가 다음과 같이 잘 지적하고 있다: "이런 웃지 못할 일은 B를 원했으나 A에게 상이 돌아가는 촌극이다"(Kerr, 1975). 각종 성과 자료들은 사람들의 행태를 형성할 수 있지만, 그 행태의 형성은 바람직한 방향으로 또는 바람직하지 못한 방향으로도 이루어질 수 있다는 사실이다.[36]

35) 피터스와 워터맨(Peter & Waterman, 1982: 268)은 위의 유명한 경구를 헤어(Mason Haire)의 공로로 돌리고 있다.

36) 예를 들어 보면 회사 경영에 대해 카플란과 노튼(Kaplan & Norton, 1992: 72)은 다음

사기업인 경우에 다양한 회계 상황을 말해 주는 전통적인 성과 자료(주식 투자 수익률, 판매 수익률)가 있는데, 이러한 자료들이 총체적으로 의미하는 것은 회사가 어떻게 잘 운영되었는지, 그리고 현재 어떻게 운영되고 있는지에 관한 것이다.

그러나 회계 자료에 대해 카플란과 노튼은 다음과 같이 말한다: "많은 사람들은 회계 자료에 대해 비판적이다. 그 이유는 회계 자료는 한눈에 회사의 재정 상황을 파악할 수 있도록 잘 정리되어 있지만, 자료의 초점이 과거에 있으므로 현재 상황에서의 가치 창조적인 조치들을 반영할 수 없기 때문이다." 이런 문제점을 개선하고자 위의 두 사람은 현재 각광받고 있는 균형점수기록표(balanced scorecard)를 고안해 재정 상황 이외의 폭넓은 성과 자료를 제공할 수 있게 되었다. 그들은 성과 자료를 통해 다음의 네 가지 관점에서 나온 문제에 답하기를 원하고 있다:

- 소비자들이 우리를 어떻게 보고 있는가? (소비자 관점)
- 우리는 무엇에서 뛰어나야 하는가? (조직 운영 관점)
- 우리는 지속적으로 발전하고 가치를 창조할 수 있는가? (혁신과 학습 관점)
- 우리는 어떻게 우리 회사 주식 소유자들을 바라보고 있는가? (재정적 관점)

그러나 단일한 한 가지 성과 자료가 위의 네 가지 물음 모두에 답을 줄 수 없다 (Kaplan & Norton, 1992: 77, 72). 마찬가지로, 공공관리자에게 여덟 가지 측정 목적에 답을 줄 수 있는 마법을 지닌 성과 자료는 없다. 따라서 완벽한 성과측정을 추구하는 것은 가장 좋은 한 가지 방법만 고집하는 것처럼 무모한 일이다 (Behn, 1996). 이것이 카플란과 노튼의 성과점수 기록카드 논의에서 얻을 수 있는 함의일 것이다: "사기업체 관리자들은 재정 상태를 나타내는 자료와 운영 상황을 나타내는 자료를 따로 떼어 생각해서 자료 선택에 고심할 것이 아니고 대신에 재정과 운영 상황을 동시에 통합

과 같이 지적하고 있다. "투자에 대한 환수율 또는 한 단위당 수익률 등은 기업의 지속적인 발전과 혁신을 추구하는 데 잘못된 신호를 제공해 줄 수 있다."

적으로 보여 줄 수 있는 자료가 필요한 것이다"(Kaplan & Norton, 1992: 71). 이러한 통합 성과 자료의 필요성은 공공관리자들에게도 똑같이 적용될 수 있다. 그들은 (소비자나 주식 소유자뿐만 아니라) 다양한 이해관계자들, 상호 모순되는 활동의 요구, 기관을 발전시키고 가치를 창조하기 위해 넘어야 할 복잡한 장애물 등에 직면해 있기 때문이다.[37] 따라서 공공관리자들은 카플란과 노튼이 사기업을 위해 제안한 네 가지 목적에 답하기 위한 성과 자료보다 더 다양하고 정교한 성과 자료를 구축해야 한다.

공공기관의 책임자는 한 가지 마법의 성과측정을 지양해야 한다. 대신에 성과측정을 통해 달성하고자 하는 측정 목표를 먼저 결정해야 한다. 다음에 그 목적을 달성하는 데 필요하거나 도움을 줄 수 있는 일단의 성과 자료를 선정해야 한다.

참고 문헌

Ammons, David N. (1995). Overcoming the Inadequacies of Performance Measurement in Local Government: The Case of Libraries and Leisure Services. *Public Administration Review 55(1)*: 37-47.

Ammons, David N., Charles Coe, & Michael Lombardo (2001). Performance-Comparison Projects in Local Government: Participants' Perspectives. *Public Administration Review 61(1)*: 100-10.

Anthony, Robert N. (1988). *The Management Control Function*. Boston, MA: Harvard Business School Press.

Anthony, Robert N., & Vijay Govindarajan (1998). *Management Control Systems*. 9th ed. Burr Ridge, IL: McGraw-Hill/Irwin.

37) 카플란과 노튼은 그들의 "균형 점수 기록표가 회사 경영의 최적화(最適化)를 저해하는 것을 막는 안전장치"라고 주장한다. "관리자는 조직 성과를 나타낼 수 있는 다양한 지표를 측정하기 때문에 조직 구성원들은 다른 지표를 소홀히 하면서 한 가지 지표에만 중점을 둘 수 없게 된다. 한 부분에서의 개선은 다른 부분에서의 희생을 감수해야 한다." 다른 지표들은 등한시하고 조직의 한 부분에서 특정한 하나의 지표에만 초점을 둔다고 할지라도 관리자는 다양한 것들을 측정하므로 하위 최적화 행태들(특정 한 가지 성과지표에만 초점을 두는 것)을 쉽게 잡아낼 수 있는 것이다(Kaplan & Norton 1992: 72).

Anthony, Robert N. & David W. Young (1999). *Management Control in Nonprofit Organizations*. 6th ed. Burr Ridge, IL: McGraw-Hill/Irwin.

Bardach, Eugene (1998). *Getting Agencies to Work Together: The Practice and Theory of Managerial Craftsmanship*. Washington, DC: Brookings Institution.

Baron, Jonathan, & John C. Hershey (1988). Outcome Bias in Decision Evaluation. *Journal of Personality and Social Psychology 54(4)*: 569-79.

Behn, Robert D. (1991). *Leadership Counts: Lessons for Public Managers*. Cambridge, MA: Harvard University Press.

——— (1992). Management & the Neutrino: The Search for Meaningful Metaphors. *Public Administration Review 52(5)*: 409-19.

——— (1996). The Futile Search for the One Best Way. *Governing*, July, *82*.

——— (1997a). The Money-Back Guarantee. *Governing*, September, *74*.

——— (1997b). Linking Measurement to Motivation: A Challenge for Education. In *Improving Educational Performance: Local and Systemic Reforms*, Advances in Educational Administration 5, edited by Paul W. Thurston & James G. Ward, 15-58. Greenwich, CT: JAI Press.

——— (1999). Do Goals Help Create Innovative Organizations? In *Public Management Reform and Innovation: Research, Theory, and Application*, edited by H. George Frederickson & Jocelyn M. Johnston, 70-88. Tuscaloosa, AL: University of Alabama Press.

——— (2001). *Rethinking Democratic Accountability*. Washington, DC: Brookings Institution.

Blodgett, Terrell, & Gerald Newfarmer (1996). Performance Measurement: (Arguably) The Hottest Topic in Government Today. *Public Management*, January, *6*.

Boone, Harry (1996). Proving Government Works. *State Government News*, May, 10-12.

Bruns, William J. (1993). Responsibility Centers and Performance Measurement. Note 9-193-101. Boston, MA: Harvard Business School.

Coe, Charles (1999). Local Government Benchmarking: Lessons from Two Major Multigovernment Efforts. *Public Administration Review 59(2)*: 110-23.

Duncan, W. Jack (1989). *Great Ideas in Management: Lessons from the*

Founders and Foundations of Managerial Practice. San Francisco, CA: Jossey-Bass.

Feynman, Richard (1965). *The Character of Physical Law*. Cambridge, MA: MIT Press.

Ghosh, Dipankar, & Manash R. Ray (2000). Evaluating Managerial Performance: Mitigating the "Outcome Effect." *Journal of Managerial Issues 12(2)*: 247-60.

Hatry, Harry P. (1999a). Mini-Symposium on Intergovernmental Comparative Performance Data. *Public Administration Review 59(2)*: 101-4.

——— (1999b). *Performance Measurement: Getting Results*. Washington, DC: Urban Institute.

Hatry, Harry P., James R. Fountain, Jr., & Jonathan M. Sullivan (1990). Overview. In *Service Efforts and Accomplishments Reporting: Its Time Has Come,* edited by Harry P. Hatry, James R. Fountain, Jr. Jonathan M. Sullivan, & Lorraine Kremer, 1-49. Norwalk, CT: Governmental Accounting and Standards Board.

Hatry, Harry P., James R. Fountain, Jr., Jonathan M. Sullivan, & Lorraine Kremer (1990). *Service Efforts and Accomplishments Reporting: Its Time Has Come,* edited by Norwalk, CT: Governmental Accounting and Standards Boards.

Hawkins, Scott A., & Reid Hastie (1990). Hindsight: Biased Judgments of Past Events after the Outcomes are Known. *Psychological Bulletin 107(3)*: 311-27.

Hershey, John C., & Jonathan Baron (1992). Judgement by Outcomes: When Is It Justified? *Organizational Behavior and Human Decision Processes 53(1)*: 89-93.

Holloway, Jacky A., Graham A. J. Francis, & C. Matthew Hinton (1999). A Vehicle for Change? A Case Study of Performance Improvement in the "New" Public Sector. *International Journal of Public Sector Management 12(4)*: 351-65.

Holt, Craig L. (1995-96). Performance Based Budgeting: Can It Really Be Done? *The Public Manager 24(4)*: 19-21.

Ingraham, Patricia W., & Amy E. Kneedler (2000). Dissecting the Black Box: Toward a Model and Measures of Government Management Performance. In *Advancing Public Management: New Developments in Theory, Methods, and Practice*, edited by Jeffrey L. Brudney, Laurence J. O'Toole, Jr., & Hal G. Rainey, 235-52. Washington, DC: Georgetown University Press.

Ingraham, Patricia W., & Amy Kneedler Donahue (2000). Dissecting the Black Box Revisited: Characterizing Government Management Capacity. In *Governance and Performance: New Perspectives*, edited by Carolyn J. Heinrich & Laurence. E. Lynn, Jr., 292-318. Washington, DC: Georgetown University Press.

International City/County Management Association (ICMA) (1999). *Comparative Performance Measurement: FY 1998 Data Report*. Washington, DC: ICMA.

Jordon, Meagan M., & Merl M. Hackbart (1999). Performance Budgeting and Performance Funding in the States: A Status Assessment. *Public Budgeting and Finance 19(1)*: 68-88.

Joyce, Philip G. (1996). Appraising Budget Appraisal: Can You Take Politics Out of Budgeting. *Public Budgeting and Finance 16(4)*: 21-25.

——— (1997). Using Performance Measures for Budgeting: A New Beat, or Is It Same Old Tune? In *Using Performance Measurement to Improve Public and Nonprofit Programs*, New Directions for Evaluation 75, edited by Kathryn E. Newcomer, 45-61. San Francisco, CA: Jossey-Bass.

Kaplan, Robert S., & David P. Norton (1992). The Balanced Scorecard-Measures that Drive Performance. *Harvard Business Review 70(1)*: 71-91.

Karmen, Andrew (2000). *New York Murder Mystery: The True Story behind the Crime Crash in the 1990s*. New York: New York University Press.

Kerr, Steve (1975). On the Folly of Rewarding A, While Hoping for B. *Academy of Management Journal 18(4)*: 769-83.

Kettl, Donald F. (1997). The Global Revolution in Public Management: Driving Themes, Missing Links. *Journal of Policy Analysis and Management 16(3)*: 446-62.

Klein, Rick (2002). Registry Chief Quits to Run for Sate Treasurer. *Boston Globe,* January 10, B5.

Kopczynski, Mary, & Michael Lombardo (1999). Comparative Performance Measurement: Insights and Lessons Learned from a Consortium Effort.

Public Administration Review 59(2): 124-34.

Kouzmin, Alexander, Elke Löffler, Helmut Klages, & Nada Korac-Kakabadse (1999). Benchmarking and Performance Measurement in Public Sectors. *International Journal of Public Sector Management 12(2)*: 121-44.

Kravchuk, Robert S., & Ronald W. Schack (1996). Designing Effective Performance Measurement Systems under the Government Performance and Results Act of 1993. *Public Administration Review 56(4)*: 348-58.

Landau, Martin, & Russell Stout, Jr. (1979). To Manage Is Not to Control: Or the Folly of Type II Errors. *Public Administration Review 39(2)*: 148-56.

Lehan, Edward Anthony (1996). Budget Appraisal - The Next Step in the Quest for Better Budgeting? *Public Budgeting and Finance 16(4)*: 3-20.

Levin, Martin A., & Mary Bryna Sanger (1994). *Making Government Work: How Entrepreneurial Executives Turn Bright Ideas into Real Results*. San Francisco, CA: Jossey-Bass.

Lipshitz, Raanan (1989). Either a Medal or a Corporal: The Effects of Success and Failure on the Evaluation of Decision Making and Decision Makers. *Organizational Behavior and Human Decision Processes 44(3)*: 380-95.

Locke, Edwin A., & Gary P. Latham (1984). *Goal Setting: A Motivational Technique That Works*. Englewood Cliffs, NJ: Prentice Hall.

——— (1990). *A Theory of Goal Setting and Task Performance*. Englewood Cliffs, NJ: Prentice Hall.

Melkers, Julia, & Katherine Willoughby (1998). The State of the States: Performance-Based Budgeting Requirements in 47 out of 50. *Public Administration Review 58(1)*: 66-73.

——— (2001). Budgeters' Views of State Performance-Budgeting Systems: Distinctions across Branches. *Public Administration Review 61(1)*: 54-64.

Messadié, Gerald (1991). *Great Scientific Discoveries*. New York: Chambers.

Murphey, David A. (1999). Presenting Community-Level Data in an "Outcomes and Indicators" Framework: Lessons from Vermont's Experience. *Public Administration Review 59(1)*: 76-82.

National Academy of Public Administration(NAPA) (1994). Toward Useful Performance Measurement: Lessons Learned from Initial Pilot Performance Plans Prepared under the Government Performance and Results Act. Washington, DC: NAPA.

———. (1999). *Using Performance Data to Improve Government Effectiveness.* Washington, DC: NAPA.

Neves, Carole M. P., James F. Wolf, & Bill B. Benton (1986). The Use of Management Indicators in Monitoring the Performance of Human Service Agencies. In *Performance and Credibility: Developing Excellence in Public and Nonprofit Organizations*, edited by Joseph S. Wholey, Mark A. Abramson, and Christopher Bellavita, 129-48. Lexington, MA: Lexington Books.

Newcomer, Kathryn E. (1997). Using Performance Measures to Improve Programs. In *Using Performance Measurement to Improve Public and Nonprofit Programs*, New Directions for Evaluation 75, edited by Kathryn E. Newcomer, 5-13. San Francisco, CA: Jossey-Bass.

Osborne, David, & Ted Gaebler (1992). *Reinventing Government.* Reading, MA: Addison-Wesley.

Osborne, David, & Peter Plastrik (2000). *The Reinventor's Fieldbook: Tools for Transforming Your Government.* San Francisco, CA: Jossey-Bass.

Overman, E. Sam, & Donna T. Loraine (1994). Information for Control: Another Management Proverb? *Public Administration Review 54(2)*: 193-96.

Peters, Thomas J., & Robert H. Waterman, Jr. (1982). *In Search of Excellence.* New York: Harper and Row.

Peters, Tom, & Nancy Austin (1985). *A Passion for Excellence: The Leadership Difference.* New York: Random House.

Petroski, Henry (1985). *To Engineer is Human: The Role of Failure in Successful Design.* New York: St. Martin's Press.

Poister, Theodore H., & Gregory Streib (1999). Performance Measurement in Municipal Government: Assessing the State of the Practice. *Public Administration Review 59(4)*: 325-35.

Rivenbark, William C., & Paula K. Few (2000). *Final Report on City Services for Fiscal Year 1998-99: Performance and Cost Data.* Chapel Hill, NC: University of North Carolina-Chapel Hill, North Carolina Local

Government Performance Measurement Project.

Rosenthal, Burton (1975). *Lead Poisoning (A) and (B).* Cambridge, MA: Kennedy School of Government.

Silverman, Eli B. (2001). *NYPD Battles Crime: Innovative Strategies in Policing*. Boston, MA: Northeastern University Press.

Sitkin, Sim B. (1992). Learning through Failure: The Strategy of Small Losses. *Research in Organizational Behavior 14*: 231-66.

Smith, Kimberly J., & Wanda A. Wallace (1995). Incentive Effects of Service Efforts and Accomplishments Performance Measures: A Need for Experimentation. *International Journal of Public Administration 18(2/3)*: 383-407.

Sparrow, Malcolm K. (2000). *The Regulatory Craft: Controlling Risks, Solving Problems, and Managing Compliance*. Washington, DC: Brookings Institution.

Standage, Tom (2000). *The Neptune File: A Story of Astronomical Rivalry and the Pioneers of Planet Hunting*. New York: Walker Publishing.

Theurer, Jim (1998). Seven Pitfalls to Avoid When Establishing Performance Measures. *Public Management 8(7)*: 21-24.

Thompson, Fred (1994). Mission-Driven, Results-Oriented Budgeting: Fiscal Administration and the New Public Management. *Public Budgeting and Finance 15(3)*: 90-105.

Thompson, Fred, & Carol K. Johansen (1999). Implementing Mission-Driven, Results-Oriented Budgeting. In *Public Management Reform and Innovation: Research, Theory, and Application*, edited by H. George Frederickson & Jocelyn M. Johnston, 189-205. Tuscaloosa, AL: University of Alabama Press.

Wholey, Joseph S. (1997). Clarifying Goals, Reporting Results. In *Progress and Future Directions in Evaluation: Perspectives on Theory, Practice and Methods*, New Directions for Evaluation 76, edited by Debra J. Rog & Deborah Fournier, 95-105. San Francisco, CA: Jossey-Bass.

Wholey, Joseph S., & Harry P. Hatry (1992). The Case for Performance Monitoring. *Public Administration Review 52(6)*: 604-10.

Wholey, Joseph S., & Kathryn E. Newcomer (1997). Clarifying Goals, Reporting Results. In *Using Performance Measurement to Improve*

Public and Nonprofit Programs, New Directions for Evaluation 75, edited by Kathryn E. Newcomer, 91-98. San Francisco, CA: Jossey-Bass.

Williams, Frank P. III, Marilyn D. McShane, & Dale Sechrest (1994). Barriers to Effective Performance Review: The Seduction of Raw Data. *Public Administration Review 54(6)*: 537-42.

■ 필자 소개

로버트 벤(Robert D. Behn)은 하버드대학교 케네디 스쿨(Harvard University's John F. Kennedy School of Government)의 정부 성과에 관한 지도자 연수 프로그램 주임 교수이며, 연구 관심 분야는 성과관리, 리더십, 거버넌스 등이다. 최근 저서로는 『정부의 민주적 책임성에 대해 다시 생각하기(*Rethinking Democratic Accountability*)』(Brookings Institution, 2001)가 있다. Email: redsox@ksg.harvard.edu.

제 2 장

현대 공공부문에서의 생산성 가치*
: 더욱 협소해진 영역, 더욱 엄격해진 기준, 그리고 새로운 게임의 규칙들을 바탕으로

몽고메리 밴 와트(Montgomery Van Wart)
에반 버맨(Evan Berman)

생산성(productivity)에 대한 전반적인 성격이 1990년대에 많이 변했다는 사실에는 의심의 여지가 없다. 공공부문의 보도 자료(Gore, 1993; OECD, 1996; Winter Commission, 1993), 서베이 자료(Berman, 1998; Berman & West, 1995), 사례연구(Pfister & Van Wart, 1995) 혹은 일반 관리보고서(Cohen & Eimicke, 1995; Halachmi & Bouckaert, 1995; Perry, 1996)를 보아도 생산성에 관한 가치(values)가 이전과 다르다는 것을 알 수 있다. 변화된 것은 공공부문의 생산성에 대한 정의, 즉 생산성이 달성되는 범위, 기준, 규칙(그리고 시스템)이다. 가치에 대한 함의뿐 아니라 윤리적인 영향력도 엄청나다. 공공부문의 전반적인 영역은 협소해지고 있고, 효율성과 효과성의 기준들은 더 엄격해지고 있으며(때때로 상당한 수준으로), 또한 인사나 구매 체계, 심지어는 조직구조에 관한 규칙들이 절약과 유연성 방향으로 진행되었는데 이는 종종 절차적 형평성과 같은 훌륭한 공공가치를 희생하면서 그래 왔다.

이 논문에서는 공공부문 생산성의 윤리와 가치들에서 일어났던 역사적

---

* 출처: Contemporary Public Sector Productivity Values: Narrower Scope, Tougher Standards, and New Rules of the Game, *Public Productivity & Management Review*(March 1999) *22(3)*: 326-347.

인 변화를 간략하게 검토한 후 생산성의 근본적인 요인들과 그것들이 관리적 관점들과 어떻게 연관되어 있는지 검토해 보고자 한다. 이는 생산성 가치의 변화를 선명히 보여 주는 신공공관리[1]에서 강조하는 도구와 전통적인 관리도구 간의 첨예한 논의를 도출해 낸다. 결론적으로 뉴딜(New Deal) 시대에 확립된 큰 정부에 대한 강조, 제2차 세계대전 이후 강조된 투입과 절차적 효율성, 그리고 19세기 말 진보주의 시대에 확립된 엄격한 인사 및 여타 체계의 강조들로부터 생산성에 대한 근본적인 변화가 일어나고 있음을 재강조한다.

이 글은 첫째, 현재 진행중인 생산성 가치 변화에 대한 광범위한 틀을 보여 준다. 의사 결정의 수준이 높든 낮든 간에, 생산성 가치들은 의사결정자들의 선호도와 우선순위를 반영한다. 이와 관련된 논의는 우선 전통적 관리 도구(management tools)들과 현대적 관리 도구들을 종합적으로 살펴보는 것이다. 그러나 양자에 대한 구체적인 분석은 새로운 것이다. 관리 도구들은 공무원들이 생각하는 다섯 가지 가치의 원천들을 구성하는 요소와 예들이다 (Van Wart, 1996). 둘째, 가치 변화가 공공부문의 생산성에 대한 새로운 윤리적인 패러다임을 촉진하는 사회적 합의와 법적 기반을 재빠르게 얻고 있음을 보여 준다. 가치들이 집단(전문가, 조직, 국가, 사회)이나 일부 개인들에 의해 권위적으로 주장될 때, 우리는 그것들을 윤리라고 부르기 쉽다. 오래된 생산성 가치들의 대다수는 법과 같은 구조들과 규범적인 의미를 가진다. 그러나 이들은 전환기에 선택된 가치들로 대체되고 있고, 이런 새로운 가치들은 광범위하고 강하게 수용될수록 다시 규범적 의미를 지니기 시작한다. 이러한 주제를 완전히 탐색할 수 있는 지면이 부족하지만, 충분히 조사되고 도전받을 수 있는 가설로 주장하는 것은 유용하다.

특히 지난 10년간 일어난 공공부문의 생산성 가치와 윤리들의 주요 변화 때문에 이러한 유형의 분석은 중요하다. 생산성의 개념은 (무슨 일을 어떻게 할지, 얼마나 생산할지) 항상 윤리적인 가치들과 관련되어 있다 (어떻게

1) 우리는 공공관리 실행에서 현재 일어나고 있는 모든 주요한 변화들을 의미하기 위해서 전반적인 품질관리, 리엔지니어링, 공공선택 간에 신공공관리(new public management)라는 개념을 사용한다.

해야 하고, 어떻게 하지 말아야 하는지). 비윤리적인 상황에서 개인과 조직들은 사회 또는 법, 전문가 조직 같은 권위적인 조직들에 의해 설정된 최소한의 기준들을 위반한다. 생산성을 추구하면서, '윤리'와 같은 기준들을 위반하지 말아야 한다. 개인이나 조직이 극단적인 경우에도 윤리적이라고 평가받기 위해서는 사회적으로 인정되는 방법으로 높은 수준의 생산성을 달성해야 한다. 따라서 윤리적인 잘못과 윤리적인 이상(理想)은 양자 모두 구체적인 생산성 결과를 도출하기도 하고(거꾸로 생산성 결과가 윤리에 영향을 미치기도 한다), 생산성 가치의 변화는 공공부문의 윤리에 대해 중요한 재조정을 초래하고 있다. 세계 경제의 패턴은 공공부문이 무엇을 해야만 하고 어떻게 해야 하며, 그리고 어떻게 조직화되어야 하는지에 대한 근본적인 고려를 하도록 요구하고 있다 (Yergin & Stanislaw, 1998).

공공부문이 '옳은 일'을 한다는 것은 법에 의해 규정된 것, 대중의 여론에 따르는 것, 행정 원칙으로 수용된 것, 공익에 부합하고 공정하다고 여겨지는 것들을 수행한다는 것인데, 이러한 윤리적 주장은 규범적(normative) 관점에서나 실제적(practical) 관점에서 모두 도전받고 있다 (Van Wart, 1996). 예를 들어, 결과(results)를 달성하는 데 융통성과 책임성이 더욱 요구된다는 점과, 계획이나 수단 그리고 필요한 시스템 변화에 대해 대중, 입법가들, 공공조직, 공무원들이 합의하는 것은 다르다. 그러나 이러한 모든 가치 원천들에 대한 근본적인 원리는 일관적이고 일률적인 패턴으로 변화하고 있다.

미국을 비롯한 전 세계에서 공공부문의 '옳은' 목적은 더 엄격히 검토되고 있고 더 협의적으로 정의되고 있다. 공공부문이 어떻게 활동하고, 무슨 기준들을 충족시켜 왔는지에 대한 기대는 극적으로 변화되어 왔다. 특히 투입에 대한 강한 통제와 절차적 '안전장치(safeguards)'들은 완화되었다. 반면에 효율성과 효과성 기준은 강조되고 있다. 예를 들어 양적인 산출물들은 더 정밀하게 측정되고 비교되는 반면에, 질적인 산출(수많은 이해관계자들에 의해 인식됨으로써)의 개선에 대한 기대는 더 높아지고 있다. 다시 말해, 이것은 관료들과 암묵적인 '계약'을 새로이 할 뿐만이 아니라, 공공부문의 구조와 공무원들을 조직화하는 새로운 방법을 만들고 있다. 그러나 이러한 경향들이 미국의 공공기관들에서 일률적으로 동시에 일어났다고 주장하는 것은 아니다. 또한 이러한 경향이 좋은 것(또는 나쁜 것)이라고 주장하는 것이 아니다. 이는 생산성 가치들과 윤리적인 시스템에 대한 (1) 일부 변화가 항상 필연적이며 피할 수 없다는 것, (2) 현재의 재조정이 점증적이기보다는 예시적이라는 것, 그리고 (3) 새로운 패러다임 형상의 일반적인 특징들이 매우 명확하다는 것을 – 그것의 완전한 진화가 수년간에 걸쳐 일어났을지라도 – 주장하고 있다.

비록 이러한 변화들이 근본적인 물음을 많이 던지고 균형적인 가치들과 높은 수준의 1일 생산성(daily productivity)을 강조하며 공공부문의 구조를 새롭게 변화시키려는 경향이 있을지라도, 이런 변화들로 인해 미국의 공공부문 관리자들은 현대의 생산성 패러다임의 정확한 속성을 결정하는데 많은 어려움을 겪게 될 것이다.

제 1 절 역사적인 변화

생산성 가치들에 대한 현재의 변화는 처음도 아니고, 마지막이 되지도 않을 것이다. 잭슨(Andrew Jackson)이 엽관제(spoils system)를 고안하지 않고 그것에 대한 남용을 심각하게 생각해 보지 않았을지라도,[2] 미국 정치뿐만 아니라 행정에 새로운 의미의 민주적 책임성을 확실히 고취시켰다. 귀족주의적 성향의 연방주의는 대중적 잭슨주의로 대체되었다. 정치적 대응성이 효과적인 행정에 유리하고 필수적일지라도 잭슨 지지자들의 월권은 종종 지나쳤다. 진보주의자들이 후원주의적 관행에 대한 지속적인 투쟁을 전개한 결과 마침내 1880년대에 진보주의자들이 득세하게 되었다. 그리하여 국가 행정의 많은 주요 직위에 대한 임명이 정치적인 커넥션(connections)보다는 실적에 의해 이루어지게 되었다(Shafritz, Riccucci, Rosen-

2) 제퍼슨(Thomas Jefferson)은 연방직에서 수많은 상대방을 제거한 최초의 대통령이고, 링컨(Abraham Lincoln)은 잭슨(Andrew Jackson)보다 후원적 관직 임명 관행을 훨씬 더 심하게 공격했다.

bloom, & Hyde, 1992). 그러나 정치적 대응성과 후원주의 관행이 완전히 사라진 것은 아니었다. 다만 그것들은 단순히 행정의 고위직에 국한되었다. 그러나 '진보주의자들'의 주장이 행정에 가져온 효과는 엄청난 것이었고, 미국식 민주주의에서 관료들의 위상을 재규정했다(Kettl, 1996: 7). 전문성과 전문가주의가 상당히 고무되었으며, 이는 이후 20세기 초의 과학적 관리 시대(scientific management era)를 열어제친 기폭제가 되었다. 고위직에 대한 정치적 임명을 없애고 실적에 의해 채용하는 새로운 제도는 대성공을 가져왔으며 오늘날까지 영향을 미치고 있다. 이처럼 19세기에 생산성에 대한 윤리적인 관점의 변화들은 분명히 엄청난 것이었다.

진보주의 성공이 가져온 결과 중의 하나는, 대규모 사회적 공작이 필요한 대공황(Great Depression) 초기에 행정부만이 정책을 결정할 수 있는 기관이라는 인식을 확신시키는 것이었다. 정부의 생산 능력에 대한 신뢰와 확신을 증대시킴으로써, 뉴딜정책은 사회계획, 규제, 서비스 분야에 걸쳐 정부의 활동과 영역이 확대되는 시대를 열었다(Lowi, 1995). 정부행정은 더 균형적으로 성장했다.[3] 통제는 주로 계층제 구조로 유지되었고, 업무 절차는 효율성을 강조하는 진보주의자들의 법과 규칙에 의해 규정되었다. 공공부문에서 고용의 신분 보장이 성행했던 것은 바로 이 시기이다(Van Riper, 1997: 219). '위대한 사회(The Great Society)' 시대는 뉴딜정책을 통해 정부의 영역과 규모면에서 논리적인 극단을 초래했다.[4] 비록 책은 시

3) 예를 들어, 1940년부터 1990년까지 모든 정부의 예산은 국민총생산(GNP)의 18%에서 37%까지 늘어났다.

4) 관직에 대한 후원적 임명은 많은 정부들에서 특히 연방 수준에서 많이 늘어났다. 예를 들어, 1960년에 정치적으로 임명된 사람이 단지 451개에 불과했는데, 1992년까지 2,393개가 되었다. 많은 분석가들은 이러한 사실에 대해 대단히 유감스럽게 생각한다. 메이어(Meier, 1997: 197)는 "정치적으로 임명되는 것을 줄이거나 제한하는 것"이 현명하다고 주장했다. 셔우드(Sherwood, 1997: 215)는 "오늘날 악의적인 관료정치인들은 종종 힘으로 정당의 임시적인 대표들을 역임하고, 경쟁하지도 않고 책임도 지지 않기 때문에 종종 제도적인 부담으로 남게 된다"고 말했다. 또한 이 기간 동안, 서비스 투입에 다양한 유형의 시민공청회, 포커스그룹과 국민계획이사회 같은 행정적 관행들이 통합되고 있었다. 시글러(Cigler, 1996: 66)는 "일반적으로 시민들은 정책 과정에서 대표성 메커니즘과, 정책주기의 모든 단계에서 접근권을 더 많이 갖고 있다"라고 말했다. 전문성과 법률이 행정부를 거느리고 시민들의 요구에 대응해야 하는 정치적 리더십과 연계되지

대의 유산인 정치적·민주적 대응성과 관련된 일부 관점들이 부분적으로 복원되기도 했지만, 정부 시스템에서의 '균열'과 과도함은 점점 더 명백해졌다. 따라서 역사적인 맥락에서 생산성과 관련된 가치들과 윤리적인 규범들이 지난 세기에 이어 20세기에도 지속적으로 변화하고 있다(Stivers, 1994).

시대에 따라 생산성에 대한 기준과 이에 동반된 윤리들이 다르게 나타나고 있다. 작은 정부 시대에는 이해 관계와 단절된 상류층이 강조되었다. 작은 정부는 소박한 활동을 했는데, 이는 표준적인 상류층 교육 체계를 가지며 상대적으로 효율적인 관리 시스템을 동반하고 있다. 한 세대 전, 즉 전제군주를 위한 재정적인 독점을 대체하려는 시대에서는 정치적 대응성이 강조되었다. 정부의 기능들이 정치적인 아마추어들이나 또는 인사결정권을 가진 정치인들에게 주어질 수 없었던 시대에는, 정치적 채용의 강요에 대항해서 보호주의를 가진 실적제 고용 제도가 강조되었다. 정부의 민주적 책임이 강조된 시대에는 법과 규칙에 대한 강조가 중요하고 바람직스럽다. 또한 정부 기능이 확대된 요즈음[5]에는 대규모의 행정구조와 의회를 감시하는 방법들이 요구된다.

지난 시대에 생산성의 요소들에 대한 강조는 투자된 자원의 규모에서 기대된 효율성 및 효과성의 개념, 근무를 위한 세분화된 시스템의 유형으로까지 이어졌다. 오늘날 더 적은 자원의 투입으로, 더 많은 효율성과 더 높은 효과성을 달성하고 새로운 생산 시스템을 설계하는 등, 생산성의 가치들이 다시 한 번 극적으로 변하고 있다.

않았을 때, 전문성과 법률만으로는 훌륭하고 윤리적인 행정을 만들어 낼 수 없다. 게다가, 공무담임제의 과잉은 과거 몇십 년 동안 일괄승인(blanket approval)을 능가하기 시작했다. 케틀, 잉그래햄, 샌더스, 그리고 호너(Kettl, Ingraham, Sanders, & Horner, 1996: 24)는 현재의 공무담임의 문제로서 유연하지 못한 임명규칙, 엄격한 자격 요건, 복잡하고 난해한 직업분류제, 관행적인 보상규칙, 대여섯 개의 완충 장치를 요구하는 구조조정 규칙 등을 지적하고 있다.

5) 비록 연방의 고용 수준이 1960년대 이래로 상대적으로 안정되어 있을지라도, 연방의 프로그램과 지출은 엄청나게 확장되어 왔다. 고용과 지출의 엄청난 확장은 주와 지역 수준에서도 일어났다.

제 2 절 생산성의 근본적인 요소들

생산성에 대한 정의들은 다양하고 때로는 복잡하다(Holzer, 1995; Kirchhoff, 1997). 여기서는 광범하지만 단순한 정의를 발췌하고, 이와 관련된 부분으로 연구 범위를 정하고자 한다. 이 글에서는 생산성을 세 가지 주요한 요소들(목적, 기대 그리고 인적 자원)의 결과(results)로서, 또 성취된 결과물(outcomes)로 정의한다.

첫째로, 생산성은 사용된 물리적·재정적인 자원들의 범위를 정당화하는 목적에 의해 정의된다. 목적 없는 생산성은 무의미하다. 예를 들어, 군대가 원하지 않는 무기들을 구입하는 것은 효과적인 국방이 될 수 없다. 생산성의 첫 번째 요소는 주로 정책결정자들에 의해서 정의된다.

둘째로, 생산성은 자원들을 사용할 때 효율성과 효과성의 수준을 정하는 기대치의 결과이다. 서비스 또는 생산이 얼마의 비용으로 어떤 품질로 제공되어야 하는가? 이것은 생산성에 대한 가장 일반적인(그리고 기술적인) 의미이지만, 생산성을 더 넓게 맥락적으로 이해하기에는 너무 협소하다.

셋째로, 생산성은 다양한 목적을 효율적으로, 그리고 효과적으로 성취하려고 하는 인적 자원들과 조직 시스템들을 포함하는 인적 자본의 결과이다. 기대를 달성하려는 공무원들의 능력은 어느 정도이며, 그들이 일하는 조직적인 변인은 무엇인가? 두 번째와 세 번째 요소들은 다음 단락에서 분석되는 관리와 관련된 요소들을 구성한다.

각 시대별로 공공부문 생산성에 대한 개념은 '정확한' 목적, '올바른' 규범과 기준, 그리고 '최적의' 시스템들이 변화하는 사회 수요에 적합하도록 이러한 요소들을 조정하고 있다. 다시 말해, 일부 시기에는 범위를 증가시키는 반면에 다른 시기에는 그것을 감소시킨다. 또 일부 시기에는 효과성보다 효율성을 강조하는 반면에 다른 때에는 그 반대이기도 하다. 그리고 일부 시기는 통제된 시스템을 강조하는 반면에 다른 시기에는 더 유연적인 시스템을 강조한다. <표 2-1>은 이러한 기본 개념과 그러한 개념이 야기하는 근본적인 가치 문제들과의 연관성을 묘사한 것이다.

〈표 2-1〉 생산성의 근본 요소와 생산성 가치, 윤리의 관계

생산성 =	1. 목적	업무의 '정확한' 근거와 영역은 무엇인가?
	2. 기대	효율성과 효과성의 '올바른' 기준과 수준은 무엇인가?
	3. 인적 자원	'최적의' 조직 시스템과 인적 자원은 무엇인가?

명확히 일반화하면, 뉴딜정책 이래로, 증가된 재정과 물적 자원들에 필적하거나 초과된 목적들에 의해서 생산성 향상은 상당히 달성되었다. 공공부문의 예산은 프로그램 확장에 따라 꾸준히 증가되었다. 생산성 향상의 기준이 달성된 곳에서(두 번째 요소)는, 제2차 세계대전 이후 일어난 기술혁신(technological innovation)으로 인해 거의 완전한 효율성(efficiency) 이익을 얻었다. 세 번째 요소, 인적 자원과 조직 시스템은 위임된 서비스/규제 부문에서 공공부문 독점의 개념에 근거한 법과 세부 시행규칙들을 사용하면서 계층적으로 구조화되었다(Howard, 1994). 그러나 공공부문 생산성의 모든 요소들에 대한 비난의 목소리는 동시다발적이지 않았다. 진보주의자들은 오로지 더 많은 효율성만을 요구하는 반면에, 뉴딜정책의 신봉자들은 오로지 더 큰 영역을 요구했다. 오늘날 대중, 미디어, 그리고 정무직 공무원들은 일반적으로 생산성의 모든 영역에서 주요 변화가 동시에 일어나기를 열망한다(Altshuler, 1997; Carrol, 1997; Holzer, 1995).[6)]

합의점은 대개 세 가지 관점으로 나타난다. 첫째로, 공공부문이 무엇을 해야 하는가에 대한 재조사가 이루어져야 한다. 작은 정부에 대해서는 폭넓게 합의가 이루어지고 있는데, 이는 공화당뿐만 아니라 민주당[7)]에 의해서도 종종 주장되고 있다. 작은 정부는 국제적인 추세이고, 이것의 효과는

6) 홀저(Holzer, 1995: 413)에 의한 다음과 같은 말이 대표적이다. "생산성 개선을 위한 필요성은 주 대표들, 미디어, 국제기구, 국제무역에 가입된 기업들, 경제학자와 행정가들, 그리고 대중들에 의해 반복적으로 제기되는 문제이다."

7) 비록 카터(Jimmy Carter) 대통령이 정부 개혁을 추진했을지라도, 클린턴(Bill Clinton) 대통령의 "큰 정부 시대의 끝"이라고 말한 1996년 국정연설은 모든 주류 정치사상이 변화하고 있음을 보여 주었다.

구공산국가들, 제3세계 국가들, 그리고 아시아의 '호랑이들'(Ingraham, 1997; Yergin & Stanislaw, 1998)뿐만 아니라, 심지어 영국, 호주, 뉴질랜드 같은 국가들에서도 강하게 나타나고 있다. 물론 삭감하기로 제안된 특정한 사안(집중된 또는 종합적인)에 대한 유권자들의 지지 때문에, 공공부문 축소에 대한 합의를 이루는 것은 말하기와는 달리 쉽지 않다.[8] 그럼에도 불구하고, 특히 연방 수준에서, "긴축은 현재 지배적인 주류이다" (Newland, 1996: 23). 현재의 세계잉여금들이 다음 경제 침체기에 적자로 대체될 때 주 정부나 지방정부는 긴축을 따르려는 경향이 있다. 이는 공공부문을 사회적 선호를 처리하는 기구로 간주하는 데에서 사회적 해결책의 마지막 보루로 변화시키고 있다. 미국의 역사는 민간부문의 활동을 강조하는 기간과 공공부문의 활동에 크게 의지하는 시기로 순환한다. 다시 말해, 규제 완화를 조장하고 경쟁구조를 사용하며, 수입 유지를 위해 개인과 조직의 책임을 증가시키고, 은행 규제에서부터 음식의 질, 이발사 면허,[9] 생산품 안전[10]까지 모든 것에서 정부 '승인 절차'의 적용을 완화하려는 의욕

8) 아이오와 주는 지난 16년 동안 작은 정부를 지향하는 데 앞장선 유일한 보수적인 주지사 브랜스태드(Terry Branstad)가 있었음에도 불구하고, 주와 지방 수준에서 정부의 성장이 멈추지 않았던 좋은 예이다. 대략 1%의 마이너스 인구 성장에도 불구하고, 1983년부터 1997년까지 주 공무원은 11% 이상 증가했고, 주 예산은 231%(205%의 수입 증가와 비교해서) 증가했다. 그러나 공화당원이든, 민주당원이든, 다음 주지사는 현재 상황에서는 주정부의 규모를 줄일 것 같다.

9) 직업 면허의 한 예로서, 조지아 주는 35가지 직업을 규정하고 있다(Miller & Pruitt, 1998). 명확히 규정되지 않은 직업들은 경매사, 운동 에이전트, 운동 트레이너, 건설 기술자, 산림 감독관, 장례 관리자, 도서관 사서, 사설 탐정, 중고차와 부품 딜러들 등이다. 조지아 주의 조사국(Examining Boards Division) 때문에, 주 법무장관실에 미결로 남아 있는 경우가 1,000여 가지 된다. 그럼에도 불구하고, 면허국이나 법무장관실이 직원 부족으로 인해 신속하게 움직이지 못한다는 것이 일반적인 생각이다. 주 비서관인 매시(Lewis Massey)는 비축품과 예비 인력이 충분하게 유지되어야 한다고 주장했다. 그리고 그는 1998년 회계연도에서 과도한 주 예산에도 불구하고 더 많은 인력을 요구했다.

10) 위험을 막기 위한 장치로 정부를 이용하려는 경향을 억제하기는 쉽지 않다. 예를 들어, 정부로 하여금 음식, 의약품, 환경, 생산품, 장비, 시설, 교통 등 모든 것을 어떤 기준에 부합하도록 요구하고, 그런 기준을 엄격히 강제하도록 하는 것은 좋은 일이다. 그러나 기준들이 점점 높아지고 강제가 더 엄격해질 때, 정부가 치르는 비용은 더 커지고 상업적인 영역으로의 개입은 더 성가시게 된다. 대부분의 영역에서 리스크(risk)가 발생하지 않도록 하고, 규제 방식에서 정부를 우선적인 수단으로 사용하는 사회는 더 많은 세금과 개입을 요구해야 한다. 대중이 비교 가능한 좋은 정보를 가지고 있고, 비교할 수 있

이 새롭게 나타나고 있다. "어떠한 목적을 가지고 있든 공적자금 지출을 가급적 하지 않으려는 환경에서" 공공부문의 영역 및 규모의 감소는 강력한 추진력이 될 것이다. 그 결과 구조조정(downsizing)과 적절한 사유화(privatization)가 관심의 초점이 될 것이다 (Stenberg, 1996). 최근의 예로서, "흠잡을 데 없는 임대주택"을 가지기 위해 보조금을 신청함으로써 도시의 공공주택 신청 기준이 매우 높아지고 있다 (Carothers-Kay, 1998: B5). 기준들이 높아진 것은 다른 소비자집단(지역 임대업자)에 대해서도 균형있게 관심을 가지는 것이고, 대상 집단(보조금을 요구하는 집단)의 기대를 높이는 것이며, 시(city)에 대한 자본수익률을 증진시키는 것이다. "공무원들은 근무하는 동안에는 더 이상 최후 수단인 주택을 고려하지 않을 것"이라고 솔직하게 고백했다.

둘째로, 효율성과 효과성 둘 모두를 실질적으로 증가시키는 데에 대한 기대들이 재조사되어야 하는 것에 대해 일반적으로 동의한다. 즉 민간부문의 효율성과 효과성에 가까운 서비스를 공공부문에서도 기대한다는 것이다 (Kamensky, 1996). 정부 서비스의 효율성 – 진정한 의미의 서비스(우편서비스, 쓰레기 수거, 도로 포장·유지)와 규제 서비스(법률 집행, 교정, 규제순응, 입국관리, 세관) – 이 확실히 증가할 것으로 기대된다.[11] 게다가, 질(효과성)에 대한 강조가 요구되고 있는데, 이것은 특히 소비자 질(신속, 접근의 용이성, 이용의 용이성 등) 측면과 관련해서 최근의 10년 동안 공공부문에 대한 중요한 요인이 되지 못하고 있기 때문이다 (Hatry, 1996). 시민에게 언제 어디서 일들을 시작하고, 얼마나 과정이 진행되고, 무슨 선택을 할 수 있는지, 만약 시민들이 반대하면 그것들은 거의 행해질 수 없다는 것에 대해 알렸다. 오랫동안 민간부문의 기준들에 뒤떨어진 것은, 저녁과

는 교육을 받아 선택할 수 있는 능력을 지니는 사회는, 시장을 해로운 관행을 막는 억제장치로 더욱 잘 활용할 수 있다.

11) 알트슐러(Altshuler, 1997: 52)의 주장은 정부에 대한 비판을 전형적으로 보여 준다: "정부에 대한 대중의 불만족은 정부가 혜택을 위해 수행하는 단위당 비용을 너무 많이 사용한다는(비효율성) 믿음에 기인한다. 그리고 그런 활동의 많은 부분은 혜택의 증가를 가져오는 데 실패했고(비효과성), 일반적인 정책들을 구체적인 사례에 적용할 수 없을 것처럼 보인다 (무책임성)."

주말 시간, 신용카드(때로는 개인 수표) 같은 고객 서비스 방법에 대한 이용 및 자판기(kiosk), 소비자 조사자료, 편의점, 그리고 원스톱 쇼핑 같은 기술들이다. 그 대신 정부 서비스의 특징은, 너무 자주 줄서고, 기다려야 하고, 불편하고, 감동이 없다는 것이다.

셋째로, 효율성과 효과성 모두에 대해 높은 기대를 가진 대중은 지출 축소를 요구하기 때문에(이것은 과거 10~15년 동안 공공부문이 대처해 오고 있는 "덜 사용해서 더 많이 하는" 증후군이다), 대중은 전통적인 인적 자원과 조직 시스템에서의 상당한 변화를 견딜 수 있을 것이다(Newland, 1996). 뉴딜 시대를 통해 인사, 구매, 계약, 지출 권한, 작업설계 등에서 엄격하고 계급적이며, 규칙에 근거한 시스템이 확대되었다. 대중(미디어와 선출직 공무원들을 통해서)은 공무원들의 재량(많은 남용 때문에)에 대항하기 위한 법과 규칙들을 더 얻기를 원했다. 통제와 형평성은 융통성, 전문성, 자질을 갖추는 것보다도 훨씬 더 강조되었다. 공공부문의 공무원들은 직장의 불안정과 독단에 대해서 더 많은 보호를 요구했고, 이러한 목적을 달성하기 위한 수단으로 법과 규칙들을 이용했다. 직업 보장과 명확성은 종종 융통성과 일자리 확대를 희생하면서 강조되었다(Behn, 1997; Kettl, Ingraham, Sanders, & Horner, 1996). 그 결과 장기적으로 생산성을 약화시켜 왔다. 최근에는 공공부문을 조직화하는 데 새로운 패턴에 대한 관심이 증대되고 있다(Barzelay, 1992; Osborne & Gaebler, 1992; O'Toole, 1997; Roberts, 1997). 비록 어떠한 단일 유형이 지배적이지 않을지라도, 모든 것이 극단의 계층적인 관료주의 양태[12]에서 신속한 서비스와 제품 변화

12) 위계화된 관료문화는 신분 보장, 안정성, 명령, 관례로 특징지어진다. 규칙과 규정들은 변덕스러운 행위를 막기 위한 것인데, 유사한 기준, 공정한 대우, 적절한 절차 등으로 이루어진다. 성공은 규정을 어기기 위한 변명이 되지 못한다. 왜냐 하면 규정을 어기는 것은 직접적으로 또는 간접적으로 정부 권위를 약화시키기 때문이다. 경쟁도 시장 변화도 조직이나 개인의 이해 관계를 자연스럽게 억제할 수 없기 때문에 통제나 책임이 강조된다. 높은 실적을 나타내는 위계적 관료들이 권위적인 명령과 기술적·전문적인 계획을 사용하여 많은 서비스와 상품을 매우 효율적으로, 일관되고 공정하게 생산한다는 점은 중요하다. 그러나 낮은 실적을 보이는 위계적 관료들은 종종 너무 안정적이어서(또는 엄격하여) 비대응적이거나, 너무 규칙에 얽매어 효율성이라는 공공부문의 조직적 강점을 약화시키는 어려움을 초래한다고 비판받는다. 민주적인 통제, 감독에 대한 요구,

에 기반을 둔 집단 조직구조인 경쟁적 관료제 또는 증가된 경쟁과 서비스 변화에 근거한 고도의 유연한 프로젝트 설계 체계로 변화하려는 경향이 있다 (Van Wart, 1998).

공공부문의 영역과 규모, 생산성 기대, 그리고 조직 및 인사구조를 재조사하는 데 대한 대중의 관심은 관리자들이 실제로 무엇을 해야 하는지, 그리고 하지 말아야 하는지에 대해 강한 시사점을 던지고 있다. 우리가 지금 관심을 가져야 하는 것은 관리자들의 관점(주로 이전에 토론된 두 번째와 세 번째 요소들)에서 생산성에 대한 특징을 면밀히 고찰하는 것이다.

제 3 절 생산성의 '관리 요소들'

관리적인 관점에서 생산성은 두 가지로 구분할 수 있다. 첫째, 전통적으로 생산성은 양적 효율성(quantitative efficiency) 기준과 질적 효과성(qualitative effectiveness) 기준의 관점으로 분석되었다. 효율성은 크게 투입과 산출의 관계로서 인식되고, 효과성은 목적 또는 목표가 도달하는 정도로서 인식된다 (Kirchhoff, 1997: 70). 우리가 한 가지 상황을 분석하면서 합리적인 비용으로 충분한 서비스를 받는다고 생각하지만, 생각한대로 그 일을 성취하는 것처럼 보이지는 않는다 (복지 개혁에 대한 단순분석). 우리는 또한 서비스가 상당히 높은 질을 갖는다고 생각하지만, 전체의 가치로 판단하면 비용이 너무 많이 든다는 것을 알 수 있다 (아마도 보건 보호 개선의 상황에서). 최악의 상황에서, 우리는 비용과 효과성 모두가 적당하지 않다고 결정한다 (교육 제도의 상당 부분에 대한 일반 인식). 게다가, 양적 효율성의 관점에서는 공공부문 내부에 초점을 두는 반면에, 질적 효과성의 관점은 외부에 초점을 둔다.

둘째 기준은 공급 주기에 초점을 둔 관점이다. 비록 생산성에서 오로지

그리고 법의 중요성 같은 공공부문의 본질적인 특징들 때문에, 위계적 관료제는 사라질 것 같지 않다. 이러한 조직 형태가 지배적이고 이를 정화하려는 노력의 감소가 현재의 추세이지만, 미래에 번영할 공공부문 조직의 형태가 점점 더 혼합되고 있다.

산출과 결과물에 관심을 갖는 것이 편리하다 할지라도, 생산성 향상은 투입과 과정에 더 많은 초점이 맞춰져야만 한다. 적절한 자원들을 적당하게 혼합하고 이용하지 않는다면, 생산성은 높아질 수 없다. 예를 들어 공공기관에서 신기술에 대한 재원과 인력들을 이용하지 못한다면, 컴퓨터 시대의 생산성 기준들을 공급하는 것은 기대할 수 없다.13) 게다가 풍부한 자원들을 가지고 있을지라도, 관리와 프로그램 설계가 갖춰져 있지 않으면 생산성 수준을 감소시킬 수 있다. 생산성에 대한 노력은 계속 유지되어야 하고, 전반적인 전략 차원에서 자원, 관리 그리고 생산 요소들을 잘 조합해야 한다.

〈표 2-2〉 생산성에서 일반적으로 고려되는 관리 요인들

	투입의 양	**과정의 양**	**산출의 양과 효율성**
양적 요인들	- 자원 투입: 예산, 인사, 시설, 장비 등 - 서비스 요구: 수요의 양, 수요의 어려움	- 자원설계, 편성, 분석 - 서비스 디자인, 편성, 분석	- 자원 산출 - 목표, 비교, 경쟁에 의한 서비스 산출
	투입의 질	**과정의 질**	**산출의 질과 결과**
질적 요인들	- 주민의 요구와 선호 - 법·사법적인 명령 - 공무원 능력	- 주민 이용의 용이성(편리성), 적시성, 서비스 제공 등에 따른 품질 - 적절한 과정과 절차적·기술적인 준수, 정확성, 전문가적 검토, 관리주의적 검토 - 공무원 생산성 체크 공무원 업무 분석, 공무원 관여의 질적 측면	- 주민의 만족 - 전반적인 기준에 대한 준수, 정책 기대치 - 공무원의 지지
	투 입	**업무 처리량(전환)**	**산 출**

13) 케틀 등(Kettl et al., 1996: 13)은 "국세청, 연방항공국, 국방부, 기상국은 각각 수십억 달러를 오용했다. 왜냐 하면 그들이 새로운 컴퓨터 시스템을 운영하기 위해 필요한 인적 자원을 개발하는 데 투자하지 않았기 때문이다"라고 지적했다.

이러한 두 기준, 즉 첫 번째의 양적·질적인 관점과 두 번째의 투입·과정·산출의 관점은 6개의 작은 매트릭스(matrix)를 형성한다. 6개 셀(cell)은 투입의 양, 투입의 질, 과정의 양, 과정의 질, 산출의 양적 효율성, 산출의 질적 결과들이다. 여기서 논의되는 생산성의 관리 요소들에 대한 매트릭스는 <표 2-2>를 참조하면 된다.

첫 번째 양적인 셀은 자원 투입과 서비스 요구와 같은 **투입량**(input quantities)을 포함한다. 자원 투입은 서비스 제공을 가능하도록 하는 예산, 인사, 시설, 장비 그리고 다른 재정적·물적 자원들을 포함한다. 서비스 요구는 그 수요의 어려움뿐만 아니라 서비스를 위한 수요량을 포함한다. 첫 번째 양적인 셀은 다양한 주민의 요구(그리고 선호) 수준 및 유형과 같은 **투입의 질**(input qualities)을 포함한다. 또 다른 측면은 기준을 설정하는 직접적인 방법 또는 실제로 제공되는 자원들에 의해 간접적으로 질을 규정하는 프로그램의 정의와 성공을 위한 법적인 강제이다. 투입량의 셀에서 마지막 요소는 공무원의 능력이다. 왜냐 하면, 만약 공무원들이 능력이 없거나 동기 부여되어 있지 않다면 생산성은 높아질 수 없기 때문이다. 궁극적으로, 생산성을 높이기 위해서는 양적 요소들이 충분하고 혼합이 잘 되어야 할 뿐 아니라, 질적 요소들 또한 적절히 이해되고 균형이 이루어져야 한다.

양적 측면에 초점을 둔 과정 요소들은 **과정의 양**(process quantities) 셀이다. 이 셀은 과정(또는 중간) 자원과 서비스 산출을 포함한다. 과정 자원들은 자원에 대한 설계, 편성, 분석에 초점을 둔다. 질적인 관점에 관심을 두는 작업 처리(throughput) 요소는 **과정의 질**(process qualities) 셀이다. 이 셀은 작업이 정당한 절차(due process)와 절차적 준수에 일치하는 정도, 그리고 공무원들이 작업하는 방식과 그 작업의 생산 능력, 즉 질적 측면에 대한 주민들의 관심을 포함한다.

양적 측면에 초점을 둔 산출 요소는 **산출량과 효율성**(output quantities and efficiencies) 셀이다. 자원 산출물은 예산과 계획에 대비되는 것으로서, 이미 사용되고 소비된 실제적인 자원들이다. 또 다른 관점은 실제 생산물에 대한 양과 효율성을 바라보는 서비스 산출물이다. 그러한 산출물은 활동(순수한 양) 또는 효율성(몇몇 유형의 비용 비교에 근거한 양)의 견지에서 측정될 수 있다. 질적 측면에 초점을 둔 산출물 요소는 **결과물의 질과 결과물**(outcome qualities and outcomes)의 셀이다. 이는 종종 대개 품질관리상 '결과 지향적'이라는 새로운 의미와 상응하는 것이다. 이 셀은 전반적인 주민 만족도, 입법·행정·사법적 강제에 대한 순응, 공무원의 지지 등을 포함한다. 결과물로서 공무원의 지지를 제시하는 것은 다른 것에 비해 새로운 것이다. 팀제 위주의 정부는 이러한 가치를 극단적으로 가지고 있는데, 물론 이것은 '권한이 부여된' 공무원들이 여러 가지 이유로 오늘날의 근무 환경에 더 적절하다는 개념에 근거한 것이다.

제 4 절 전통적 관리 도구들의 중요성

전통적 관리 도구들을 사용하는 데 두 가지 중요한 점이 있다. 첫 번째는 그 도구들을 상대적으로 엄격하게 사용해야 한다는 점이다. 두 번째는 공통적으로 채택된 산업공학의 접근법과 관련되어야 한다는 것이다. 이는 테일러(Fredcrick W. Taylor)에 의해 처음 시도된 과학적 관리 접근법과 비슷하지만, 신공공관리에서 채택된 접근법과는 상당히 다르다.

대부분의 생산성 관리 도구들이 제2차 세계대전(뉴딜 시대 이후) 또는 신공공관리 시대 이후 엄격히 제한되었다고 명확히 말하기는 어렵다. 비록 새로운 관심, 새로운 사용법, 새로운 일, 그리고 작은 절차적 변화들이 이루어졌을지라도, 순수하게 새로운 관리 도구들은 거의 만들어지지 않았다. 예를 들어, 품질관리 혁신은 소프트웨어인 『메모리 조거(*The Memory Jogger*)』(Goal/QPC, 1998)와 『팀 핸드북(*Team Handbook*)』(Scholtes, 1993)과 같은 생산성 도구들에 대한 많은 책들을 제공했다. 이러한 매뉴얼에 있는 도구들은 흐름도(flow chart), 브레인스토밍(brainstorming), 명목집단기법(nominal group technique), 실행 도표(run charts), 히스토그램(histograms), 층화(stratification), 원인-효과 도식(cause-and-effect diagrams), 통제 도표(control charts), 영향력 분석(force field analysis), 파레토 도표

(Pareto charts), 퍼트 도표(Pert charts)들을 포함한다.[14] 비록 이러한 것들이 매뉴얼에서 제공될 때는 새로운 도구들이 아니었을지라도, 현장 근로자들에게 이 도구들에 대한 응용 교육을 하는 것은 과거의 그것과는 근본적으로 다르다. 비록 조직적인 맥락에서는 오래된 (전통적인) 방법들이 더 많이 퍼져 있을지라도, 그것들 중에서는 거의 쓸모없게 되는 것은 없다(바로 이러한 점에서 그리고 지방자치단체 수준에서의 관리 수단에 대한 장기간 연구를 위해서는 Poister & Streib, 1994 참조). 그러나 일부 새로운 방법들과 수정을 거쳐 온 많은 오래된 방법들을 혼합시키는 것이 생산성의 개념을 변화시키고 있다. 오늘날 관리자들뿐만 아니라 많은 사람들이 다양한 도구들을 사용하고 있다.

전통적인 관점은 생산성에 대해 산업공학(industrial engineering)적인 접근을 강조한다. 이 접근법은 일반적으로 다섯 가지 특징을 가진다. 첫째로, 전통적인 접근법은 엄격한 민주적 위계제(hierarchy) 모델에 의존하는 경향이 있다. 유권자가 정치인을 선출하고, 선출된 정치인들은 정치적으로 임명된 관료들을 통해서 그들의 권한을 행사하고, 관료들은 국가공무원들을 지시하고, 공무원들은 중간급 관리자들을 관리하고, 중간급 관리자들은 직속 부하들을 관리한다. 계통이 명확히 제한되고 엄격히 규율화되어 있을수록 더 좋다(다른 관점의 예를 위해서는 Redford, 1969; Wamsley, 1996 참조). 둘째로, 의사 결정을 위한 적절한 모델은 전문가들의 도움을 받는 관리자들에 의한 것이다. 셋째로, 계획(planning)은 논리적·근본적·장기적인 것이어야 한다. 그래서 계획은 처음부터 끝까지 이해되고 세분화되어 모든 사람이 항상 그 또는 그녀를 위해서 정확히 무엇을 기대할 수 있는지 알 수 있다. 넷째로, 비용의 효율성 때문에 대량생산 모델(mass production models)은 일반적으로 서비스 제공 영역에서 선호된다. 소비자주의화(customization)는 질에 대한 공정성을 높인다. 규정대로라면, 절대적인 일치는 일관성과 공정성에서 선호된다. 다섯 번째로, 시스템들은 가능한 한

14) 연속적인 분석에서, 브레인스토밍, 파레토 도표 같은 미세분석 도구들은 연속적인 개선 전략(continuous improvement strategy)과 과정 벤치마킹(process benchmarking) 같은 더 큰 카테고리들에 포함된다.

자기 내포적이어야 하고, 요소들에 대한 통합과 통제가 유지되어야 한다. 전체적으로 이러한 접근법은 생산성의 양적인 효율성을 선호한다.

생산성 분석에서 양적 또는 효율성의 면을 선호하는 전통적인 방식들은 수입과 비용을 예견하고, 재정적인 경향을 모니터링하고, 서비스 수요분석(양적 측면과 곤란함의 측면 모두), 관리 점검, 조직설계, 시간과 이동연구, 임무분석, 기술공무원 교육, 성취도, 작업할당 분석, 작업흐름 분석, 프로젝트 관리, 목표에 의한 성과관리, 예산 처리, 회계감사, 업무 활동 계산(activity counts), 성과 기준, 비용편익분석, 성과측정, 전략적 계획과 프로그램 예산과 같은 광범위한 기술들이다. 질적 또는 효과성의 측면에서 전통적인 방법들은 권위적인 명령의 재검토, 공무원 조사, 작업장 계획, 관리 판단, 프로그램 평가와 감사들을 포함한다. <표 2-3>은 이러한 생산성 방법들을 보여 준다. 보통 글자체로 표시된 방법들이 전통적인 방법들인 반면에, 이탤릭체는 새롭게 강조된 관리 도구들을 보여 준다.

자원과 서비스 수요분석은 서비스를 받는 고객들의 수준에 근거해서 필수적인 예산과 인력 할당을 결정하는 전통적인 방법이다. 관리 감독은 사기, 낭비, 남용으로부터 자원을 통제하는 강력한 도구였다. 그리고 그것은 시가저인 검열에서 복잡한 권한 부여에 이르기까지 모든 것을 포함한다.

조직설계는 통제나 생산에 초점을 둔 또 다른 자원 도구이다. 여섯 가지 방법들 시간과 이동연구, 임무분석, 공무원에 대한 기술훈련, 성취도와 작업할당 분석, 목표관리제, 그리고 작업 흐름도—은 모두 전문가가 설계하고 관리하는 방법들이며, 합리적·분석적인 관점에서 작업할 수 있는 최상의 방법을 규정한다. 어떤 사람의 실제 지위가 무엇이든지 간에, 프로젝트 관리(project management)는 이러한 유형의 방법들을 프로젝트 관리자들에게 위임해 왔다. 프로그램 예산은 전체 서비스 공급 체계를 합리화시키고 미리 계획하는 것이다. 전략적 관리(strategic management)는 고위관료들이 목표 또는 결과가 미래에 어떻게 될 것이라고 결정함으로써 그들의 선진적인 계획 기술을 향상시키도록 하는 분석적 방법이다. 결과 평가는 자원의 추적과 통제의 방법으로서 예산 과정과 회계감사를 사용했다. 목표설정 효율성(그리고 허위의 효율성) 도구는 전통적으로 활동 건수(산출된

〈표 2-3〉 생산성 제고에 주로 사용되는 관리 도구들

	투입의 양	과정의 양	산출의 양과 효율성
양적 요인들	- 자원 분석: 수입과 지출 예상, 재무적 경향 모니터링 - 서비스 요구 분석: 수량과 어려움	- 자원 통제: 관리 감독과 조직설계 - 서비스 관리 도구들: 시간과 이동연구, 업무분석, 기술공무원 훈련, 완성률, 작업배분 분석, 업무 흐름도와 차트분석, 프로젝트 관리, 목표관리	- 자원 측정(기대된): 예산 절차, 회계감사 - 서비스 측정(생산된): 활동 건수, 실적 기준, 비용편익 분석, *단위당 비용 분석,* 실적 측정, *효율성 벤치마킹, 시장점유율*
	(포괄적 양적 기술들 : 전략적 관리와 프로그램 예산) <--->		
	투입의 질	**과정의 질**	**산출의 질과 결과**
질적 요인들	- *이해관계자 분석* - 법령, 조례, 행정명령 - 공무원 조사, 작업장 기획	- *포커스 그룹, 불만분석, 작업설계와 평가에서의 국민 관련성, 커뮤니티에 근거한 기획* - 관리 판단, *지속적인 개선, 리엔지니어링, 과정 벤치마킹* - *확장된 공무원 훈련, 문제와 업무에 대한 팀 접근, 공무원 권한위임과 책임*	- *소비자 만족도 측정* - *질적 서비스 측정 (훈련된 관찰자, 물리적인 측정 도구),* 프로그램 평가, 감사(적용과 관리), *결과 벤치마킹* - *공무원 의견 서베이*
	투입	**과정**	**산출**

주의: 보통 글자체=전통적 도구; 이탤릭체=새로운 도구

상품의 수)와 성과 기준(설계된 기준에 근거해 생산된 상품의 수)을 포함한다. 비교 효율성 측정은 비용편익분석을 포함한다. 비용편익 분석은 일반적으로 서비스 분석의 수준(상품의 수당 비용에 근거한 것에 대한 반대 개념으로서)에서 이루어지고, 내부 소비, 현재 성과를 이전의 조직 성과와 비교하는, 그리고 외부 소비를 위해 특히 법적인 실체를 위한 성과측정에 사용했다.

전통적인 접근법은 질적 도구들을 거의 갖고 있지 않으며, 오늘날에도

'품질 혁명'에 부분적인 관심을 표명할 뿐이다. 전문가들과 관리자들은 권위 있는 명령들을 조사하고 해석할 것이다. 공무원 조사와 작업장 계획은 공무원들의 능력이 유용한지를 알아보기 위한 관리 도구들이다. 과정의 질은 거의 배타적으로 관리 영역에 있었으며, 관리 판단을 통해 시행되었다. 산출과 결과물의 질은 종종 내부 프로그램 평가와 외부감사(순응과 관리)에 의해 검증되었다.

제5절 새로운 관리의 중요성과 도구들

만약 생산성에 대한 전통적인 관점이 산업공학적인 접근법에 의해 정형화된다면, 새로운 관점은 질적 관리 접근법에 의해 증명될 것이다.[15] 질적 관리 접근법의 관점은 전통적인 접근법의 관점과 매우 다르다. 첫째, 질적 관리 접근법은 민주적 위계모델(democratic hierarchical model)에 대해 좀 더 느슨한 태도를 취한다. 책임감은 이상적으로 이루어진 선형적인 진행 과정은 아니다. 비록 위계적 책임감이 깨지지 않아야 하지만, 또한 배타적이지 말아야 한다. 이것은 공무원들과 고객집단들을 실제적인 의사 결정과 멀어지게 한다. 특히, 의사 결정이 필수적으로 지역적이고, 독특하고, 소수이고, 급할 때 그러하다. 더욱이 이러한 관점에 의하면 시장경제에서 거대한 공공부문을 훈련시키고 설명하기 위해서는 공공부문만을 위해서 관료적으로 고안된 순응모델(compliance models)보다는 시장모델(market models)을 사용해야 한다. 시장의 힘이 책임성의 한 형태로 사용되는 곳에서는 좀더 유연한 민주적 위계모델이 사용되어야 한다(책임감과 다른 형태).[16]

---

15) **품질관리 접근법**(quality management approach)이라는 용어는 확실히 신공공관리의 중요한 부분인 총체적 품질관리(TQM: total quality management) 활동보다 더 광범위하다는 것을 의미한다. 예를 들어, 리엔지니어링은 총체적 품질관리와는 매우 다른 철학을 사용하지만, 새로운 공공부문의 환경에서 급진적인 합리화 운동의 유용한 도구가 되어 왔다.

16) 롬젝(Romzek, 1996: 110)은 "정부를 재창조하려는 많은 개혁들은 필연적으로 하나의 책임성을 다른 형태의 책임성으로 대체할 것을 요구한다"고 지적한다.

둘째, 일선 공무원과 그들의 상급자들은 고객과 소비자들의 자문을 받아 많은 의사 결정을 할 수 있다. 이러한 관점에 따르면, 더 낮은 수준에서 적당하고 적절한 의사 결정이 이루어짐으로써 소송을 줄일 수 있고, 관리자의 시간을 보호할 수도 있으며(이상적으로 더 적은 관리자들이 있다), 창조적인 해결책을 강화하고, 신용을 만들어 낼 수 있다. 연방 수준에서 소비자 집단으로부터 광범위한 피드백(feedback)을 요구하는 소비자 서비스 기준은 가장 좋은 예이다 (National Performance Review, 1995).

셋째, 공공부문에서 거대한 기획 프로젝트는 전통적인 산업공학 모델에서 선호되는 '청사진(blueprint)' 접근법에 거의 기여하지 않는다 (Bryson & Crosby, 1992; Mintzberg, 1994). 청사진은 상대적으로 둔한 자료와 과정의 성격 때문에 다리나 건물 같은 복잡한 건설 프로젝트와 잘 어울리는 경향이 있다. 하지만 청사진은 복잡한 사회공학적 현상과 잘 어울리지 않으며 오히려 좀더 유연하고 혁신적인 접근법이 일반적으로 더 잘 작동한다. 왜냐 하면 아주 많은 사람들이 집행자로서뿐만 아니라 생산물로서 포함되기 때문이다. 공공부문에서 작동하는 사회공학 프로젝트들은 명확히 정의된 방법들을 가지고 있지 않으며, 성공을 위한 변수들은 너무 많고 정적이기보다는 역동적이다. 새로운 고객집단은 계속되는 기획 단계에서 발언권을 요구하며, 어떤 환경에 적용된 방법을 다른 곳에서 작동시키기 위해서는 명확하지만 계획되지 않은 수정을 요구한다. 또 미개발 자원들이 탐색되고 공공정책을 위한 인적 자원들이 더욱 정제되어야 한다는 것 등을 주장한다.

넷째, 빠르게 변화하는 수요와 기호의 세상에서 좀더 유연한 생산 모델이 정착될수록, 소비자/고객집단들이 다양할수록, 적은 양으로 과거보다 더 효율적인 기술의 변화를 가져오고 있다. 이러한 관점에 따르면 형평성의 문제는 일반적으로 과장되어 있고, 실제로 고객을 비싼 혹평과 시간 낭비를 하는 과정에 두는 것보다, 우선 소비자가 원하는 것을 주도록 하는 것이 덜 비싸다 (물론, 이런 철학은 공공부문에서는 수정되어야 한다. 왜냐 하면 공공부문에서는 서비스를 위해 지불하는 '소비자'가 서비스를 받는 소비자가 아닐 수도 있기 때문이다). 이렇게 생산에 대한 좀더 유연한 접근법은 지방행정 서비스를 위한 원스톱 근린서비스센터, 수많은 시스템 '동요'를 고려하는 일련의 개선철학, 그리고 사업 도중에 기술적인 교정을 고려하기 위해 시민자문단들을 더 많이 활용하는 것을 포함한다. 또한 규제가 과거의 경험(위험 가능성이 낮은 검사)에 근거한 선택적 강제의 사용이든, 관례가 된 규제 서비스(날마다 경계선을 가로질러 통근하는 사람들을 위한 전자동 인식)이든, 또 경쟁적인 모델(통신이나 유제품 같은 다양한 정책 지역에서의 규제 완화)의 사용이든 간에, 규제의 공급에서도 더 많은 유연성이 강조되고 있다.

다섯째, 서비스 시스템에 대한 인식을 확장함으로써, 조직들이 분석 단위가 되는 빈도가 줄어들었고 정부 시스템(시, 주, 연방)은 좀더 자주 바람직한 수준의 통합을 이루어 내곤 한다. 때때로 통합은 정부 간 또는 공사(公私, public-private) 간 통합이다. 전문가집단이 날카롭게 지적하는 비평을 통해서 비용을 줄이고 질을 향상시키기 위한 조직 시스템의 관점이 어떻게 공유될 수 있을까? 많은 관리 시스템들이 적합하다-훈련센터, 컴퓨터 시스템, 구매 단위, 수송과 큰 장비, 유지 팀 등. 이 모델에서 협력은 자금 감소, 높은 기대, 그리고 증가된 경쟁을 통해서 전략적이고 공격적으로 추진될 것이다.

적어도 공공부문에서 새로운 도구들은 모두 산출(output) 단계에 있다. 민간부문에서 오랫동안 사용된 단위당 비용은 실제로 믿을 수 없을 정도로 많이 사용된다. 앰뷸런스 서비스의 일반적인 비용은 정책담당자들의 눈을 흐리게 하지만, 1회당(the per-run) 비용은 정책담당자들과 대중이 소통할 수 있는 통계적 근거를 제시한다. 신생아에 대한 서비스의 비용은 1회당 비용이 밝혀질 때까지는 합리적인 것처럼 보인다. 효율성 벤치마킹 또는 다양한 조직의 성과를 비교 평가하는 노력들은 성과측정이 점점 더 성숙해지고 있음을 보여 준다. 결국 경쟁적인 전략들은 한 단계 더 나아가서, 공공부문 조직(또는 그것들의 일부)들을 다른 서비스 제공자들과 직접적으로 경쟁하도록 하게 만든다(Halachmi & Holzer, 1993; Savas, 1987). 잠재적으로 성장하는 많은 지역들과의 경쟁으로 인해 공공부문 조직들은 책임성의 형태와 성공의 표시로서 시장 점유율과 이윤을 사용하게 된다. 질적 관리가 단순히 질에만 관심을 두지 않고 양적인 개선을 **동시에** 기대하는 것이며, 이는 곧 엄격한 비교와 경쟁적인 산출 방법들을 광범위하게 사용하는 것을 뜻한다.

이것은 효율성을 포기하거나 무시하는 것을 의미하지는 않는다. 실제로 효율성을 추구하기 위한 많은 도구들이 확장되거나 새롭게 다듬어졌다. 서비스 요구 자료는 모든 고객과 서비스들이 동등하다는 사실에 관심을 갖게 되었고, 또한 실제로 이루어지는 비교가 서비스 요구 집단들이 동등할 경우에만 유용하다는 사실에 주목하게 되었다. 보잘것 없는 도시 내의 학교들은 부유한 외곽의 학교들과 비교될 수 없고, 중서부 주의 도로 보수 기록은 더 온화한 기후를 갖는 선벨트(sunbelt) 주의 기록들과 비교할 수 없다. 다시 말해, 열악한 지역에 더 많은 관심이 집중되고 있다. 또 다른 예는 작업흐름 분석(work flow analyses)이다. 이는 예전에 신입사원들 또는 정신적으로 힘든 대중들을 위한 교육 수단으로 사용되었다. 그러나 구시대 또는 기능 장애의 과정을 재구성하기 위한 분석적 도구로서 다시 태어나고 있다. 새로워진 성과측정들은 민간산업에서 구체화된 기존의 성과.기준들과는 다르며, 과거보다 비교 가능성이 더욱 확대되었다.

그러나 질적인 관리혁신에 의해 효과성을 추구하는 도구들에서 극적인 변화들이 나타나고 있다. 이러한 도구의 범위는 이해관계자 분석(stakehold analysis), 포커스 집단(focus group), 민원분석, 근무설계와 평가 단계에서의 시민 참여, 지역사회에 근거한 계획, 끊임없는 개선, 리엔지니어링(reengineering), 과정 벤치마킹(process benchmaking), 폭넓고 광범위한 공무원 교육, 문제와 작업에 대한 팀제의 접근, 권한 부여와 공무원 책임, 소비자 만족과 측정, 질적 서비스 측정, 결과 벤치마킹, 공무원 서베이 등을 포함한다. 아홉 가지 관점들이 이 도구들을 잘 반영한다. 첫째로, 비록 이 도구들의 어떤 것도 개념적으로 새롭지 않다면, **광범위한 사용**은 분명하고 눈에 띄게 새로운 것이다. 둘째로, 질을 정의하는 과정에서 **서비스 수혜자**(service recipients)와 **공무원**들의 확장된 역할을 수용하는 것은 철학의 급진적 변화이다. 가치의 관점으로부터, 질적인 이슈들에 훨씬 많은 관심을 가지는 것, 더욱이 소비자와 공무원들에게 투입을 많이 하면서 그렇게 하는 것이 윤리적인 것이고, 또한 그렇게 되지 않도록 하는 것이 비윤리적인 것으로 생각되고 있다.

이해관계자 분석은 거의 새로운 것이 아니지만 그들의 정당한 요구는 어떤 변화의 과정에서도 고려되어야 하므로, 과거 10년 동안 이 분석은 모든 사람들을 재평가하는 데 적극적으로 사용되었다. 소비자들은 포커스 집단, 민원분석, 지역사회에 근거한 계획 같은 도구들을 통해 서비스나 상품의 질을 평가하도록 일상적으로 요구받고 있다. 관리 판단은 더 이상 기술적인 관점에서 질의 중재자로서 최고의 위치를 차지하지 않고, 지속적인 개선, 리엔지니어링, 과정 벤치마킹의 개념들에 의해 묶여진다. 개선이 모든 사람의 지속적인 업무로 되고 있으므로, 지속적인 개선은 전문가와 관리자들로부터 일선 공무원들에게까지 생산성의 중요성을 변화시킨다. 지속적으로 개선해야 한다는 철학은 공무원에 대한 권한 부여(낮은 수준에서 증가된 의사 결정)를 요구한다. 그러나 이것은 책임성(부족하거나 옳지 않을 때 그것의 의사 결정에 대한 책임)의 증가를 수반한다. 리엔지니어링 과정은 과정 또는 시스템이 심각하게 기능 장애가 있거나, 완전히 구식이고 전체적인 검사를 필요로 할 때, 포괄적인 대안들(지속적인 개선철학에 의해 제공되는 하위직들의 선택권)을 제공한다(Hammer & Champy, 1993; Linden, 1994). 과정 벤치마킹은 비교되거나 개선되고 있는 과정일 때 작업처리 수준에서 또는 비교되는 마지막 서비스 또는 상품 수준일 때, 결과의 수준에서 사용될 수 있다. 그것은 산업 우수성 모델에 대한 연구를 요구한다. 수평적이지만 자원이 풍부하지 못한 조직에서는 공무원들에게 의존할 수밖에 없는데, 이는 공무원들이 폭넓은 훈련(이전의 '관리' 기술을 포함하여)을 받고, 문제 해결과 작업을 위해 팀제 접근을 활용하며, 권한 부여를 통해 성과에 대한 책임성을 높게 가지도록 하는 것을 의미한다.

요즈음 산출과 결과는 정기적으로 독립적인 제3의 기관이 수행하는 소비자 만족도 조사를 통해 사용자들로부터 직접 평가받고 있다. 과거의 공공관리에서 질에 대한 기술적인 평가는 프로그램 평가와 감사에 한정되어 있었던 반면에, 현재의 공공관리는 지금 질적 서비스에 대한 내외적인 측정방법을 찾는 데에 더 심혈을 기울인다(훈련된 관찰자들, 물리적인 측정 도구들). 전통적이고 가장 극적인 오리건 벤치마크(Oregon Benchmarks) 프로젝트인, 결과 벤치마킹은 전국에 걸쳐 뿌리를 내리고 있다. 마지막으로, 전체 공무원들의 지지는 서비스 성공을 위해 반드시 필요하다 (Kettl et al., 1996).

제 6 절 협소해진 영역, 엄격해진 기준, 그리고 게임의 새로운 규칙들로의 이동

"큰 정부는 죽었다", "더 적은 비용으로 더 많은 것이 수행되어야 한다", "정부 시스템과 공무원 모두 비효율적이고 비효과적이다"라는 주장들은 관리상의 현저한 변화를 보여 준다. 이것은 하나의 기술적 가치를 다른 가치로 단순히 대체하는 것을 의미하지 않는다. 가치의 변화는 정부의 목적과 영역에 대해 협소해진 관점, 모든 영역에서 엄격한 기준, 그리고 조직들이 어떻게 설계되고 공무원들이 이러한 조직에서 어떻게 통합되는지에 대한 새로운 규칙을 초래한다. 생산성이 높은 수준으로 서비스를 공급하는 데 실패하는 경우, 구조조정, 사유화, 예산 지원 감축, 계속적인 감사, 재조직과 리엔지니어링, 또는 다른 유사한 방법들을 통해 근본적으로 변화된 게임의 규칙을 점점 더 찾을 것 같다. 새롭고 엄격한 현실은 이미 민간부문을 휘몰아쳤기 때문에(Kanter, Stein, & Jick, 1992; Peters, 1982, 1992), 공공부문이 뒤따른 것은 놀라운 일이 아니다.[17] 물론, 새로운 생산성 패러다임의 비평가들과 지지자들이 지적하고 있는 것처럼, 그것은 장점과 약점 모두를 가지고 있다.

부정적인 입장에서 보면 새롭고 엄격한 생산성 가치들에도 문제와 해결해야 할 과제가 있다. 시스템을 정비하는 것은 많은 사람들을 그들이 기대하는 생활 패턴에서 벗어나게 했다. 예를 들어, 관리 계층의 대규모 축소는

17) 페리(Perry, 1996: 3)는 "국민들은 그들의 세금에 대한 대가로서 무엇을 기대해야만 하는가? 그 답은 '더 적은 자원으로 더 많은 생산'으로 나타나는데, 이를 현실화시켜 내는 것이 얼마나 어려운 것인가에 대해서는 상관하지 않는다"고 지적한다.

일찍 은퇴하도록 강요받거나, 해고된 다수의 사람들이 중간 지위 또는 높은 지위로 되돌아갈 수 없다는 것을 의미한다. 일부 사회 서비스 고객들은 자신의 이익을 위해 공공부문의 '책임성'을 강요함으로써 시스템 정비를 통해 혜택을 받을지 모른다. 반면에 다른 고객들은 경제가 침체되거나 그럴 조짐이 보일 때 더 나아질 기회를 가지지 못할 수도 있다. 변화에 대한 새로운 강조는 그것이 성공적일 때 좋지만, 항상 그렇게 되는 것은 아니다. 성공적인 변화는 좋은 리더십(그리고 새로운 리더십 기술)을 요구하지만, 훌륭한 리더십이 부족할 때는 더 나쁜 상황을 만들 수 있다. 공공부문의 조직들은 왜 또는 어떻게 변화해야 하는지를 완전히 이해하지 못하고, 단지 공무원들의 냉소만 증가되고 생산성은 오히려 감소하여 고객들이 더 귀찮아하는 상황만을 보게 되었다(도전에 대한 개인적인 경험을 위해 Rago, 1996 참조). 생산성에 대한 기대가 높아지고 변화의 전략이 점점 더 가시화되면서 정치적 개입이 점차 증가되고, 일부 경우에는 당파성도 나타나고 있다. 생산성 기준에 대한 높아진 기대 때문에, 정치가들이 현재 또는 미래의 행정부에 대한 정강(강령, 정책)을 제시하는 것은 당연한 일이다. 이것은 정치가들과 협력하려는 의욕과 분위기를 살리는 일을 어렵게 한다. 마지막으로, 공무원들은 직업에서 엄청난 스트레스를 받고 있지만(Golembiewski, 1996), 더 높은 임금, 더 좋은 혜택, 그리고 더 좋은 인식 같은 새로운 인센티브는 바로 닥쳐올 것 같지 않다(Gilpin, 1996). 대신에, 더 적은 보장, 더 많은 일, 더 많은 책임, 그리고 더 많은 혼동이 일상적인 것으로 되고 있다. 그래서 비록 새로운 생산성 윤리들이 시스템과 조직들의 장기적인 안정을 위해 더 좋을지라도, 개인들에게 무거운 대가를 종종 가져다준다(Connor, 1997).

긍정적인 측면에서는, 공공 생산성에 대한 전반적인 접근법이 아마도 확실하게 균형잡혀진다. 1970년대 후반과 1980년대 초반까지, 공공부문의 생산성은 시스템이 효과성과 질적 측면보다는 대량의 효율성(주로 많은 양의 의미로)과 순응에 대해 과도하게 초점이 맞추어져 왔다. "많을수록 좋다"라는 철학은 경제적·사회적 시스템의 비용에 대한 깊은 고려 없이 예산 증대, 인력 증원, 그리고 서비스 확장으로 이끌었다. 그러한 점진주의 철학은 공공 서비스가 한계에 이르렀거나 초과되었다는 생각으로 바뀌었다. 새로운 전략은 전반적인 시스템의 균형을 강조했다. 그리하여 민간부문에서는 균형성과표(balanced scorecard)가 유행하게 되었다(Kaplan & Norton, 1996). 첫째, 공공부문의 질을 새롭게 강조하는 데 이는 매우 긍정적인 효과를 가진다. 국민들은 길게 늘어선 줄서기, 퉁명스러운 서비스, 계획 과정에서 투입의 부족, 과도한 지체, 그리고 다른 질적인 문제들을 덜 경험할 것이다. 예를 들면, 시민이 자동차 관련 행정 부처를 방문할 경우, 넓고 편안한 의자를 제공받고, 대기해야 할 시간을 확인받으며, 운전면허증과 자동차등록증을 즉각 교부받는 등 매우 정중한 서비스를 받게 됨을 의미한다. 둘째로, 엄격한 수준의 효율성에 직면할 것을 의미한다. 비용·편익 방법으로 제공될 수 없는 서비스들은 종종 가혹한 구조조정의 대상이다. 그것은 낮은 산출을 야기한 승인 및 검사 제도를 정비하기 위한 결정이나 시스템 내외부에서의 무임승차자들을 뿌리뽑기 위한 결정을 더 많이 내려야 함을 뜻한다. 변화는 더 이상 드물고 더디게 일어나는 것이 아니다. 지금 변화는 공공부문에서 빈번히 그리고 신속하게 일어나고 있다. 전반적으로, 공공부문의 생산성은 공무원들의 마음속에 많이 자리잡고 있으며, 조직에서의 인상적인 발전이 일상화되고 있다. 효율성과 효과성 모두의 개선은 특히 그것들이 동시에 규정될 때, 윤리적인 필수 요소가 되어 왔다. 조직들은 외적인 명령을 기다리기보다는, 그들 자신의 서비스들을 비판적으로 검토하고 있으며, 때때로 자발적으로 서비스 종료를 주장하고 있다. 조직과 인적 시스템을 설계하는 방법이 재검토되고 있는데, 진보주의 시대 이래로 가장 극적인 변화를 가져오고 있다.

제7절 결 론

생산성은 무슨 일들이 행해지는지에 대해 관심이 있고, 가치와 윤리들은 그러한 일들이 어떻게 행해져야 하고 행해지지 말아야 하는지에 대해 관심이 있다. 간략한 역사적인 고찰에 따르면, 뉴딜 시대 이전에 적어도 주요한 생산성 가치에 대한 두 번의 변화가 있었다. 그러나 가까운 과거에는 생산성 가치들과 그것들의 규범적인 구조 간의 관련성이 분명하게 구분되지 않는다. 왜냐 하면 전반적인 공공부문의 목표와 영역, 생산성 기대치, 그리고 제도 정비에 대한 뉴딜 정책의 가치 설정이 그렇게 안정적이지 못했기 때문이다. 가치에 대한 현재의 큰 변화는 여기서 신공공관리라 불리는데, 과거의 가치 설정에 대해 도전하면서 더 쉬운 분석과 비교를 위한 가치들을 제시하고 있다.

생산성의 측면에서 보면, '**무슨** 일들이, **어떻게**, 그리고 **누구에** 의해'라는 요소 모두가 분명히 변하고 있다. 비록, 업무의 영역 또는 목적에 대한 논의가 생산성 토론 이전에 있었지만, 생산이 일어나는 곳에서는 엄청난 세분화가 일어나고, 규범 설정의 문제로 고민하게 된다. 공공부문의 영역은 엄격하게 조사되고, 성장은 축소되고 있다. 공공부문에서 미국이 이루어 낸 현재의 성공은 다른 선진국의 성공에 비해 크지 않은 반면, 이후에 나타날 불황기는 과거보다도 정부에게 더 많은 어려움을 줄 것이다. 왜냐 하면 광범위한 반정부 감정이 공무원의 자격이나 대중적 프로그램과 같은 감축하기 어려운 영역에서도 강한 구조조정을 강요할 것이기 때문이다.

이 글의 주된 요점은 관리 도구들에 대한 세분화된 분석을 통해 생산성 기대치를 조사하는 것이다. 이 분석은 (1) 효율성 전략의 적절한 강화, (2) 효과성 또는 질적 전략에 대한 새로운 강조, 그리고 (3) 관리 도구들을 사용하는 인력의 대규모 증가를 보여 준다. 반정부 정서가 심각하기 때문에, 그러한 도구들의 확장과 개선은 더 어려운 기준을 만들어 내고 있다.

이렇게 까다로워진 기준들은 오래된 구조, 시스템, 그리고 함축적인 조직 설정들에 의해 성취될 수 없기 때문에, 게임의 새로운 규칙들이 새로운 실체를 반영하기 위해 창조되고 있다. 조직적인 구조들은 일반적으로 더욱 수평화되고 얇아지며, 분권화되고, 혁신적인 팀, 경쟁적이거나 아웃소싱(outsourcing)할 수 있는 대안들을 채택하고 있다. 새로운 구조들은 새로운 시스템을 요구하고 있다. 정부 조달, 공공부문의 행정 업무, 그리고 작동 시스템들을 능률적으로 만드는 것이 일상화되었을 뿐만 아니라, 정책들이 또한 변하고 있다. 예를 들어, 조지아 주의 새로운 인사 시스템은 모든 새로운 공무원들을 의도한 대로 만들면서 국민 서비스 개념을 단념했다 (Condrey, 1998a).

윤리적인 관점은 무슨 일들이, 어떻게, 누구에 의해 행해지는지에 대한 높은 수준의 사회적인 합의와 연관되어 있다. 윤리는 단순히 법으로부터만 나오지 않는다. 왜냐 하면 법이 중요하기는 해도 가치의 유일한 원천은 아니기 때문이다. 그것들은 또한 대중의 의견, 수용된 관리 원칙들과 실제들, 그리고 공익과 공정성에 대한 공무원들의 관념에서 나온다. 현대의 거스를 수 없는 엄청난 동향은 근본적인 가치들의 원천에서 나타나고 있는 변화를 보여 준다(그러나 확실히 틀에 박힌 것은 아니다). 지면의 제약 때문에, 이 글은 관리 원칙과 실제라는 한 영역만을 자세히 검토했으며, 이러한 검토는 관리 수단의 사용에 대한 분석과 강조를 통해 이루어졌다. 그러나 이와 같은 분석에서 제시된 경향은 다른 영역에서도 묘사되었고 사례 제공도 이루어졌다. 선거 과정에서 표현되고, 적대적인 정치인들과 뉴스 미디어들에서 나타나는 대중의 반정부 정서는 법적인 변화를 위한 자극을 제공한다. 여론의 힘이 커지면서, 법들은 공공부문의 목적을 협소하게 하도록, 효율성 및 효과성 기준을 높이도록, 그리고 근본적으로 작동 시스템들을 재구성하도록 하는 요구를 점점 더 반영하고 있다. 공무원의 정서는 일반적으로 가장 나중에 움직인다. 왜냐 하면, 그 변화는 공무원들에게 엄청나게 영향을 미치고 짧은 시간 안에 두려움을 많이 주는 반면에, 이익을 덜 주기 때문이다. 그러나 점점 그들은 새로운 가치로의 이동에 따른 장기적인 혜택을 이해한다.

변화와 높은 수준의 기준들을 요구하기 때문에 비록 가치의 전환이 어려울지라도, 공공부문의 종사자들은 장애물에 대해 불평하거나 또는 "적은 자원으로 많은 일을 하는 것"이 불가능하다고 인식하는 국면을 지나, 이런 상황을 실제로 이해하면서 조만간 적은 자원으로 많은 일을 하는 데에 도전하는 국면으로 이르게 된다. 불신은 사임으로 이어지는데, 대체로 새로운 생산성 요구에 직면하여 비록 매우 어렵지만 사업 종료로 귀결된다. 이것은 아마도 공공부문이 환경적인 압력의 심각성을 알고 있기 때문이다. 사유화와 구조조정이 증가하고 있고(Dilger, Moffett, & Struyk, 1997), 이전의 공공부문의 신성불가침은 공무담임권 보호(Condrey, 1998b), 국세청(Internal Revenue Service) 같은 강력한 기관(Barton, 1998; Hirsh, 1997; Samuelson, 1997), 그리고 복지 같은 주요한 뉴딜 프로그램들을 포함해서 철저하게 진단받고 있다.

확실히, 이런 가치에 관한 현대 사회에서 진행중인 거대한 물결(mega trends)은 많은 반증(counterexamples)을 가지고 있고, 그것들은 기관과 기관 간에 근거한 변수들을 정확히 구분할 정도로 충분히 명확하지가 않다. 그러나 새롭고 엄격한 생산성 가치의 일반적인 윤곽은 분명하다. 현대의 생산성 요구로 인해 등장한 새로운 윤리적인 패러다임은 분명하지는 않지만, 부각되고 있다. 물론 조직의 임무, 리더십, 조직문화, 조직설계 등의 세부적인 문제는 조직의 특성을 반영하여 해결해야 한다. 신·구 패러다임의 올바른 결합은 공공부문 조직들 앞에 놓여진 더 한층 어려운 일부분이다.

참고 문헌

Altshuler, A. A. (1997). Bureaucratic innovation, democratic accountability, and political incentives. In A. Altshuler & R. Behn (eds.), *Innovation in American government: Challenges, opportunities, and dilemmas* (pp. 38-67). Washington, DC: Brookings Institution.

Barton, P. (1998, February 15). IRS overhaul may do more harm than good. *Detroit News*, sec. 2, p. 1.

Barzelay, M., with B. Armajani(1992). *Breaking through bureaucracy: A new vision for managing in government.* Berkeley: University of California Press.

Behn, R. D. (1997). The dilemmas of innovation in American government. In A. Altshuler & R. Behn (eds.), *Innovation in American government: Challenges, opportunities, and dilemmas* (pp. 3-37). Washington, DC: Brookings Institution.

Berman, E. (1998). *Productivity in public and nonprofit organizations.* Thousand Oaks, CA: Sage.

Berman, E. & West, J. P. (1995). Municipal commitment to total quality management. *Public Administration Review 55*: 57-66.

Bryson, J. M. & Crosby, B. C. (1992). *Leadership for the common good: Tackling public problems in a shared power world.* San Francisco: Jossey-Bass.

Carothers-Kay, A. (1998, January 25). Renovated policies repair public housing. *Des Moines Register*, pp. B1, B5.

Carroll, J. D. (1997). The warfare on and over government in Waldonian perspective. *Public Administration Review 57*: 200-204.

Cigler, B. A. (1996). Adjusting to changing expectations at the local level. In J. Perry (ed.), *Handbook of public administration* (2nd ed., pp. 60-76). San Francisco: Jossey-Bass.

Cohen, S., & Eimicke, W. (1995). *The new effective public manager: Achieving success in a changing government.* San Francisco: Jossey-Bass.

Condrey, S. E. (1998a, July). *Reinventing state civil service systems: The Georgia experience.* Paper presented at the national conference of the American Society for Public Administration, Seattle, WA.

______. (1998b). Toward strategic human resource management. In S. E. Condrey (ed.), *Handbook of public sector human resource management in government* (pp. 1-13). San Francisco: Jossey-Bass.

Connor, P. E. (1997). Total quality management: A selective commentary on its human dimensions. *Public Administration Review 57*: 501-509.

Dilger, R. J., Moffett, R., & Struyk, L. (1997). Privatization of municipal services in America's largest cities. *Public Administration Review 57*: 21-26.

Gilpin, K. (1996, January 2). Workers are expected to push for more of economic pie. *The New York Times*, p. C20.

Goal/QPC. (1988). *The memory jogger: A pocket guide of tools for continuous improvement.* Methuen, MA: Author.

Golembiewski, R. T. (1996). Public sector change and burnout. *Public Productivity & Management Review 20*: 56-69.

Gore, A. (1993). *Creating a government that works better and costs less.* New York: Plume.

Halachmi, A. & Bouckaert, G. (eds.). (1995). *The enduring challenges in public management: Surviving and excelling in a changing world.* San Francisco: Jossey-Bass.

Halachmi, A. & Holzer, M. (1993). Towards a competitive public administration. *International Journal of Public Administration 59*: 29-45.

Hammer, M. & Champy, J. (1993). *Reengineering the corporation: A manifesto for business revolution.* New York: HarperCollins.

Hatry, H. (1996). Tracking the quality of services. In J. Perry (ed.), *Handbook of public administration* (2nd ed., pp. 537-554). San Francisco: Jossey-Bass.

Hirsh, M. (1997, October 13). Infernal revenue disservice. *Newsweek*, pp. 33-39.

Holzer, M. (1995). The public productivity challenge. In A. Halachmi & G. Bouckaert (eds.), *The enduring challenges in public management: Surviving and excelling in a changing world* (pp. 413-448). San Francisco: Jossey-Bass.

Howard, P. K. (1994). *The death of common sense: How law is suffocating America.* New York: Warner Books.

Ingraham, P. W. (1997). Play it again, Sam; It's still not right - Searching for the right notes in administrative reform. *Public Administration Review 57*: 325-331.

Kamensky, J. M. (1996). The role of the "reinventing government" movement in federal management reform. *Public Administration Review 56*: 247-255.

Kanter, R. M., Stein, B. A., & Jick, T. D. (eds.). (1992). *The challenge of organizational change.* New York: Free Press.

Kaplan, R. S., & Norton, D. P. (1996). *The balanced scorecard.* Boston: Harvard Business School Press.

Kettl, D. F. (1996). Governing at the millennium. In J. Perry (ed.), *Handbook of public administration* (2nd ed., pp. 5-18). San Francisco: Jossey-Bass.

Kettl, D. F., Ingraham, P. W., Sanders, R. P., & Horner, C. (1996). *Civil service reform: Building a government that works.* Washington, DC: Brookings Institution.

Kirchhoff, J. J. (1997). Public services production in context: Toward a multilevel, multistakeholder model. *Public Productivity & Management Review 21*: 70-85.

Light, P. C. (1995). *Thickening government: Federal hierarchy and the diffusion of accountability*. Washington, DC: Brookings Institution.

Linden, R. M. (1994). *Seamless government: A practical guide to re-engineering in the public sector*. San Francisco: Jossey-Bass.

Lowi, T. J. (1995). *The end of the Republican era*. Norman: University of Oklahoma Press.

Meier, K. (1997). Bureaucracy and democracy: The case for more bureaucracy and less democracy. *Public Administration Review 57*: 193-199.

Miller, A. & Pruitt, K. (1998, January 2). Consumer complaints going unanswered. *Atlanta Journal-Constitution*, p. C3.

Mintzberg, H. (1994). *The rise and fall of strategic planning*. New York: Free Press.

National Performance Review(1995). *Putting customers first: Standards for serving the American people*. Washington, DC: Government Printing Office.

Newland, C. A. (1996). The national government in transition. In J. Perry (ed.), *Handbook of public administration*(2nd ed., pp. 19-35). San Francisco: Jossey-Bass.

Organization for Economic Cooperation and Development(1996). *Ministerial Symposium on the Future of the Public Services*. Paris: Author.

Osborne, D. & Gaebler, T. (1992). *Reinventing government*. Reading, MA: Addison-Wesley.

O'Toole, L. J. (1997). Treating networks seriously: Practical and research-based agendas in public administration. *Public Administration Review 57*: 45-52.

Perry, J. L. (ed.). (1996). *Handbook of public administration* (2nd ed.). San Francisco: Jossey-Bass.

Peters, T. J. (1992). *Liberation management: Necessary disorganization for the nanosecond nineties*. New York: Knopf.

Peters, T. J. & Waterman, R. H., Jr. (1982). *In search of excellence: Lessons from America's best-run companies*. New York: Harper & Row.

Pfister, J. & Van Wart, M. (1995). Successful examples of TQM in local government. In J. West (ed.), *Quality management in local government* (pp. 187-205). Washington, DC: International City/County Association.

Poister, H. & Streib, G. (1994). Municipal management tools from 1976 to 1993. *Public Productivity & Management Review 17*: 115-125.

Rago, W. V. (1996). Struggles in transformation: A study in TQM, leadership, and organizational culture in a government agency. *Public Administration Review 56*: 227-234.

Redford, E. S. (1969). *Democracy in the administrative state*. New York: Oxford University Press.

Roberts, A. (1997). Performance-based organizations: Assessing the Gore Plan. *Public Administration Review 57*: 465-478.

Romzek, B. (1996). Enhancing accountability. In J. Perry (ed.), *Handbook of public administration* (2nd ed., pp. 97-114). San Francisco: Jossey-Bass.

Samuelson, R. (1997, October 13). Abolish the IRS? Dream on. *Newsweek*, p. 40.

Savas, E. S. (1987). *Privatization: The key to better government*. Chatham, NJ: Chatham House.

Schlesinger, A., Jr. (1987). *The cycles of American history*. Boston: Houghton Mifflin.

Scholtes, P. R. (1993). *The team handbook*. Madison, WI: Joiner Associates.

Shafritz, J. M., Riccucci, N., Rosenbloom, D. H., & Hyde, A. C. (1992). *Personnel management in government*. New York: Marcel Dekker.

Sherwood, F. P. (1997). Responding to the decline in public service professionalism. *Public Administration Review 57*: 211-217.

Stenberg, C. W. (1996). Engines of change: Leading from the states. In J. Perry (ed.), *Handbook of public administration* (2nd ed., pp. 36-59). San Francisco: Jossey-Bass.

Stivers, C. (1994). The listening bureaucrat: Responsiveness in public administrators. *Public Administration Review 54*: 364-369.

Van Riper, P. P. (1997). Some anomalies in the deep history of U.S. public administration. *Public Administration Review 57*: 218-222.

Van Wart, M. (1996). The sources of ethical decision making for individuals. *Public Administration Review 56*: 525-534.

______. (1998). *Changing public sector values*. New York: Garland.

Wamsley, G. L. (1996). A public philosophy and ontological disclosure as the basis for normatively grounded theorizing in public administration. In G. Wamsley & J. Wolf (eds.), *Refounding democratic public administration* (pp. 351-401). Thousand Oaks, CA: Sage.

Winter Commission (1993). *Hard truths/tough choices: An agenda for state and local government reform.* Albany: State University of New York, Nelson A. Rockefeller Institute of Government.

Yergin, D. & Stanislaw, J. (1998). *The commanding heights: The battle between government and the marketplace that is remaking the modern world.* New York: Simon & Schuster.

■ 필자 소개

몽고메리 밴 와트(Montgomery Van Wart)는 아이오와 주립대학교(Iowa State University) 정치학과 교수로 재직중이며, 가치 문제에 대한 최근 저서로는 『변화하는 공공부문의 가치(*Changing Public Sector Values*)』(1998)가 있다.

에반 버맨(Evan Berman)은 센트럴 플로리다대학교(University of Central Florida) 행정학과 교수로 재직중이며, 최근 저서로는 『공공조직과 비영리조직에서의 생산성(*Productivity in Public and Nonprofit Organizations*)』(Sage, 1998)이 있다.

제 3 장

공공관리 개혁을 위한 유용한 지식으로서의 평가*

장 클로드 퇴니히(Jean-Claude Thoenig)

〈요 약〉

공공부문은 개혁을 위해 평가를 활용하는가? 경험을 통해 훌륭한 사례(practices)를 확인할 수 있는가? 평가의 미래는 있는가? 이 논문에서 평가란 공공부문의 효율성과 효과성이라는 측면에서 성공적인 변화를 수행하고 달성 가능한 결과가 무엇인지에 대해 학습할 수 있는 역량을 증진시킬 수 있는 도구나 수단으로 정의하고 있다. 여러 형태의 평가가 존재하지만, 일반적으로 평가란 공공의 활동·비활동과 결과·영향 간의 관계에 대한 정확하고 적절한 정보를 산출하고 분석하는 데 투입되는 활동이라는 특징을 가지고 있다.

주요 단어: 의사결정자에 대한 자문(advice to decision makers); 훌륭한 사례(good practices); 내부평가(internal evaluation); 학습(learning); 공공부문 개혁(public sector reforms)

제 1 절 일종의 역설

행정상의 개혁이나 공공부문 관리에서의 개혁은 맹목적으로, 아무 생각없이 충동적으로 계층제적 권위에서 나오는 명령만으로는 발전되고 집행되기 힘들다. 그러나 그럴 수 있다 하더라도 기존의 방식으로는 공공부문에

* 출처: Evaluation as Usable Knowledge for Public Management Reforms, *Evaluation* (2000) *6(2)*: 217-229.

도입된 변화를 모니터링하는 데 중대한 결함이 있기 때문에 실무자들 입장에서는 개혁에 대한 광범위한 요구가 있다. 왜냐 하면 적어도 부분적으로는 평가가 이러한 기대를 충족시키는 데 주요한 역할을 수행할 것으로 믿기 때문이다. '적어도 보고서상으로는' 평가라는 것이 구체적인 공공정책에 대한 정보와 자문을 산출하는 데 상대적으로 정확한 수단과 합리적인 접근방법을 제공하기 때문이다.

그러나 이러한 사실을 좀더 주의깊게 살펴보면 대부분의 국가에서 평가는 상대적으로 제한적이며 주기적으로만 활용된다. 더욱이 평가를 좀더 광범위하게 활용하지 않으려고 하는 것은 무지나 의지 부족 때문이 아니다. 정부가 공개적으로 평가의 필요성을 강조하지만 실행하지는 못한다. 이러한 경향을 보여 주는 하나의 예로는 노르웨이에서 발간된 '행정 및 인사 정책에 대한 백서(White Paper on administrative and staff policy)'에서 나타난다. 백서에서는 구체적인 문제와 개혁을 평가하는 것이 중요함을 강조하고 있다. 그러나 그 때까지 10년간 수행된 개혁을 평가하고자 하는 어떤 시도(initiative)도 그 후에 시작되지 않았다. 반대로 더욱 놀랍게도, 특히 공공관리 개혁을 잘 알고 있고 실제로 경험한 실무자들 간에 평가에 대한 회의론이 등장했고, 그들 중 몇몇은 정부에 만연한 평가에 대해 '알레르기' 반응을 나타냈다. 그러한 태도는 다양한 이유에 기인할 수 있는데, 실무를 수행하지 않는 전문가들로부터 도전받는다는 느낌을 갖지 않으려는 정책결정자들, 개혁의 목표와 내용을 규정하는 데 평가자들의 오만함, 평가를 수행하는 데 너무 많은 시간이 걸린다는 사실, 개혁 또한 정부의 정치적 수단에 불과하다는 생각 등을 들 수 있다. 정책결정자들의 요구는 다소 평이하다고 할 수 있다. 경험에 의하면, 장관들은 좋은 내용만 들으려 하고 잘못된 것은 들으려고 하지 않으면서 평가자가 내놓은 정보 자체를 두려워하고, 국민과 대중매체는 그러한 내용을 정부를 '때리는' 기회로 활용하는 것이 문제이다(Kessler et al., 1998).

그러나 이러한 역설은 실제보다는 외견상 더 그러할 뿐이기 때문에 몇 가지 문제 때문에 평가 자체를 포기하는 어리석음을 범해서는 안 된다. 양적 측면에서 보더라도 평가를 일반적으로 사용하는 것이 피할 수 없는 경향이라고 결론지을 이유는 없다. 이러한 측면에서 많은 국가에서는 공공관리 개혁이 다른 정부정책 분야—연구개발(R&D), 의료 서비스, 사회복지, 교육 혹은 사회보장과 같은—와 함께 지체되거나 뒤쳐진다. 동시에 평가가 이루어지면 정부에 정보를 제공하는 데 활용된다.

세세한 목록까지 들여다보지 않더라도 평가 작업과 결합된 수많은 공공관리 개혁의 사례들을 간략하게나마 검토해 볼 수 있다. 예를 들어 1995년 핀란드 정부는 1980년대 중반부터 집행된 주요한 개혁의 결과를 규명하고 평가하기 위해 합의된 구체적인 프로그램을 새롭게 시작했다. 이 프로그램에는 개혁에 관여했던 고위공무원 그룹과 외국 전문가를 포함한 전문가 팀이 포함되었다(Pollitt et al., 1997; Ministry of Finance, 1997).

프랑스는 일찍이 1980년대 후반에 행정 현대화 정책을 평가와 결합시켰다. Ministère de l'Equipement[1]와 같은 부처들은 집중적이고 참여적인 평가를 수행했고, 특히 외부 서비스와 연관된 목표와 자원의 관리와 관련해서는 더욱더 그러했다(Trosa, 1992).

1995년 뉴질랜드 국가서비스위원회(State Service Commission)와 재무성(Treasury)에서는 광범위한 공공부문의 재조직으로 인해 나타난 변화를 구조적·조직적·전략적·재정적·예산상·관리통제라는 측면에서 독립적으로 평가할 수 있는 권한을 미국 학자들에게 위임했다(Schick, 1996). 뉴질랜드는 최근 들어 '국가의 현황(state of the State)'이라는 보고서를 작성했다. 중앙부처(central agency)에 공공부문 시스템의 전반적인 성과와 각 부처의 개인 성과에 대한 자료(data)를 체계적으로 수집하는 책임을 부여했다.

공공관리 개혁의 전조가 되는 이니셔티브(initiative)는 몇몇 국가에서 채택해 온 흥미로운 접근 방법이다. 이러한 사례로는 구조적이고 지속적인 접근 방법을 수행하고 있는 캐나다를 들 수 있다. 캐나다에서는 다음 연도에 언급해야 할 핵심적인 관리 이슈와 우선순위가 포함된 연차보고서가 발행된다. 추밀원(Privy Council Office)의 회계감사관(Clerk)은 수상에게 보

1) 우리 나라의 건설교통부에 해당. -역주.

고하고 관리개혁에 관한 비전(vision)을 담은 문서를 발행한다. 회계감사관과 차관회의(Deputy Ministry Community)는 개혁 프로그램 검토를 모니터링하고 시민에게 서비스를 제공하거나 부문 간·부처 간 이슈를 관리하는 것과 같은 주제를 연구 개발하기 위해 태스크포스팀을 발족시켰다. 이는 이니셔티브의 일관성을 높이고 다양한 정부 분야에서 프로그램의 집행에 대한 이니셔티브의 영향력을 증진시키는 것과 관련하여 수평적 협력을 달성하기 위한 것이다. 이러한 하향식 접근 방식은 상향식 접근 방식에 의해 보완되었는데, 그 이유는 각 부처가 각 부문에서 달성한 결과와 진전에 대한 정보를 수집하기 위함이다. 이는 평가를 공공 시스템 내의 다양한 수준에 적용하기 위한 것이며, 동시에 내적 효율성과 외적 효과성의 양 측면을 아우르는 구조와 과정을 포함한다.

몇몇 국가들은 '준평가(準評價, quasi-evaluations)'라고 할 수 있는 관행이 있기 때문에 공식적이거나 전통적인 평가 이니셔티브에 한정되지 않는다면 좀더 완전한 그림이 그려질 것이다. 공식적인 장치가 없거나 구체적이고 체계적으로 설계된 프로젝트로 수행되지 않는다면 정책결정자와 그 참모들은 정책결정 전후에 정보를 수집하고 개혁의 다양한 측면을 검토하고 평가하는 이니셔티브를 가질 것이다. 이와같이 다소 비공식적이고 **임시적인**(ad hoc) 접근 방법이 많은 국가에서 다양하게 발견된다.

예를 들어, 영국에서는 '넥스트 스텝(Next Steps)', '시민헌장(Citizen's Charter)', '시장실천과 민간위탁(Market Testing and Contracting Out)'과 같은 개혁 프로그램의 구체적인 측면을 언급하면서 다양한 개혁에 대한 검토가 수행되어 왔다. 아일랜드에서는 공공관리연구위원회(Committee for Public Management Research: 재무부 장관이 의장임)가 고객 서비스 부문의 계획에 대한 부분적인 검토를 수행했다. 이러한 결과들은 제한적이기는 하지만 무시할 수 없는 것들이다.

이 단계에서는 두 가지 일반적인 발견이 이루어졌다. 첫 번째는 위에서 보여 준 예에서 알 수 있듯이, 개혁이 좀더 포괄적이거나 영·미계 문화(Anglo-Saxon attitudes)가 지배적인 곳에서는 평가가 더욱 자주 활용될지라도, 평가 그 자체로는 국가의 구체적인 유형이나 행정문화의 특성을 보여 주지 못한다는 것이다. 두 번째는 체제 전체에 자동적으로 확산될 수 있고 개혁관리(management of reforms)와 통합될 수 있는 평가의 중요성을 알 만한 내부 혹은 외부의 전문가, 신뢰할 수 있는 수단, 광범위한 정보가 충분하지 못하다는 것이다. 공공 시스템에 평가문화가 없더라도 평가는 수행될 수 있다. 여기서 끌어낼 수 있는 교훈은 상대적으로 낙관적인 것이다. 즉 가끔 공무원들은 자신이 하고 있는 일을 의식적으로 깨닫지 못하더라도 공무원 개인이 평가를 수행할 것인지 말 것인지를 자유롭게 결정하기 때문에 전문가나 세련된 시스템이 필수적인 것은 아니다. 다시 말하면, 평가를 수행하는 데 장애물은 전문적·기술적·지적인 것이라기보다는 실무적인 것이다.

제2절 성공적인 사례에서 배우기

어떤 조건하에서 평가의 실제가 공공부문 개혁을 발전시키고 집행하는 데 활용될 수 있는가? 대답은 분명하다. 평가가 정책결정자들에 의해 채택되고 활용될 때이다. 그러나 준비된 마술 같은 공식을 적용하거나 최고의 사례와 같은 단일한 절차상의 모델을 따라함으로써 수행될 수 있는 것은 아니다. 수많은 성공적 사례들을 고찰함으로써 설득력 있는 몇 가지 교훈을 발견할 수 있을 것이다.

평가의 사례를 살펴보면, 성공적인 평가 가능성에 대한 회의론이나 운명론을 반박할 수 있다. 예를 들어 공공조직은 본질적으로 자체평가(self-evaluating)를 수행할 수 없다는 말을 듣게 된다(Wildavsky, 1979). 또 다른 측면에서의 문제점은 희귀한 예외를 제외하고는 정책결정자들이 평가에 대해 별다른 관심을 갖지 않는다는 것이다. 추진된 개혁 자체의 효과에 문제가 있다는 주장도 있다. 예를 들어, 이념적 지향에 따라 모든 부문의 상품과 서비스를 시장에 넘기자는 정책으로 인해 정부는 비용과 편익에 초점을 맞출 유인(誘因)이 없다는 주장이 있다. 그러나 이러한 이유들로 인해 평가를 통해서 기대할 수 있는 것은 아무것도 없다고 결론짓는 것은, 평가와 미래의 불가피한 경향이라고 극단적으로 말하는 것과 마찬가지이다.

실행을 위한 유용성

첫 번째 교훈으로는 평가를 활용하는 실용적 접근 방법이 필요하다는 점이다. 다시 말하면, 평가는 개별 사례마다 구체적인 요구(specific needs)와 실행에 옮길 수 있는 기회(opportunities for action)에 초점을 맞추어야 한다. 무엇을 평가할 것인가를 결정할 때 정책결정자의 요구를 가장 먼저 고려하여야 한다. 이와 같은 상식적인 언급의 함의가 추상적인 것은 아니다. 프로그램 평가에 대한 결정은 정책결정자들에 의해서 일방적으로 결정되는 것이 아니다. OECD의 전문가 그룹의 연구에 의하면, 수요는 정책결정자들에 의해 미리 분명하게 형성되는 것이 아니며, 분명하게 형성될 때도 개혁에 관여한 고위직 공무원은 평가를 활용하는 데 이니셔티브를 갖는 중요한 역할을 수행한다(이와 관련하여 예산담당 부처나 관련 장관의 역할 또한 언급되어야 한다). 몇몇 국가에서는 평가를 활용하고자 하지만 엄격한 법적·행정적 훈련을 받은 참모들(staff)과 고위공무원(senior officials) 및 자문위원들(advisers)의 의견이 항상 일치하지는 않는다. 고위공무원과 자문위원들은 대학과 전문가 훈련을 통해 사회과학 및 근대적인 관리과학을 접했기 때문에 엄격한 법적·행정적 훈련을 받은 참모들과 다르다.

평가는 평가 자체로 채택되지는 않는다. 왜냐 하면 평가는 목표가 아니라 목표에 이르는 수단이기 때문이다. 평가는 다음의 세 가지 조건을 충족시킬 때만 신뢰하고 수용할 수 있다.

(1) 평가는 정책결정자들에게 직접 접근할 수 있을 뿐만 아니라 평가에 대한 실무적인 경험(practical experience)을 가지고 있는 개인 및 집단의 지지를 받아야 한다. 또는 개혁 과정에서 정책결정자로서의 역할을 할 수 있는 개인 및 집단의 지지를 받아야 한다.

(2) 평가는 정책결정자가 직면하는 요구나 구체적인 문제에 기초해야 한다. 그래야 정책결정자들의 수준에서 가치 있다고 할 만한 것을 끌어

낼 수 있다.

(3) 평가는 개혁과 관련하여 적시성(適時性, well-timed)을 가져야 한다.

특히 평가가 여전히 일상적이지 않은 국가뿐만 아니라 평가가 이미 광범위하게 시행되고 있는 국가에서도 종종 이러한 기회의 창은 핵심적이다. 적시성을 놓치면 개혁 이니셔티브가 사라질 수 있다. 평가가 정부의제보다 한 단계 늦춰지면 결국 평가는 영향을 미치지 못하고 잊혀지게 될 것이다(실제로 1992~1997년 프랑스에서 발생한 일이다). 같은 이유로 평가 시스템은 변화하는 요구에 대한 유연성과 적응성을 유지해야 하며 정책결정자들이 쉽게 접근할 수 있어야 한다.

가장 중요한 것: 정보 제공하기

두 번째 훌륭한 사례는 평가 자체의 초점과 내용이다. 평가를 활용하는 것이 실행하기 위한 것이라면, 평가는 활용 가능한 지식을 제공하는 데 초점을 맞추어야 한다. 좀더 구체적으로 말하면, 평가(evaluation)는 사정이나 판단(assessment or judgement)하는 측면을 도외시하지 않으면서 정보를 제공하는 측면이 강조될 때 훨씬 더 수용성과 활용 가능성이 높다. 이러한 측면에서 평가나 준평가를 구분하는 것은 이론상으로는 방법론적 구별이 가능하다고 하더라도 인위적이면서 바람직하지도 않다.

유용한 평가란 무엇보다도 공공 서비스 개혁의 실제 경험을 살펴보고서 경험적 자료에 기초한 유용한 정보를 산출하는 데 목적을 두어야 한다. 그 이유는 의사결정 과정의 본질 바로 그 자체에 있다. 좀더 구체적으로 두 가지 중요한 사실을 지적할 수 있다.

정책결정자들은 기업의 최고관리자(corporate executives)와 마찬가지이다(Minzberg, 1980). 그들은 자신들이 신뢰하는 사람으로부터 얻을 수 있는 실질적이거나 질적인 정보에 우선순위를 부여한다. 이론적인 모형과는 달리 정책결정자들(problem-solvers)은 구체적인 상황에 대한 모든 정보와 유용한 대안의 계량적 장점(quantitative merits)을 분석하지 않는다. 즉 충분한 시간을 갖고 문제를 생각하는 것이 아니다. 이는 곧 평가가 정책결정과정에 적용된다면 더욱 신뢰할 만한 것이 될 것임을 의미한다.

그렇다고 하더라도 정책결정자들은 생각하기를 멈추지는 않는다. 분석―혹은 평가―은 일반적인 지식, 학습, 상호작용적 문제 해결 등과 같이 수많은 투입 요소들 가운데 하나이다. 결국 분석이라는 것은 여타의 투입 요소들과 경쟁할 수밖에 없으며(Lindblom & Cohen, 1979), 자동적으로 우선순위가 주어지는 것이 아니다.

이러한 두 가지 사실에서 알 수 있는 것은 평가란 상대적으로 범위가 제한되어 있고, 명확하게 정의된 문제에 초점을 두며, 정책결정자가 이해할 수 있는 용어를 채택하고, 완벽하지는 않더라도 유용한 자료를 활용하며, 문제를 분석하기보다 기술(記述)하는 데에 목적을 두고 있는 활동이다. 평가자들은 적어도 정책결정자들의 관심을 끌기 위해 설명하기 전에 정보를 제공하고, 평가하기보다 도움을 줌으로써 사례마다 상이한 조건에 대응하고 자료를 활용하는 방법을 알고 있다.

평가에 좀더 큰 신뢰성을 부여하기 위한 이러한 시도는 평가자들이 가볍게 판단하고 평가해서는 안 된다는 것을 보여 준다. 평가자들이 지속적으로 평가할 때 특히 그러하다. 왜냐 하면 평가자들은 정책결정자들의 판단을 그들 자신의 판단으로 대체함으로써 기술관료적 오류(technocratic deviation)에 빠질 수 있을 뿐만 아니라, 성취·진전·성공의 측면에 대한 균형 감각 없이 실수, 부작용 또는 결함에 초점을 맞추어 결국 비관적 편견을 갖게 됨으로써 상황에 대한 객관적 설명을 할 수도 없기 때문이다.

정책의 실질적인 영향에 대한 지속적인 평가에서 나타나는 단견(短見)은 개혁 이니셔티브와 대립하게 된다. 예를 들어, 캐나다 정부는―외부 효과성뿐만 아니라 화폐가치라는 측면에서―개혁의 약점을 강조하는 경향이 있고, 개선이 거의 이루어지지 않아 해야 할 일이 많다는 인상을 주는 회계감사원 보고서를 극단적으로 경계한다. 그러한 경우 평가는 정부에 실질적인 도움을 주지 못하고 다음 단계의 개혁을 설계할 수 없는 정보를 선택함으로써 결국 어떤 의미에서 자기파멸적으로 되어 버린다.

평가가 판단까지 해야 하는가? 그러한 논쟁이 전문가 그룹과 개혁을 추진하는 기업가적 관료들 내에 여전히 남아 있다. 몇몇 실무가들은 평가를 할 때 판단이 암묵적으로 들어 있고 판단이 분리될 수 없다는 것을 알더라도 판단을 하는 데 시간과 에너지를 명시적으로 낭비하지 않아야 하며, 대신에 탐색적이거나 정보를 제공하는 수준에 머물러 있는 것을 더 선호한다. 그러나 평가자들은 판단을 해야 한다는 또 다른 관점이 존재한다. 그들은 특히 장관들이 상황에 대한 명확한 관점을 갖기를 원할 때 판단을 하지 않으면 평가로부터의 학습이라는 가치가 줄어든다고 생각한다. 학습한다는 것은 판단한다는 것을 의미한다.

정부기관 내부평가

세 번째 훌륭한 사례는 정부기관 내부평가(internal evaluation)이다. 이러한 내부평가는 자체평가 및 학계와 민간 전문가들에 의한 외부평가(external review)를 아우른다. 공공 서비스 개혁을 책임지고 있는 정책결정자들은 평가를 활용하고 평가의 공공 시스템 자체 내에서 개발된다면 개혁을 주창하고 설계하며 집행하는 다양한 수준에서 평가를 하는 것이 훨씬 쉽다는 사실을 알게 될 것이다.

많은 국가에서 민간 혹은 학계의 전문가들이 평가를 수행해 왔다. 이러한 종류의 평가는 정부에 덜 유용할 수 있다. 정부의 구체적인 관심, 실실적인 개혁 의제, 정책 집행의 속도, 정책결정자의 역량 등에 맞추지 않는 한 그들의 접근 방법은 근본적으로 이론적이다. 전반적인 평가는 비판적이거나 소극적인 것으로 인지될 수 있다. 왜냐 하면 실제 사건이 일어난 후 수개월, 수년이 지나서 다음 단계의 지침과 방향을 거의 제시하지 못하는 사후평가이기 때문이다. 예를 들어 핀란드에서처럼 개혁 집행에 직접적으로 관여하는 공무원 집단이나 공무원 네트워크에 의해 내부평가가 동시에 수행될 때 이러한 한계와 혼란이 더욱 분명하게 발생한다. 이러한 경우, 가치 부여된 행동이 상대적으로 더 훌륭하다. 공공부문의 개혁의제를 채택할 때 외부 전문가를 활용하는 것처럼, 외부평가는 예외적인 경우에만 해결책이 될 수 있다. 이는 1994~1996년 그리스에서 채택된 EU 구조관리기금의 관리개혁과 같은 경우를 말한다.

그러나 '내부'평가가 무엇을 의미하는지를 정의할 필요가 있다. 몇몇 국가에는 회계감사위원회와 같은 행정부처나 행정개혁 태스크포스와 같은 임시조직 혹은 공공정책 평가 부서가 있다. 프랑스, 네덜란드, 영국이 그러한 예이다. 그러나 기술적 지원과 인적 자원이 공공 시스템 내에서 활용되고 있다고 해서 공공부문 개혁에 대한 평가가 그들에게 맡겨진다거나 그들의 작업이 실제로 적절하고 중요한 영향을 반드시 미치는 것은 아니라 평가는 종종 공공부문 내에 분산되고 균형잡힌 권위의 중심을 발전시킬 것이라 주장되어 왔다. 이러한 접근 방법은 지금의 경우에는 상대적으로 비현실적이다. 평가를 하는 것이 공공관리 개혁 정책을 수행하는 것은 아니다. 내부 전문가 집단은 정책평가가 정책 결정에 더욱 유용하도록 하는 데 별로 기여하지 못한다. 평가자는 책임지지 않고 판단하는 역할을 하기가 쉽기 때문에 위에서 언급한 것과 동일한 장애 요인이 여전히 존재한다.

이러한 관찰 결과 분명한 함의는 다음과 같다. 많은 경우 공공관리 개혁은 여타 정책－의료, 교육 등과 같은 좀더 가시적이거나 구체적인 사회적 이슈와 관련된－과 다소 상이하며 정부의 재량적 활동을 보여 주는 고도로 상징적인 것으로도 간주된다. 내부평가를 수행하고자 하는 경향은 개별 기관과 공공부문 전체를 지속적으로 점검하기 위해 개혁을 책임지고 있는 사람들의 의지를 반영한다. 그렇지 않다면 개혁은 단지 관료적 의례(儀禮)가 되고 전문가의 보고서는 간단히 사라져 버릴 것이다.

제3절 점진적이고 기회를 잘 활용하는 접근 방법

훌륭한 사례들을 통해 알 수 있는 것은 공공부문 평가는 점증적으로 채택되어야 한다는 것이다. 이미 언급한 바와 같이 누구든지 평가를 수행할 수 있고 준평가(quasi-evaluation)는 출발시 완벽하게 훌륭한 방법이 될 수 있다. 방법론이라는 틀에 박힌 방식으로 평가를 제한하는 것이 평가를 엄밀하게 수행할 수 있는 좀더 확실한 방법이다. 더욱이 실제 사례는 최고 정책결정자들과 그들 참모의 독점적 특권(exclusive prerogative)이 아니다. 평가란 평가를 수행하는 사람들에게 관련된 문제와 연계된 것이라고 볼 때, 정부 각 부처 내 명령 체계를 따라 평가를 확산하는 방법이 있다. 이러한 광범한 평가는 개혁이라는 것이 내부구조와 공공 시스템 과정을 목표로 하고, 참여적이고 분권화된 접근 방법을 통해서나 개혁 프로그램에 대한 정부의 지속적인 모니터링을 통해 집행되는 경우에 발견할 수 있다. 이러한 종류의 평가 사례는 캐나다 연방정부 사례에서와 같이 구체적인 부문이나 부처에서 발견할 수 있다. 또한 점증적 접근 방법은 획득된 정보와 개혁을 위해 정보를 활용하는 것이 정책결정자들에서 하위직 참모에 이르기까지 모든 관련된 사람들에게 의미가 있고 위협이나 제약이 아니라 자원과 기회로 인식된다는 것을 의미한다.

기타 다른 유형의 접근 방법이나 방법론의 문제는 덜 중요하다고 봐야 한다. 훌륭한 사례를 통해 알 수 있는 것은 어떤 방법론에서나 방법의 혼합이 다른 방법보다 본질적으로 더 낫지 않다는 점이다. 그러나 위에서 언급한 바와 같이 유용성이라는 이슈가 기본적인 기준이라고 한다면, 즉 평가를 할 때 기술적인 고려가 필요하다면 다음과 같은 관찰 결과를 제시할 수 있다.

- 공공 시스템이 성과와 효과성에 대해 상대적으로 자료가 거의 없다는 것을 알고 있다면, 기술적인 관점에서 볼 때, 평가는 활용 가능하고 저비용으로 빨리 획득할 수 있는 경험적 자료를 고려해야 한다.
- 평가는 광범위한 특성(parameter)을 총체적으로 이해하는 데 목표를 두기보다 잘 정의된 몇몇 측면에 대한 지표를 산출하는 데 목표를 두어야 한다.
- **사후평가**(*ex post* evaluations): 구체적인 개혁정책으로서의 평가는 끝이 났기 때문에 사후평가는 상대적으로 잘 활용되지 않는다. 왜냐 하면 사후평가는 정부 활동의 수요를 진정으로 충족시켜 주지 못하고 비용과 시간이 너무 많이 늘기 때문이다. 그럼에도 불구하고 사후평가는 산출과 영향이 발생하는 이유 및 활용되고 있는 수단과 과정의 상대적인 가치에

대해 학습이라는 관점을 점화시키는 데 기여할 수 있다.

- **사전평가**(*ex ante* evaluations): 개혁 프로그램이 정책결정자들에 의해 구체화되는 과정에서 수행되는 평가로 준평가 또는 비공식적 평가와 유사하다. 왜냐 하면 사전평가는 채택될 수 있는 다양한 대안의 상대적인 결과를 전향적으로 고려하기 때문이다. 실질적으로 사전평가는 정책결정자의 시간, 압력 또는 정치적 비전과 연계되어 있다는 이유 때문에 상대적으로 2차적인 정보의 원천에 머물러 있다.
- 지속적인 평가를 위해서는 상대적으로 집중적이고 잘 알려진 모니터링이 필요하지만 지속적인 평가는 관리 수단으로 더 잘 활용된다. 즉 지속적인 평가는 일방적인 '하향식' 또는 '한 번만으로 성공적인' 정책, 특히 개혁이 시장 부문으로의 이전이라는 것으로 구성될 때에는 잘 맞지 않는다.
- 매년 정부의 내부 과정과 구조에 대한 개혁을 지속적으로 추구하는 데 목표를 둔 정책은 공식적이고 기술적으로 다양한 평가를 활용할 여지가 더 많다.
- 평가가 준평가를 개발하는 방식과 일치하지는 않더라도, 비용과 성과에 대한 정보 시스템이 있다면 평가는 훨씬 더 쉽게 개발될 수 있다.

학습 과정으로서의 성과관리

문서상으로는 서비스 생산성, 서비스의 질, 생산된 재화 및 제공된 서비스와 정부 지출의 비율, 사회적 · 경제적 또는 기타 문제들이 해결된 정도, 개혁 목표가 달성되는 정도와 같이 공공부문 활동의 다양한 측면이 평가될 수 있다. 그러나 실제로 대부분의 국가에서 평가는 내부 측면을 강조하는 경향이 있는데, 이는 인력과 부서의 성과관리와 관련되어 있다. 아일랜드, 노르웨이, 캐나다, 뉴질랜드 등이 이러한 사례에 해당한다.

이러한 일반적인 접근 방법은 전략적이기보다는 관리적(managerial)이며 효과성보다는 효율성을 지향하고 있는데, 별다른 정보 없이 정책결정자들이 무엇은 잘 되고 있고, 무엇은 그렇지 않은지에 대해 알 수 있게 해 준다. 이는 화폐 지향적 가치를 가지고 있고 정책결정자들이 장차 개혁 내용을 향상시키기 위해 활용할 수 있는 정보를 제공하도록 설계되어 있다.

관리적 접근 방법은 정책결정자의 요구를 충족시켜 준다. 전반적인 외부 효과성이라는 측면에서 개혁을 평가하는 것이 일반적으로 어렵고 자의적이기 때문에 관리적 접근 방법이 지배적이다. 왜냐 하면 정책이 정의되거나 시작될 때 공공부문 관리 개혁의 목표와 목적이 분명하고 측정 가능한 방식으로 설정되기 어렵기 때문이다.

성과에 대한 지표와 자료가 항상 활용될 것이라고 생각되지는 않는다. 사용된 시간, 부서의 산출, 비용, 본질적인 서비스의 질을 측정할 수 있는 구조화된 정보 체계는 없다. 조직과 정부기관을 서로 비교하는 것은 말할 것도 없고 주어진 시간 동안 기존의 조직이 수행하고 있거나 수행해 온 것을 객관적으로 말하는 것도 어렵다. 때때로 정보를 수집하려는 시도는 기존 시스템과 충돌하고, 이는 성과관리를 위해서가 아니라 순응을 요구하거나 예산을 모니터링하기 위해 설계된다. 결국 자료 수집에는 가외의 시간과 자금이 요구되는 위험성이 있다. 이러한 측면에서 모니터링에 책임이 있는 정부기관의 선의지(善意志)도 무시할 수 없다. 그러나 적절한 관리 자료가 부족하기 때문에 평가를 수행하는 것이 초점이 없는 것이라고 주장하는 것은 원인과 효과에 대한 순환론적 주장이 된다.

외부 영향과 전체적인 성과를 평가하는 대신 성과 대용물(performance proxies)을 제공하는 데 목표를 둔 준평가를 강조하는 것의 이점은 크다. 외부 통계학자, 컴퓨터 전문가, 회계사 등에게 부탁하지 않고서도 정책결정자와 정부기관 간의 정보문화를 촉진하는 후속 단계의 점진적 학습 과정을 통해 자료 수집/정책평가 딜레마를 피할 수 있는 이점이 있기 때문이다. 이러한 방식으로 평가는 촉진 효과(pump-priming effect)를 가지고 있다. 한 가지 가능한 출발점은 사용되는 수단과 수행된 분석의 상대적인 가치를 깨닫고 유용한 자료를 사용하여 임시 검토를 할 수 있다는 것이다. 다음 단계는 훨씬 광범한 규모로 이러한 과정을 조직하는 것이다. 예를 들어 뉴질랜드에서처럼 중앙부처는 체계적으로 전체 시스템과 헌법기관에 대한 성과 자료를 수집할 수 있을 것이다. 혹은 캐나다의 추밀원 회계감사관이 하는 것처럼 행정 현대화 부서는 연간보고서에서 다음 연도에 언급될 핵심적인 공공관리 이슈에 대한 성과 자료를 포함할 수 있을 것이다.

무엇보다도 성과평가는 전문가들에 의해서만 수행되고 광범위한 중앙집권적 시스템으로 구성되는 것으로 보아서는 안 된다. 훌륭한 사례는 자연스럽게 살아 있는 관리 수단으로서의 성과평가에 도달한다. 다시 말하면, 문화와 사람이 핵심적인 요소이며 정보의 생산은 단지 산출이나 목적에 이르는 수단에 불과하다. 목표는 제공되는 서비스의 성과, 비용, 품질 및 적절성에 대한 인식을 제고하고 새로운 관점을 확산시키는 것일 뿐만 아니라, 정부기관과 핵심 인력들에게 자체평가를 수행할 수 있는 역량을 부여하는 것이다. 이러한 관점을 활용하면 공공 시스템의 모든 수준에서 일상의 정책 결정을 하는 데 필요한 정보를 산출하고 매일 수행되는 업무의 질에 대해 영향력을 가진 자체 평가를 수행함으로써 성과에 대한 구조화된 접근방법을 사용할 수 있다. 행하면서 배우는(learning-by-donig) 평가적 성과검토를 통해 사실 자료(factual data)에 기초한 평가의 신뢰성을 높일 수 있다.

아일랜드, 캐나다, 프랑스의 경험에서 알 수 있듯이 특히 잘 작동하는 접근 방법은 평가에 대한 분권화되고 참여적인 접근 방법이다. 성과문화(performance culture)는 정부기관이 우수 사례에 대한 정보를 수집·공유하고, 그러한 사례를 장려하며 다른 기관이 동일한 것을 수행하고 채택하도록 촉진할 때만 완성될 수 있다. 모든 유형의 우수 사례를 공유하는 것이 개혁을 수행하는 데 주요한 수단이 된다. 그렇게 함으로써 참여자를 끌어내고 이러한 사례가 다른 상황과 구조에서도 작동하는지에 대한 교훈을 끌어낼 수 있다. 기술 혁신이 그들이 직면하는 문제와 어떻게 관련되고 일상 업무에 대한 유용한 새로운 해법을 어떻게 제공하는지에 대한 교훈도 얻을 수 있다.

이러한 점을 감안하면 공공관리 개혁을 책임진 정책결정자들과 부서의 역할이 중요하다. 먼저, 이들은 수평적 의사소통(horizontal communication)을 통해 부처 간의 책임성은 물론 수직적인 보고(vertical reporting)를 통해 부서의 책임성을 확보하는 이중적 책임성을 지니고 있다. 중앙정부는 공공부문의 '큰 그림'에 대한 성과를 모니터링해야 한다. 둘째, 예컨대 훈련계획,

훈련 세미나 또는 자발적 실험을 통해 이니셔티브를 장악하는 방법, 가시성을 높이는 방법, 심지어 인센티브와 지지를 제공하는 방법을 배우도록 정부기관과 부서를 도와 주어야 한다. 이를 위해 중앙정부는 전문성을 갖추어야 한다. 또한 각 국가의 맥락에 맞는 접근 방법을 혼합함으로써 통일성과 다양성 간의 균형을 유지해야 한다. 지역의 창의성과 다양성을 고려하되 전체적인 협력을 이루어야 한다. '일상적인 업무'의 일부로 설계된 비공식적인 평가를 활용한다면, 공식적인 평가를 개혁을 못하게 하는 기회로 삼고자 하는 내부 또는 외부의 이익집단의 관심을 끌어들이지 않고도 적응과 변화를 이끌어 낼 수 있다.

요약하면, 모범 사례를 살펴봄으로써 평가는 효율성(활용 가능한 자원 대비 달성된 목표의 정도)을 증진시킬 수 있다. 평가는 또한 다양한 부가가치를 창출할 수 있다. 평가는 적절성(목표가 달성된 정도)이라는 측면에서 판단이나 측정의 가시성을 높인다. 평가는 행동을 통한 해결 방안을 가능하게 한다. 평가는 모든 수준에서 정책결정자들에게 다양한 기술을 제공한다. 평가는 지혜로운 태도(기존 지식에 의문을 제기하면서 지식을 가지고 행동함)를 지지하며 경쟁을 창출하는 데 도움을 준다. 평가는 사용자들과 외부 관찰자들에게 깊은 인상을 줄 수도 있다.

제4절 미래에 대한 낙관론

현재 공공부문의 개혁은 지속적으로 추진되고 있다. 한 세대에 한 번 정부 개편을 한 다음 다시 일상화되는 것으로 충분했던 시대는 이미 지나갔다.

동시에 변화에 대한 압력이 점차 세계화되고 거세지고 있다. 이러한 경향은 개혁을 하는 데 소극적인 국가들을 힘들게 하고 있다. 특히 두 가지 요인이 강조되어야 한다.

첫 번째, 공공 문제에 대한 거버넌스에서 파트너십의 형태가 확대되고 있다. 적절한 사례는 유럽연합(EU)이다. 유럽연합은 사업이나 프로젝트(구조적 기금 등)에 기초하여 재정 자원을 배분함으로써, 지금까지 국가에게만 맡겨 왔던 책임성을 행사하는 공공기관(public entity)이 되었다. 수많은 국가들 간에 이러한 파트너십이 발전된 것은 평가 절차를 활용하는 것과 관련된다.

두 번째 요인은 재정적 제약과 관련이 있다. 이러한 제약은 앞으로도 당분간 줄어들지 않고 사실상 증가할 것이다. 유럽연합은 이 점에서도 하나의 사례가 된다. 마스트리히트·암스테르담 조약(Maastricht and Amsterdam Treaties)은 상당한 영향력을 가질 수 있는 거시예산의 규제 메커니즘을 수립하고 있다. 따라서 지방정부들을 포함한 국가 시스템은 정부 지출을 제한할 뿐만 아니라 정부 수입을 과감하게 줄여야만 한다. 이러한 경향은 예산기관의 통제에 의존하는 중앙집권적 접근 방법을 재강화할 것이다. 그 결과 선호하든 그렇지 않든 중앙부처와 지방정부는 내부 효율성(비용, 생산성, 질)을 증가시키기 위해 노력해야 한다.

이러한 발전은 다음과 같은 점을 시사한다. 공공 부문에서 민영화 확대가 가능하다 하더라도, 다양한 영역에서 중첩을 없애고 제도적 단위를 단순화하는 등 공공부문의 내부 개혁에 초점을 맞추어야 한다는 점이다. 개별 국가가 이러한 개혁을 외면하는 것은 점차 어려울 것이며 비용도 많이 들어갈 것이다. 다시 말하면 적어도 OECD 국가들에서는 몇몇 선구적인 국가들과 기타 좀더 신중한 국가들 간에 나타나고 있는 현재의 불균형은 좁혀질 것이다. 공공 시스템의 경쟁은 지금까지 개혁정책의 수사적 측면을 보여 주고 있으나, 개별 정부부처의 일상적인 생활에서도 느낄 수 있는 실질적인 규범이 될 것 같다. 동시에 국제적 수준 및 각 국가 내에서 부처 및 다양한 수준의 정부에 대한 평가를 비교하는 것이 용이해질 것이다. 의료, 연구개발(R&D)과 같은 영역과 비교할 때 정부부처의 개혁은 (따라서 모범사례와 벤치마킹에 참고가 되기 때문에) 평가와 마찬가지로 비교하기 힘든 정책이지만, 상황은 급속하게 변화할 것 같다. 종종 그래 왔던 것처럼, 공공부문 개혁이 이념적이거나 정치적 고려에 기초한다고 주장하면서 몇몇 공공부문 개혁 수행을 거부하기란 더욱 어려워질 것이다. 개혁은 그 자체로 규범이 되고 있다.

결국, 전반적인 상황은 평가가 상대적으로 확산되는 방향으로 변화하고 있다. 즉 비교 가능성(comparability), 정교한 조율에 대한 요구, 대규모 파트너십, 거시적 예산 규제 등이 모두 나름의 역할을 할 것이다. 위에서 밝혀진 훌륭한 모범 사례의 경우 평가 자체의 전반적인 틀(profile)에서는 실질적인 변화가 없다. 평가는 정책결정자들의 구체적인 문제를 해결하는 데 점차 연계되면서 외적 효과성보다 내적 효율성을 지향하고 외부화되기보다 내부화되어 있으며 더욱 체계적이지만 비공식이고 문화적·행태적 변화를 수반할 것이다. 평가는 평가를 이용하고자 하는 사람 누구에게나 가치 있는 도구이며 앞으로도 그럴 것이다.

20세기 후반 평가에 대한 경험을 통해 배울 수 있는 교훈은 현실주의(realism)와 겸손함 양자 가운데 하나이다. 실망스럽게 생각하는 사람도 있을 수 있다. 민주적 책임성이 중요해지면서 공공개혁의 효과로 간주되고 있는 투명성이 높아지고 있다고 생각할 수도 있다. 혹은 좀더 '과학적인' 방법을 활용함으로써 정확하고 포괄적인 자료 시스템을 신속히 집행할 수 있게 되었다고 생각할 수도 있다. 그러나 재확인해야 할 측면도 있다. 개혁지침은 정부의 실질적 통제 아래 놓여 있고 과학적 방법을 사용한다고 해서 정책결정자들의 책임성이 높아지는 것도 아니다. 이러한 이유로 평가는 계획예산제도(PPBS: Planning, Programming and Budgeting System)와 같은 방식으로 진행되지는 않았다. 기획예산제도는 그 자체로는 훌륭한 아이디어였지만 정책 결정 과정에서 배제되고 공무원들로부터는 무시당했다. 이와 달리 평가는 유용한 지식이라는 원칙에 강조점을 둠으로써 낙관적인 교훈을 끌어낼 수 있다. 이러한 관점에서 보면, 정책 활동의 구체적 환경을 서술하는 데 초점을 두고 원인과 결과를 예측할 수 있는 능력—이러한 대안을 선택한다면 이러한 결과(impact)가 나타날 것이라는—을 갖춘다면, 평가를 개혁을 위한 실제적 도구로 만들 수 있다. 공공부문 관리의 개혁이 다음과 같을 것이라고 생각하는 것은 무익한 것인가, 순진한 것인가 혹은 오만한 것인가?

• 공공부문 개혁은 진정으로 공무원들의 일상적인 행태와 조직이 작동하는

방식을 변화시키는 데 목표를 두고 있다.

- 공공부문 개혁은 이러한 변화를 실질적으로 가져오는 과정, 구조 및 전략을 선택할 수 있다.
- 공공부문 개혁은 이러한 변화가 지속되도록 할 수 있다.
- 공공부문 개혁은 재화와 서비스를 효율적이고 형평성 있게 제공함에 있어서, 이러한 변화가 가져올지도 모를 원하지 않는 효과를 막을 수 있다.

특히 성공적이지 못한 개혁이 개혁에 전혀 착수하지 않는 것만큼이나 불만족스럽고 해로울 수 있는 시대에, 평가를 통해서 제공받을 수 있는 개혁에 대한 경험적 정보와 결과에 초점을 맞춤으로써 잘못된 방향의 노력에 대한 안전판을 제공받을 수 있다. 미래에 대한 낙관적인 교훈으로는 더욱 더 많은 국가들이 개혁에 대한 축적된 학습 과정에 들어섰다는 것이다. 효율성, 효과성, 투명성 및 민주적 책임성을 추구하는 것은 하나의 개혁 조치가 취해진 다음에 멈출 수 있는 것이 아니다. 학습이란 단 한번의 연습이 아니라 평가를 통해 그 과정에 대해 비판적인 통찰을 제공받을 수 있는 지속적이고 유기적인 과정을 의미한다. 위에서 언급한 사례와 같이, 외부적이고 독립적인 평가가 줄어들었다고 하더라도 최근 어느 정도까지는 정부에 대한 분석적 측면이 개선되었다. 21세기에는 공공부문 개혁 분야에서조차 분석이라는 것이 정부의 일부분이라는 것을 알게 될 것이다. 예를 들어 정부와 일반 대중이 균형잡힌 시각(well-based views)을 갖고 세련된(informed) 정책 결정을 내리는 것을 도와 줄 수 있는 학습 과정 수단으로서 평가정보를 잘 활용하기 위해서는 어느 정도의 성숙함, 세련됨, 마음가짐(mindset)이 필요하다. 학습하는 관료제를 수립하는 것이 주요한 과제로 되고 있다.

참고 문헌

Kessler, M. C., P. Lascoumes, M. Setbon & J. C. Thoenig(1998). *L'Evaluation des Politiques Publiques*. Paris: L'Harmattan.

Lindblom, C. & D. Cohen(1979). *Usable Knowledge: Social Science and Social Problem Solving*. New Haven, CT: Yale University Press.

Ministry of Finance(1997). *Public Management Reforms: Five Country Reforms*. Helsinki: Edita.

Mintzberg, H.(1980). *The Nature of Managerial Work*. London: Prentice Hall.

Pollitt, C., S. Hanney, T. Packwood, S. Rothwell & S. Roberts (1997). *Trajectories and Options: An International Perspective on the Implementation of Finnish Public Management Reforms*. Helsinki: Edita.

Schick, A.(1996). *The Spirit of Reform: Managing the New Zealand State Sector in a Time of Change*. Wellington, NZ: State Service Commission.

Trosa, S.(1992). La modernisation est-elle évluable?, *Politiques et Management Public 10*(Dec): 65-84.

Wildavsky, A. (1979). *Speaking Truth to Power: The Art and Craft of Policy Analysis*. Toronto: Little Brown.

■ 필자 소개

장 클로드 퇴니히(Jean-Claude Thoenig)는 프랑스 국립과학연구소(Centre National de la Recherche Scientifique) 공공정책분석팀(Groupe d'Analyse des Politiques Publiques)의 장이며, 유럽행정연구소(Institut Européen d'Administration des Affaires: INSEAD)의 교수이다. 또한 프랑스 평가학술위원회(Conseil Scientifique de l'Evaluation)의 의장을 맡은 바 있다. 주소 II Boulevard du Temple, 75003 Paris, France. Email: jean-claude.thoenig@gapp.ens-cachan.fr.

제 4 장

성과관리에 대한 심리적 장애들*
: 왜 모든 사람들이 성과관리라는 시류에 영합하지는 않는가?

로버트 벤(Robert T. Behn)

모든 사람들은 성과관리를 지지한다.[1] 그들에게 다음과 같이 한번 물어보라. "당신은 정부 성과를 향상시키는 것을 원하는가?" 당신은 공공기관의 성과를 향상시키는 것이 정말 잘못이라고 생각하는 사람을 알고 있는가?[2]

사실상 미국 정부의 공식적인 제도는 비공식적인 제도와 마찬가지로 모두 성과관리를 지지하고 있다. 미국 의회(GPRA: Government Performance and Results Act, 1993)와 미국 감사원(General Accounting Office)은 성과관리를 선호한다(Stevens & Steinhoff, 1998). 미국 행정학

---

* 출처: The Psychological Barriers to Performance Management: Or Why Isn't Everyone Jumping on the Performance-Management Bandwagon?, *Public Performance & Management Review*(September, 2002) *26(1)*: 5-25.

1) 성과관리에 대한 두 가지 상이한 정의가 존재한다. 인적 자원 전문가들이 정의하는 바에 따르면, 성과관리란 개인 성과계획, 성과평가, 당근과 채찍을 통해 개인의 성과를 향상시키려는 노력을 의미한다(예컨대 Grote, 2000의 연구를 보라). 그러나 이러한 정의는 저자가 의미하는 성과관리가 아니다(또한 미국국가보호위원회(US. Systems Protection Board)의 팰거타(John Palguta, 2001)의 정의도 저자가 의미하는 성과관리가 아니다). 저자의 입장에서 성과관리란 공무원들과 그들의 중요한 협력자들(essential collaborators)이 구체적인 공공 목적을 달성할 수 있도록 설계된 조직적 전략, 관리적 전략, 리더십 전략의 총체(collection)이다(Behn, 2001, ch. 21).

2) "성과관리란 본질적으로 악이다" 또는 "성과관리란 공공기관의 효과성을 손상시킨다"라는 제목을 달고 있는 저서를 알고 있다면 즉시 저자에게 전화해 달라. 저자가 고마워할 것이다.

회(NAPA: National Academy of Public Administration)(Popovitch, 1998), 국제도시관리연합(ICCMA: International City/County Management Association)(Ammons, 1995), 그리고 도시연구소(Urban Institute)(Liner et al., 2001) 모두 성과관리를 선호한다.

성과관리는 다양한 이름으로 불리고 다양한 방식으로 정의되며 일련의 개념을 포함한다. 예를 들어 결과 지향적 정부(results-driven government), 성과에 기초한 관리(performance-based management), 결과를 위한 통치(governing for results), 성과에 기초한 예산(performance-based budgeting), 결과 지향적 관리(outcome-oriented management), 정부재창조(reinventing government), 신공공관리(new public management), 신관리주의(new managerialism), 시장화(marketization) 등이다(Aucoin, 1995; Kettle, 1997, 2000; Peters, 1996). 그리고 『정부재창조론(*Reinventing Government*)』에서의 오스본과 게블러(Osborne & Gaebler, 1992)의 아이디어, 영국 대처(Margaret Thatcher) 수상의 재정관리 이니셔티브(Financial Management Initiative)와 넥스트 스텝(Next Steps), 고어(Al Gore) 부통령(Gore, 1993)의 성과보고서(National Performance Review), 부시(George W. Bush) 대통령의 관리 의제(Management Agenda)(OMB: Office of Management and Budget, 2001)에서 신봉되고 있는 아이디어를 포함하고 있다.

성과관리는 성과측정(Swindell & Kelly, 2000; Thompson, 2000)에서 성과주의 예산(Berry, Brower, & Flowers, 2000; Hendrick, 2000), 성과계약(Behn & Kant, 1999; Byrnes & Freeman, 1999; Clary, Ebersten, & Harlor, 2000), 성과급 보수(Bacciocco, 1990; Eisenberg & Ingraham, 1993; Grote, 2000; Marshall, 1998)에 이르기까지 다양한 개념을 포괄하고 있다. 남부 메인대학교(University of Southern Maine)의 웨치슬러(Barton Wechsler)와 클레이(Bruce Clary)의 보고에 따르면 "1990년대는 정부 성과를 개선하려는 노력의 폭발적으로 증가했다"(Wechsler & Clary, 2000: 264)는 것은 놀랄 일이 아니다. 위스콘신대학교의 케틀(Donald Kettl)은 성과관리에서의 "전지구적 혁명(Global Revolution)"이라고 명명한다(Kettl,

1997, 2000).

그러나 이 모든 개념, 전략, 전술, 이니셔티브, 명칭들은 한 가지 목표(purpose)를 가지고 있다. 공공기관의 성과를 향상시키고, 정부에 의해 생산되는 결과와 가치를 제고하는 것이다.[3] 과정 중심적이고 규칙 지향적인 관리에서 성과 중심적이고 결과 지향적인 관리로 이동하는 것이다. 공공관리자들과 공무원들은 더 이상 규칙을 따르는 데에만 집중하지 않을 것이다. 성과관리하에서 그들은 성과를 향상시키고 결과를 산출하며 가치를 추가하는 데 초점을 둘 것이다.

예를 들어, 부시 대통령은 "연방정부의 관리와 성과를 향상시키기 위한 과감한 전략"을 제안했다. 대통령은 이러한 '관리 의제(management agenda)'를 '결과 지향적인' 것이라고 말한다. "가장 중요한 것은 성과이다"(OMB, 2001: 1). 이는 국가성과보고서(NPR: National Performance Review)가 지향하는 바와 매우 유사하지만, 작은 정부 보고서(red book)에는 없는 내용이다.

그러나 공공관리자들이 실제로 그들 조직의 성과를 향상시키기 위해 성과관리의 개념(그것이 어떤 것이든 간에)을 진정으로 이용하는가? 다양한 성과관리 예들을 칭찬한 연구 보고서들이 "총알 구멍에 과녁을 그리는 것(painting bull's eyes around bullet holes)"은 아닐까? 공공기관의 수가 많다는 점과 조직 행태의 확률론적인 특성을 감안해 볼 때, 어떤 기관은 다른

3) 성과관리에 대해 생각할 때 저자는 특정 공공기관의 리더십 팀이 생산을 책임지고 있는 측정 가능한 결과 -예를 들어 복지 수혜자의 수 등- 를 꾸준히 증가시키기 위해 사용하는 전략에 초점을 둔다(Behn, 1991: ch. 4). 그러나 저자의 동료인 무어(Mark Moore)가 저자에게 반복해서 상기시켜 준 바와 같이 성과관리를 개념화하는 또 다른 방법이 있다. 공공관리자들은 그들 자신이 몸담고 있는 조직이 사회에 기여하는 가치를 다시 생각하고 재정의해야 할 책임이 있다(Moore, 1995). 따라서 여기서 저자는 "정부에 의해 생산된 결과와 가치" 양자 모두에 대해 말하고 있다.

동시에 저자와 무어가 별로 다르지 않다. 결국 저자(Behn, 1991)가 언급한 리더십 팀이 1983년 매사추세츠 복지부를 인계했을 때, 복지기관은 복지 수혜자가 심리적·경제적 독립을 할 수 있도록 실질적이고 (적극적으로) 도와 줌으로써 공공가치를 산출해야 한다는 생각은 오늘날처럼 상식적인 주장은 아니었다. 따라서 이들 집행부는 자신의 부서가 창출하는 가치의 본질에 대해 다시 생각하게 되었고, 산출되는 측정 가능한 결과를 재정의하게 되었다. 그러자 그 수치는 서서히 증가하게 되었다.

기관보다 성과가 좋고, 성과가 좋은 기관은 약간의 성과관리라는 개념을 이용하고 있는 것처럼 보일 수 있으며, 몇몇 소수의 공공관리 학자들이 이러한 내용을 우연히 발견할 수도 있다.[4)]

그렇다고 성과관리의 개념들이 완전히 무이론적(atheoretical)이라고 말하는 것은 아니다. 많은 부분이 몇 가지 분명한 이론적인 계보를 가지고 있다. 많은 내부관리의 아이디어 – 예를 들어 조직 내 피고용인의 성과를 개선하기 위해 어떻게 동기 부여할 것인가 – 뒤에는 사회심리학의 여러 아이디어들이 있는데(Herzberg, Mausner, & Snyderman, 1993; Maslow, 1998; Weick, 1979), 이러한 아이디어의 많은 부분은 민간부문 조직이 성과를 개선하고자 채택해 왔다. 시장화의 아이디어 – 성과를 향상시키기 위해 시장 인센티브를 사용하는 것 – 는 경제학적인 배경을 갖고 있다.

물론, 이러한 아이디어들이 민주정부에서 어떻게 적용되어야 하는지, 적용 과정에서 그러한 아이디어들이 민주주주의 기본 원칙과 작동 현실에 어떻게 맞물리거나 충돌할 수 있는지에 대한 의문이 있다 (Moe, 1994; Moe & Gilmour, 1995; Savoie, 1995). 그러나 그러한 관심이 (그러한 개선이 어떻게 정의되든지 간에) 성과 개선의 압력을 받고 있는 개별 공공관리자를 어려움에 빠뜨리지는 않을 것이다. 모든 공공관리자들은 성과관리의 아이디어를 채택하거나 아니면 적어도 채택하고 있다고 가정할 만한 인센티브를 갖고 있다.

사실 성과관리라는 수사(修辭, rhetoric) – 예를 들어, 정부는 "노젓기가 아니라 방향잡기(steer not row)"를 해야 한다는 오스본과 게블러(Osborne & Gaebler, 1992: ch. 1)의 충고 – 는 모든 수준의 정부 실무자들에 의해 광범위하게 반향을 일으키고 있다. 많은 관리자들은 자신들이 성과관리에 적

---

4) 예를 들어, "모든 수준의 정부가 성과에 기초한 결과 지향적 관리로 이행할 필요성을 강조하기 위해", "관리자들, 참모, 선출직 공무원 및 국민들에게 성과측정 및 관리의 가치를 보여 주기 위해" 미국행정학회(American Society for Public Administration)는 성과관리센터(CAP: Center for Accountability and Performance)를 설립했다. 이러한 목적을 추진하기 위해 CAP는 "정부에서의 성과관리에 관한" 39개의 상이한 사례연구를 수행했다 (http://www.aspanet.org/cap/index.html). 또 다른 예를 살펴보려면 벤(Behn, 1991)의 저서를 보기 바란다.

극적으로 관여하고 있다고 보고하고 있으며, 모든 종류의 성과측정 수단을 수집하여 발표하고 있다.[5] 그러나 그들이 개선된 성과를 창출할 수 있도록 진정으로 이 측정 수단들을 활용하는가? 그들이 실제로 하는 것을 자세히 관찰해 보면, 그들의 특수한 환경에서 실제로 좀더 많고 더 나은 결과를 생산하기 위해 몇 가지 성과관리의 기본적인 아이디어조차 실제로 적용한다기보다는 종종 시키는 대로 하는 것처럼 보인다(Behn, 1999; Julnes & Holzer, 2001).

예를 들어, 뉴욕 시 경찰청에서 만든 성과관리 전략인 컴스태트(Compstat)[6] 프로그램을 전국의 경찰청에서 채택했는데(O'Connel, 2001; Silverman, 1999: 5), 많은 대도시 경찰청의 웹 사이트에는 뉴욕 시 버전(version)의 컴스태트 프로그램에 대한 설명을 올려놓고 있다. 그렇다면 이들 경찰청은 진정으로 성과를 올리고 범죄를 줄이기 위해 컴스태트 프로그램의 원칙들을 활용하고 있는 것인가, 아니면 단지 쇼를 하고 있는 것인가? 그 도시의 경찰청들은 뉴욕 경찰청의 부위원장이었던 메이플(Maple, 1999: 32)이 정의한 네 가지 원칙을 채택하고 있는가? 이 네 가지 원칙은 다음과 같다. "(1) 정확하고 적시성(適時性) 있는 정보, (2) 신속한 채택, (3) 효과적인 전술, (4) 지속적인 업데이트와 평가이다. 혹은 그 도시들은 모임만 갖고 지도를 벽에 부착하기만 하는 것은 아닌가?

---

5) 공공관리자들이 자신의 조직 성과를 측정하고 싶어하는 사람을 꼼짝못하게 하는 하나의 방법은, 상이한 해석을 가능하게 하기 때문에 어느 누구도 그 모든 것을 이해하거나 분석할 수 없는 과다한 성과측정 수단 – 원자료(raw data), 활동 건수, 줄어든 비용 – 을 만들어 내는 것이다. 예를 들어 라이너와 그의 도시연구소 동료들(Liner, et al., 2001: 89)이 보고한 바는 다음과 같다.

"주정부에서 결과 지향적 정부를 추진한 첫 해는 활동량, 프로그램의 물리적 산출 건수, 대응에 걸린 시간에 대한 자료와 같은 '중간 결과'에 대한 엄청난 수의 지표가 생산된 것을 특징으로 들 수 있다."

6) 컴스태트(Compstat) 프로그램은 범죄사건 추적을 위해 컴퓨터 비교 통계(computer comparison statistics) 시스템을 활용하는 범죄 감소 관리 프로그램이다. 이 프로그램은 1996년 포드재단과 하버드대학교의 케네디 스쿨(Kennedy School of Government at Harvard University)이 후원하는 미국정부 혁신상을 수상했다. 뉴욕 시는 이 프로그램을 활용하여 모든 분야에 걸쳐 범죄를 감소시켰으며 살인사건을 60% 이상 감소시켰다. 이러한 프로그램의 성공을 목격한 여러 도시들–뉴올리언스, 볼티모어, 로스앤젤레스 등–은 이 프로그램과 유사한 프로그램을 개발했다고 한다. –역주.

많은 경찰청이 비판을 면하기 위해 컴스태트 프로그램을 채택했다고 생각한다. 1990년대 동안 뉴욕에서의 심각한 범죄는 엄청나게 줄어들었다(Karmen, 2000). 범죄를 줄일 것을 요구받고 있는 도시 경찰청장이 질문받고 싶어하는 것은 "컴스태트 프로그램을 수행하는 것이 어떨까요?"이다. 만일 컴스태트 프로그램을 하고 있지 않다면 오늘날 미국에서 현대적인 경찰청을 운영하고 있다고 주장하기 힘들다. 그래서 전국의 경찰청들은 컴스태트 프로그램 모임을 갖고 컴스태트 프로그램 지도(maps)를 벽에 부착했을 뿐이다. 그러나 컴스태트 프로그램 방문객들은 그것이 단지 모임과 지도에 관한 것이 아니라는 것을 알아야 한다.[7)]

만일 공공관리자들에게 성과관리의 다양한 기법들을 사용하고 있는가를 물어보면 그들은 물론 "예"라고 대답할 것이다. 그러나 그들이 실제로 하고 있는 것을 재검토해 보면, 진정 실제 결과와 가치의 실질적인 개선을 가져올 수 있는 방식으로 네 가지 원칙들을 활용하고 있지 않다는 사실을 발견하게 될 것이다.[8)]

---

7) 공공 서비스 개혁의 확산에 관한 톨버트와 주커(Tolbert & Zucker, 1993: 26)의 연구를 보면, 공공조직은 상부에서 요구하거나 혹은 "조직의 내부 기능을 위한 가치에도 불구하고 개혁의 사회적 정당성 때문에" 혁신을 채택한다는 것이다. 더욱이 조직 혁신이 "효율적이고 합리적인 조직의 필수적인 구성 요소로 광범위하게 이해될 때, 조직은 자신의 정당성을 유지하기 위해 이러한 요소들을 그들 자신의 공식적인 구조로 통합하고자 하는 엄청난 압력에 놓이게 된다."

공공 서비스의 사례에서와는 달리 어떤 주의회(state legislature)도 자신의 도시들이 컴스태트를 채택하도록 요구하지 않는다. 그럼에도 불구하고 이 프로그램의 가시성으로 인해 도시 경찰청은 엄청난 사회적 압력에 직면하게 된다. 왜냐 하면 컴스태트를 실행한 해에는 범죄율이 매우 감소되었고, 모임과 지도는 눈에 잘 띄고 쉽게 이해되며 널리 활용 가능한 기술로 만들어졌기 때문이다. 전국적으로, 전 세계적으로 경찰청 대표단이 모임과 지도를 시찰하기 위해 뉴욕 시를 방문했다(Gootman, 2000; Silverman, 1999: 5). 또한 그들이 돌아가서는 모임과 지도를 만들었고 지역의 여론 지도층들이 자신의 모임과 지도를 와서 볼 수 있도록 그들을 초청했다.

지역경찰청(community policing)에도 동일한 내용을 만들 수 있다. 그 개념과 실행이 훨씬 덜 가시적이라고 하더라도 전국의 경찰청은 이러한 혁신을 채택했다. 그러나 무어, 켈링과 와이코프(Moore, Kelling, & Wycoff, 1995)의 보고에 의하면, "현재 지역경찰청에 통하는 것은 거다란 비진의 베끼기(pale imitation)에 지나지 않는다." 메이플(Maple, 1999: 122)도 지역경찰청에 대해 비슷한 시각을 가지고 있다. 즉 "경찰 집행부는 어느 곳이든지 실행하는 척만 하고 있다."

성과관리는 세계를 휩쓸지 못했으며 성과관리는 실제보다는 수사적인 수준에서 논의되고 있다. 예컨대, 대부분의 공공관리자들은 여전히 방향을 잡기보다는 노를 젓고 있다.

제1절 성과관리가 세계를 휩쓸지 못하는 이유들

만일 성과관리가 그렇게 희망적인 것이라면—성과관리가 (특수한 상황에서만) 그렇게 잘 작동되었다면—왜 정부에 대한 성과관리의 영향력이 행태적인 변화를 가져오기보다 수사학적 논의에 머물렀겠는가? 왜 모두가 성과관리를 하지 않고 있는가? 왜 공공관리자들은 그들 자신의 기관에 성과관리의 개념을 적용하지 않고 있는가?

공공관리에 대한 대부분의 질문과 마찬가지로 보편적인 답은 없지만 다양한 설명이 가능하다. 이러한 설명 가운데 일부는 많은 통찰을 제공한다.

첫째, 가장 분명하고도 **실제적인** 설명인데, 성과관리는 작동하지 않는다는 것이다. 다수의 학자들과 관리자들은 성과관리에 회의적이다. 성과관리를 경멸하는 학자들은 성과관리가 일관성도 없고 입증되지도 않았다고 말한다. 성과관리가 작동한다고 해도 남부 캘리포니아대학교의 홀리(Joseph

---

8) 예를 들어 영국에서의 설문조사에서 홀로웨이, 프랜시스와 힌튼(Holloway, Francis, Hinton, 1999: 353-355)은 정부 관리자들의 58%가 벤치마킹에 관여하고 있다고 "주장했다." 그러나 이들 관리자들이 실제로 무엇을 하고 있는가를 조사해 본 결과, "사실상 벤치마킹을 하고자 하는 노력은 조작적이거나 쉽게 변화할 수 있는 과정 혹은 과정을 이해하려는 하지 않고 산출을 측정하는 방향으로만 이루어졌다"는 사실이 발견되었다. 따라서 관리자들 대부분은 "벤치마킹이 실제로 무엇을 요구하는지에 대한 이해 없이" "'교과서에 따른 올바른 조치를 취하기 위해' 필요한 것이 무엇인가"에 초점을 맞추었고, 따라서 "그러한 접근 방법의 주요한 특징이 사라지고 있다"고 결론내렸다. 이들 관리자들은 자신의 조직이 벤치마킹에 관여하고 있으며, 자신들은 그 개념의 핵심적인 특징을 이해하지 (적어도 채택하지) 못했다고 보고했다.

유사한 결론을 끌어낸 미국 성과관리의 활용에 대한 줄네스와 홀저(Julnes & Holzer, 2001)의 연구를 보면, 많은 공공기관은 성과측정을 공식적으로 채택하고 있으나 자원배분; 전략적 기획; 모니터링, 평가, 프로그램 관리; 또는 고위관리자, 선출직 공무원, 시민, 언론인에 대한 보고와 같은 목적을 위해 성과측정을 집행하는 경우는 거의 없다는 것을 알 수 있다.

Wholey, 1999: 304)가 질문한 바와 같이, "성과관리의 가치가 비용보다 클지 혹은 가치가 비용보다 클지에 대한 의문이 있다." 혹은 요크대학교의 스미스(Smith, 1995)가 보고한 바와 같이, 성과관리가 작동한다고 하더라도 성과관리는 "의도하지 않은 결과"를 가져올 수도 있다.

둘째, 성과관리가 **정치적**으로도 유용하지 않다는 설명이다. 성과관리는 누구에게도 선거 혹은 재선에서 승리를 가져다 주지 않으며, 자주 패배하게 만들지도 않는다. 어느 누구도 현직 대통령, 주지사, 시장에 대항해서 어떤 형태의 성과관리라도 없애겠다는 선거공약을 하지는 않는다. 어느 누구도 성과관리를 장려하는 것을 비판함으로써 미연방의회, 주의회 또는 시의회 의원들에 반대하는 선거운동을 하지는 않는다. 공직에 대한 다양한 선거에서 후보자, 언론인, 여론 지도층, 투표자들은 대개 공공기관의 성과와 성과관리의 세부적인 것들을 무시한다. 만일 선출직 공직자들이 성과관리에 신경쓰지 않으면 정치적 혹은 직업공무원들도 신경쓰지 않을 것이다.[9]

세 번째는 **관리적**인 설명으로서 성과관리는 수행하기가 매우 어렵다는 것이다(Kettle, 1997: 454-455). 공공기관의 장들은 단지 성과관리라는 요리책의 조리법을 따라하듯 지시만 좇아서 기관에 적용할 수 있는 것이 아니다. 또 다른 비유를 들면, 성과관리 소프트웨어를 구입해서 소식의 내외부적 특징에다 성과 수요를 입력하고 나서 웹 페이지의 지시 사항을 따르기 위해 마우스를 클릭하는 것과 같을 수는 없다. 다수 공공기관의 성과는 물론 단일 기관의 성과를 올리는 것도 쉽지 않다. 공공관리의 다양한 개념(심지어 어떤 것은 모순적이기도 함) 중에 어느 것이 어떤 상황에서 작동할 것인지를 파악하는 일은 쉽지 않다.

더 많고 더 나은 결과를 생산하기 위한 노력 과정에서 정부조직의 관리자들은 다양한 도전에 직면하게 된다. 예를 들어, 그들은 수많은 제약 조건

9) 물론 현직자들이 성과 자료를 측정하고 출판한다면, 또한 이러한 자료가 성과면에서 몇 가지 부적절한 점들이 있다는 것을 보여 준다면, 성과관리에 대한 도전자들은 선거운동에서 이러한 자료를 활용할 수 있다. 따라서 대부분의 성과관리 형태는 몇 가지 종류의 성과측정 수단을 필요로 하기 때문에, 또한 그러한 측정 수단을 비밀로 유지하는 것이 거의 불가능하기 때문에, 선출직 공무원들은 성과 자료를 수집하고자 하는 동기 부여가 실제로 없다.

을 가지고 있다. 그들은 결과나 공공가치를 극대화하기 위해 돈을 조달하고 사람을 채용하는 것만으로는 부족하다. 기관이 더 좋은 성과를 내기 위해서는 공식적·비공식적인 거부권을 갖고 있는 다양한 상위기관, 내부 규제자들, 이익집단들을 극복해야 한다. 이와 같은 정치적·규제적 제약은 성과관리(그리고 일반적으로 공공관리)를 어렵게 만드는데, 이러한 제약이 수많은 공공관리자들이 성과관리라는 마차에 올라타지 못하게 하는 유일한 이유는 아니다.

네 번째는 **심리학적** 설명으로서 성과측정의 분명한 활용—이는 성과관리의 대부분의 형태에 내재되어 있는데—은 몇 가지 두려움을 불러일으킨다. 즉 "만일 나의 조직이 성과를 측정하기 시작하면 어떤 일이 벌어질까?" 성과를 측정하려고 시도한 결과가 대부분 긍정적인 것이 아니다(Smith, 1995). 성과를 측정하려는 노력에 대한 반응이 조직 내 개인에게든 조직 자체든 반드시 긍정적인 것만은 아니다. 많은 공공관리자들이나 하위직 공무원들은 성과측정에 대해 두려움을 안고 있다(Julnes & Holzer, 2001).

다섯 번째도 **심리학적**인 설명으로서, 성과관리는 공공기관의 지도자들로부터 국회의원이나 일반 시민에 이르기까지 다양한 사람들을 필요로 하는데, 이들은 정부의 전반적인 책임성이나 공무원들 개인이나 팀의 책임성, 정부 3부 각각의 책임성 및 시민들의 책임성 등에 관해 상이하게 생각한다. 사람들의 다양한 생각을 변화시키는 것—따라서 그들의 행태를 바꾸는 것—은 쉽지 않다.

인간 행위에 대한 여러 가지 설명이 가능한 것처럼 어떤 하나의 설명이 모든 개인이나 상황에 맞는 것은 아니다. 오히려 모든 상황을 아우를 수 있는 설명은 다양한 가능성들을 조합하는 것이다. 따라서 원인과 결과를 분류할 때(그리고나서 그러한 연계를 수정하고자 할 때), 각각의 잠재적 설명을 이해하고 있는 것이 중요하다. 네 가지 설명—실제적·정치적·관리적 설명에 더해 성과측정 수단을 도출하고 활용한 결과에 대한 심리적 두려움—은 광범위하게 분석되었다(Julnes & Holzer, 2001). 따라서 다음에는 다섯 번째 설명, 즉 성과관리는 너무나 많은 사람들의 정신적 방향 재정립(mental reorientation)을 요구한다는 점에 관해 살펴볼 것이다.

제 2 절 성과에 대한 고찰

성과관리가 공공관리의 세계를 휩쓸지 못한 것에 대한 두 번째 심리학적 설명은 주의깊게 검토되거나 명시적으로 정의되지 않았을지 모른다. 그러나 이러한 장애에 대한 학문적 관심이 부족한 것은 수많은 사람들의 내재적인 사고와 관련되는데, 공공관리자들이 그러한 점을 인식하지 못했다는 것을 의미하지는 않는다. 공공관리자들은 공식적 의미에서가 아니라 현장감(現場感, on-the-job sense)을 가지고 잠재적인 문제점을 파악하도록 '훈련'된다. 그러한 것이 바로 공공관리자들이－좀더 큰 조직들을 지속적으로 지켜 냄으로써－위계 조직에서 승진하는 방법이다. 그들은 규칙 지향적 관리(rule-driven management)에 통달한 사람들이다. 그들은 상위의 인사 및 조달(구매) 부서에 의해 만들어진 공식적인 규제를 지키는 방법을 알고 있다. 그들은 저널리스트, 국회의원 및 이해관계자들에 의해 강요되는 비공식적 규범에 적응하는 방법을 알고 있다. 성과관리에서는 사람들의 행태는 차치하고라도 많은 사람들이 적어도 매우 다르게 생각할 것을 요구한다는 것을 공공관리자가 알게 되면, 공공관리자는 새로운 전략을 채택하려고 시도하기보다는 덜 위험한 것에 초점을 맞추려고 한다.[10] 3점 홈런을 잘 치는 팀에게 왜 희생 번트와 도루를 하도록 유도하겠는가－특히 팀이 스피드

10) 어떤 면에서는 다음과 같은 다섯 가지 설명이 계서제를 구성한다. 먼저, 공공관리자는 다음과 같은 실질적인 의문을 고려한다. 즉 성과관리가 작동하는가? 만일 "아니다"라고 대답한다면, 그는 더 나아갈 필요가 없다. 만약 "그렇다"라고 응답한다면 그는 정치적 질문 등을 고려할 수 있다. 성과관리가 작동할 수 있고, 성과관리가 정치적으로 유용할 수 있고(혹은 적어도 수용 가능하고), 성과관리가 노력하기만 하면 특수한 상황에서 작동될 수 있으며, 성과측정 수단을 활용하는 것이 너무 많은 문제를 야기하지 않는다고 결론내리고나서 공공관리자는 마지막 심리적 장애를 고려하는 단계에 진입하게 된다. 계서제의 각 단계에서는 질문에 대한 대답이 분명하지 않다. 예를 들어, 공공관리자는 시민들, 공무원들, 공공부문 피고용인들이 성과관리의 적용으로 인해 실제로 어떤 영향을 받게 된다면 어떻게 다르게 생각하게 되는지를 이해하기보다는 성과측정이 (개인적·조직적인) 문제덩어리를 만들어 낼지도 모른다고 (아마도 암묵적으로만) 인지하는 것 같다.

에 약하고 번트에도 익숙하지 못할 때.

전통적인 규칙 지향적 관리에서 혁신적이고 결과 중심적인 관리로의 전환은 단지 일련의 관리 도구에서 다른 일련의 관리 도구로의 대체만을 의미하지는 않는다. 그것은 정신적 방향의 완전한 재정립을 요구한다. 관리자만이 아니라 시민, 의원, 행정부의 여타 사람들 모두가 생각을 재정립할 것을 요구하는데 성과관리로의 전환을 막는 사고의 대부분은 철저하게 암묵적이다.

특히 시민들, 국회의원들, 공무원들, 정책결정자들, 정치적으로 임명된 고위공무원들이 성과관리에 대해 생각하는 기존의 방식은 결과와 가치에 초점을 맞추는 능력을 신장시키는 데 방해가 된다. 이들 집단 각각이 정부가 해야 하는 것과 하지 말아야 할 것인가에 대해 다르게 생각하기 시작하면, 성과관리의 개념은 현실과 동떨어진 지식인들(mavericks)－자신들에 대한 사회적 비판을 걱정하지 않는－에 의해서만 사용되는 이론적 아이디어로 남게 될지도 모른다.

시민의 사고

일반 시민들이 정부 성과를 생각할 때, 사회적인 결과보다는 개인적인 결과를 강조한다. 이런 사고는 본질적으로 인간적인 것이다.

시민들이 정부 성과에 대해 생각할 때 동일한 사고의 틀을 채택한다고 생각하는 것은 주제넘는 소리일지 모른다(사실상 많은 시민들이 정부 성과를 생각한다거나 아니면 그들이 생각할 때 그들이 실제로 일관된 틀을 사용한다고 말하는 것은 주제넘는 소리일지 모른다). 그럼에도 불구하고 정부 성과가 나에게 어떤 도움이 되는가라는 사고 방식은 독특한 유산을 갖고 있다.

아직은 시민이 이러한 전통적인 사고 틀을 채택하는 것은 쉬운 일이 아니다. 시민들이 그렇게 하기 위해서는 다음 세 가지를 파악해야 한다. 즉 (1) 정부 활동의 어떤 요소가 나에게 영향을 주게 될 것인가? (2) 이들 요소가 나에게 어떻게 영향을 주게 될 것인가? (3) 개인에게 미치는 결과의 순효과(net effect)를 어떻게 평가할 것인가? 이러한 '합리적 사고'가 쉽다고 생각하는 경향이 있지만 꼭 그런 것만은 아니다(Bauer, Pool & Dexter, 1972: 127-143, 472-475; Lindblom, 1959; Simon, 1997: 93-97).

그러나 새로운 성과 틀을 사용하는 것은 훨씬 더 어렵다. 시민들은 다시금 다음 세 가지의 상이한 내용을 파악해야 하는데, 이 세 가지는 좀더 복잡하다. (1) 정부 활동의 어떤 요소가 사회의 어떤 부분에 영향을 주게 될 것인가? (2) 이들 요소가 사회의 다른 부분에 어떻게 영향을 주게 될 것인가? (3) 이들 사회적 결과의 순효과를 어떻게 평가할 것인가? 따라서 정부 활동이 나에게 미치는 영향에 대해 생각하는 것보다 정부 활동의 사회 전반에 대한 영향을 분석하는 것이 훨씬 더 도전적이다.

시민들이 이런 방식으로 정부 성과를 생각하는 것이 어려운 이유는 단지 분석적이라는 특징 때문만은 아니다. 근본적인 변화는 심리적인 것이다—나를 위해 무엇이 있는가에서부터 사회를 위해 무엇이 있는가까지. 주정부의 교육구에 대한 성과측정이 신문의 일면에 실렸을 때, 시민들은 어떤 성과치를 보며 관심을 가지는가? 주정부 전체에 대한 성과치인지 혹은 자신들의 교육구에 대한 성과치인지? 자녀들이 고등학교를 졸업한 시민들조차 자신의 교육구 성과에 더욱 신경을 쓴다(그러한 성과가 자신의 재산 가치에 영향을 미칠 때만). 그리고 시민들이 학교 성과를 향상시키기 위해 채택된 조치들에 대해 생각할 때 그들은 자신의 교육구에서 필요로 하는 자원에 대해 걱정하는가, 아니면 주 전체의 교육전략에서 요구되는 변화에 대해 걱정하는가?

성과관리는 서비스 전달 차원에서 운영적 행태(operational behavior)를 변화시킬 수 있는 일련의 거시적인 전략을 요구한다. 성과관리는 모든 단위(예를 들어, 주정부 내의 모든 학교)가 성과를 향상시킬 수 있다는 기대치를 요구한다. 따라서 성과관리는 주정부 전체 기준에 이르기까지 모든 단위의 성과를 향상시키도록 고안된 일련의 거시적 전략을 요구한다.[11)]

---

11) 저자가 여러 차례 지적한 바와 같이, 육상경기는 그 목적이 놀이(entertainment)이기 때문에 승자와 패자를 가리는 것을 받아들일 수 있다.

그러나 학교 시스템에서 패자를 만드는 것은 옳지 않다. 우리의 목표는 하나의 학교

의원들의 사고

의원들은 정부가 노력한 결과에 대해 생각할 때 어떤 결과가 궁극적으로 달성될 수 있는가보다는 투입이 어디에 즉각적으로 배치되는가를 더 강조하는 경향이 있다. 투입은 내일 배분되지만(아니면 적어도 통보되지만) 궁극적인 결과는 앞으로도 몇 년 안에 실현될지 모르기 때문이다. 그리고 투입이 배분된 후라도 결과가 실현되기 전에 재선을 맞이할지도 모르기 때문이다(Behn, 1981: 206-211; Kettl, 1997: 456).

분명한 예로 K-12(유치원부터 고3까지) 교육이 있다. 학급 규모를 줄이기 위해 더 많은 교사들을 선발하기 위한 새로운 기금이 올해 배분될 수 있다고 하자. 그러나 사회가 정말 관심을 가지는 결과—능력 있는 직장인이자 책임 있는 시민으로 성장한 학생들—는 수년 동안 평가될 수 없다. 주의회의원 선거에서 현직 의원을 평가할 때, 그 지역 학교가 학생들 및 사회의 미래에 어떤 가치를 추가했는지 살펴보는 것은 불가능하고 대신 현직 의원이 주정부를 설득하여 배분되도록 한 그 지역의 교사 수를 점검할 수 있을 뿐이다.

시민들은 의원들이나 선출직 공무원들이 단지 2년 또는 4년 임기 동안 봉사할 수 있도록 결정해 왔다. 의원들의 임기 제한은 재선될 수 있는 법적 능력이 사라진 후에 일어날 결과에 대해서도 무시하라는 메시지를 암묵적으로 강화하는 것이 된다.

선출된 최고관리자들—대통령, 주지사, 시장들—도 비슷한 생각을 할 수 있다. 그들이 재선에 나올 때 이전 4년(혹은 어떤 경우에는 2년) 동안 무엇을 생산해 냈는가를 들여다봄으로써 그들을 평가할 수 있을 것이다. 그러나 선출된 최고관리자들은 그들이 공직을 떠난 후에 정부 성과에 기초한

만이 승자가 되도록 하는 것이 아니다. 우리의 목표는 모든 학교가 승자가 되도록 하는 것이다. 우리의 목표는 한 명의 학생만이 승자가 되도록 하는 것이 아니다. 우리의 목표는 모든 학생들이 승자가 되도록 하는 것이다. 우리는 대부분의 학교, 교사, 학생을 자동적으로 패자로 만드는 측정 및 동기부여 시스템을 너무 자주 만들고 있다(Behn, 1997: 34).

명성을 얻을 수 있는 기회를 많이 갖고 있다. 제너럴 일렉트로닉스(GE: General Electronics)의 최고관리자였던 웰치(Jack Welch)는 은퇴한 지 20여 년이 지난 후 "당신들은 제너럴 일렉트로닉스가 향후 5년간 얼마나 잘 경영되는지를 보고나서 궁극적으로 나의 성공을 평가해야 한다"(Murray, 2001: B10)고 말했다.

선출된 최고관리자들에게도 동일한 것을 말할 수 있고, 말해야 한다. 주지사나 시장이 성과관리의 개념을 주나 도시의 학교 시스템에 적용하고자 한다면 시민들은 학교에서 생산된 결과에 미치는 이들 최고관리자들의 영향력이 수 년 동안 혹은 수십 년 동안 완벽하게 실현될 수 없다는 것을 깨달아야 한다. 선출된 최고관리자들은 실제 성과의 본질을 정의함으로써(또는 재정의함으로써), 성과를 추진할 수 있는 성과측정 수단을 마련함으로써, 능력을 개발함으로써, 명시적인 성과문화를 촉진함으로써 미래의 정부 성과에 대한 중요한 개인적인 영향력을 행사하거나 행사할 수 있다.

예를 들어, 테러리즘에 대한 전쟁을 수행하기로 약속했던 클린턴 대통령은 아직까지 거의 아무것도 하지 않았고, 시민들은 효과적인 장기 전략을 수립하는 데 실패한 클린턴 행정부를 기억하고 있다(Miller, 2001). 대통령이 말하는 것은 너무나 가시적이기 때문에 종종 시민들은 대통령이 공직을 떠난 후에 임기 동안 국정을 얼마나 잘 수행했는지를 가지고 그의 성공을 평가한다.

이러한 점은 몇몇 국회의원에게도 적용된다. 전문성, 명성 및 권위를 축적할 수 있는 의원들—예컨대, 하원 대변인 또는 상원 재정위원회 의장 등은 일부 정책 영역에서 정부 성과에 대해 가시적이고 장기적인 영향력을 가질 수 있다. 그러나 개별 의원들이 정부의 장기적 성과에 대해 대단한 영향력을 행사하리라고는 기대하지 않는다. 그러나 시민들은 자원배분에 대한 국회의원들의 단기적인 영향력을 알고 있다. 이러한 제도적인 여건하에서 의원들이 정부 성과에 관해 매우 높은 할인율을 적용하며 산출보다는 투입을 강조하는 것은 당연하다.

공무원 사고

공무원들은 업무 성과를 생각할 때, 약간의 칭찬을 받을**지도** 모르는 성공보다는 어떤 처벌을 초래하게 **될** 실수를 피하는 데에 대해 더 신경을 쓴다. 이는 공무원들(최고관리자에서 일선 공무원에 이르기까지)을 위해 만들어 놓은 책임성과 보상 체계에 기인한다. 모든 공공관리자들은 책임성 체계가 어떻게 작동하는지 인지하고 있다. 즉 "그들이 무언가 잘했을 때는 아무것도 일어나지 않지만, 그들이 잘못하면 지옥 같은 일이 생긴다." 조작적으로 정의하면 "책임성은 처벌을 의미한다"(Behn, 2001: 3). 케틀(D. F. Kettl)이 관찰한 바와 같이 "성과측정은 타깃을 만들어 위기를 자초하는 한 방법이다"(2002년 1월 29일 개별 면담).

규칙 지향적인 관리는 처벌 체계가 암묵적이면서도 실질적이기 때문에 아주 매력적이다. 규칙을 따르기만 한다면－모든 서식을 완전히 채우고 모든 규정된 과정을 지키기만 한다면－당신은 실수하지 않을 수 있다. 그리고 실수하지 않으면 처벌받지 않는다. 규칙을 따르는 것은 전통적인 정부유인 체계에 대한 합리적인 반응이다. 실제로 결과에 대해 걱정하는 것 － 주도면밀한 관심에서부터 수많은 규칙을 만족시키는 데 이르기까지 시간을 도둑질하는 것 － 조차 비합리적인 것이다. 결국 공공부문이든 민간부문이든 간에 어떤 조직의 성과는 내부적 리더십이나 관리뿐만 아니라 다양한 외생적인 힘에 달려 있다. 따라서 기대에 부응할 수 있는 성과관리가 실패하는 이유는 이와 같은 예측하지 못한, 예측할 수 없는, 통제할 수 없는 힘으로 설명할 수 있다. 그러나 규칙을 따르는 데 대한 실패는 개인적인 실패에 그친다.

국회의원들과 같이 공무원들은 시민들이 만들어 놓은 인센티브에 주의를 기울인다. 시민들은 모든 의원들의 공직 서약서에 다음과 같은 문장을 삽입하도록 하지는 않았다. "나는 지역 구민에게 투입의 단기적인 배분에 초점을 맞추고 정부기관의 장기적인 성과와 정부기관이 시민들을 위해 창출할 수 있는 장기적인 가치를 무시할 것을 약속한다." 또한 시민들은 모든 공무원들에게 공직에 취임할 때 다음과 같은 내용의 서약을 하도록 하지도 않았다. "누군가에 의해 절차적이고 법적이거나 혹은 정치적인 실수로 해석될 수 있는 행동을 하지 않을 것이며, 조직의 성과를 향상시키기 위해 노력할 때 시간을 낭비하지 않을 것을 약속한다." 그럴 필요는 없다. 의원들이나 공무원들에게 이러한 종류의 맹세를 요구할 필요는 없다. 이미 동일한 결과를 가져올 수 있는 보상 체계를 만들어 놓았다.

정책 중심적 사고

정부개혁을 주장하는 사람들은 대체로 기존의 정책틀 속에서 관리를 잘 하는 것보다는 좀더 나은 정책을 만드는 것에 초점을 맞춘다. 이런 종류의 사고는 관리보다는 정책을 우선시하는 사고를 반영한다.[12)]

정책이란 새롭거나 좀더 고상한 목적을 달성하기 위해 새로운 조직이나 시스템을 만들어 내는 거대하고 기분 좋은 작업이다. 이에 반해 관리는 기존의 목적을 달성하기 위해 기존의 조직과 시스템을 좀더 잘 작동하도록 하는 세속적이고 투덜대면서 해야 하는 작업이다. 정책을 중심적으로 생각하는 사람들은 진정으로 커다란 차이를 만들어 내고 싶어하는 사람들이며, 그들의 에너지를 기존의 모든 조직과 시스템의 행위에 극적으로 영향을 줄 수 있는 가시적이고 혁신적인 정책을 고안하거나 혹은 새로운 (가시적이고 혁신적인) 조직과 시스템을 만드는 것이 요구되는 가시적이고 혁신적인 정책을 만들어 내는 데 집중해야 한다.

부시 대통령은 자신의 '관리 의제(management agenda)'에서 "정부는 거대하고 새로운 프로그램과 명분(causes)을 선언하기 위해 무언가를 시작하는 것을 좋아한다"고 말한다. 더욱이 부시 대통령은 의회가 "새로운 정책과

12) 이 논문 곳곳에서 저자는 이러한 정책과 인센티브를 옳은 것으로 만드는 '정책적 상위전략(policy metastrategy)'이라고 명명하고 있다. 정책 상위전략은 '행정적 상위전략(administrative metastrategy)'(이는 시스템, 절차 및 조직 구조를 올바른 것으로 만드는 데 초점을 둠), '리더십 상위전략'(이는 조직 내의 모든 사람들이 조직의 미션과 목적을 달성하는 데 자신의 에너지를 집중하도록 하는 데 초점을 둠)과 대비된다(Behn, 1991: 198-208).

프로그램을 선호하여 관리개혁을 무시하는 유혹"[13]에 직면하고 있다는 것을 지적한다. 새로운 정책과 프로그램에 온 관심을 기울이도록 유혹받는 것은 국회뿐만이 아니다. 대학이나 두뇌집단(think tanks)의 학자들, 정책과 예산 분야의 분석가들, 정부 관리자들도 그러한 유혹을 받는다. 이러한 '이해할 만한 유혹'은 정책 중심적 사고(policy thinking)의 직접적인 결과이다.

능력 있는(그리고 아마도 혁신적인) 관리가 결여된 정책혁신은 별로 성공하지 못한다는 증거가 있음에도 관리보다 정책이 선호되고 있다(Bardach, 1977; Pressman & Wildavsky, 1973). 그러나 공공정책 결정이 공공조직 관리보다 더 흥미롭고 중요한 것처럼 보이는 한, 성과관리는 의미 있는 개선을 산출하는 데 필요한 관심, 자원 혹은 재능을 이끌어 내지 못할 것이다. 정책 중심적 사고는 공공기관의 성과를 개선하는 중요한 작업으로부터 능력 있는 사람을 빼앗아간다.

정무직 공무원의 사고

야심적인 정무직 공무원은 재직 기간 동안 때 조직의 업무 수행 능력을 개선하기보다는 새로운 정책혁신을 고안하는 것을 선택하는 경향이 있다. 대부분의 정무직 공무원은 단지 짧은 기간만 봉사한다. 연방정부 차관보(assistant-secretary)의 평균 재직 기간은 2년 남짓이다.[14] 공공이든 민간이든 어떤 종류의 조직이건 리더의 자격이 있는 2년 안에 그들의 의제를 제한하고 초점을 맞출 수 있을 때에만 진전을 가져올 수 있다.

---

13) '새로운 정책과 프로그램'을 강조하는 전통적인 경향에도 불구하고 부시 대통령은 "훌륭한 시작이 성공의 척도는 아니다"라고 주장한다. 대신에 그는 "결국 중요한 것은 경쟁이다. 성과들. 결과들. 약속만 하기보다는 약속한 것을 잘 수행하라"(OMB, 2001: 1)고 주장한다.

14) 연방정부의 정무직 공무원들만이 정무직 공무원 사고를 하기 쉬운 공공관리자는 아니다. 메이플(Maple, 1999: 96)의 보고에 따르면, "미국 경찰청은 평균 2년마다 한 번씩 경찰청장(police chiefs)을 교체한다." 실버만(Silverman, 1999: 57)이 지적한 바에 따르면, 뉴욕 시의 경찰위원회는 "특히 평균 재직 기간이 2년이 막 넘을 때, 기회의 창이 전형적으로 제한된다."

제한된 의제의 필요성을 말하는 리더십은 임명직 관리자뿐만 아니라 선출직에도 마찬가지로 적용된다. 매 2년마다 전국 주지사협의회(National Governors' Association)는 중진 주지사들이 새로운 동료들에게 자신들이 얻은 지혜를 나눠 주기 위해 새로운 주지사들을 위한 세미나를 개최한다. 그들이 주로 나누는 중요한 교훈은 "의제를 짧게 하라는 것과 단지 서너 개의 우선순위를 위해 필요한 연합전선을 구축할 수 있는 시간만을 갖게 될 것이라는 점이다"(Beyle & Huefner, 1983: 268). 두 가지 예외를 제외하고는 주지사들은 4년 동안 재임하게 되고, 한 가지 예외를 제외하고 재선을 추구할 수 있다. 그럼에도 불구하고 8년 동안 재임할 수 있는 주지사들조차도—단지 한 번의 중간 성과 검토를 받는데—자신의 의제를 제한해야만 한다고 느낀다. 2년 동안만 재임할 수 있고 별로 권한이 없는 고위공직자들(public executives)에게도 동일한 규칙이 적용되어야 한다.

더욱이 정무직 공무원들은 공직에 취임하기 전에 짧은 기간 동안만 봉사할 수 있을 것이라는 사실을 잘 알고 있다. 따라서 임기를 시작할 때 제한된 기간 동안 달성할 수 있는 것, 재임 기간 동안 달성하여 긍지를 느낄 만한 것, 이 기간 동안 명성을 높이기 위해 할 수 있는 것에 대해 진지하게 생각할 필요가 있다. 정무직 공무원들이 아직 정책 중심적 사고의 포로가 되지 않았다고 하더라도 자신들의 시계(時界, time horizon)가 분명 짧다는 것을 암묵적으로 인지하고, 관리보다는 정책에 초점을 맞출 것이다.[15)]

2년 안에 정무직 공무원은 새로운 정책 이니셔티브를 설계할 수 있고(입법 과정, 행정명령 또는 내부 결정을 통해) 그것이 통과되도록 할 수 있다. 그러나 조직관리를 개선하는 것, 특히 조직 성과를 증진시키는 데는 시간이 훨씬 더 많이 걸린다. 물론 정무직 공무원은 2년 안에 더 나은 성과를 수행할 수 있는 조직의 역량을 구축하는 데 중요한 개선을 이룩할 수 있다.

---

15) 정책 중심적 사고와 정무직 공무원의 사고는 동일한 것으로 보인다. 양자 모두 관리보다 정책을 우위에 두어 강조한다. 양자 모두 관리보다 정책에 초점을 맞추는 것이 더 중요하다고 믿는다. 그러나 심리적 유인은 상당히 다르다. 정책 중심적 사고는 정부 내·외부의 사람들이 가지고 있는 공공직 태도인 사회적 사고에 의해 유도된다. 반대로 정무직 공무원의 사고는 단기간의 임기를 가진 공공관리자의 개인적 계산에 의한 자기 이익 극대화 사고에 의해 유도된다.

그러나 이러한 역량 구축 노력이 실질적으로 성과 향상이라는 결과를 가져올지는 불확실하거나 측정하기 힘들다. 또한 그들의 일은 웰치(Jack Welch)의 것보다 훨씬 덜 가시적이기 때문에 정무직 공무원들은 조직의 미래 성과에 어떤 개선이 있다 하더라도 그것이 자신이 한 일로 귀속되리라고는 거의 기대할 수 없다. 많은 정무직 공무원들은 1981년 레이건 행정부의 관리예산처(OMB) 처장이었던 스톡맨(David Stockman)이 말한 바–"나는 2010년도 사람의 문제를 푸는 데 정치적 자본을 낭비하지 않을 것이다"(Greider, 1981: 43)–와 같이 생각한다.

정무직 공무원의 사고는 개인의 명성을 드높이려는 개인적인 욕심을 반영하는 것일 수도 있다. 그렇지 않다면 (매우 실제적이며 짧은) 시간의 제약 속에서 사회에 대한 개인의 기여를 극대화하려는 최선의 방법에 대한 이타적인 평가를 반영한 것일 수도 있다. 혹은 이러한 두 가지 동기의 혼합일 수도 있다. 그러나 정무직 공무원이 개인적 혹은 사회적 편익을 극대화하려고 시도하든 않든, 사람들은 성과를 향상시키려는 조직의 역량을 개선하기보다 새로운 정책혁신을 창출하는 데 집중하는 것이 더 이치에 맞는다고 결론내리게 된다.

냉소적인 사고

성과관리 전략은 더 많은 성과를 달성하기 위해서는 더 많은 유연성이 필요하다는 대협상(大協商, big bargain)에 종종 달려 있다. 공공기관의 고위관리자들은 "더 많은 성과를 내면 더 많은 유연성을 줄 것이다"라고 약속한다. 이러한 대협상 뒤에 있는 가정은, 만일 정부기관이 그렇게 많은 규칙을 따르지 않아도 된다면 더 많은 결과를 가져올 수 있다는 것이다.

대협상은 공식적인 성과 계약이나 비공식적인 성과 협정을 통해 확인될 수 있다. 그럼에도 불구하고 그 밑바탕에 있는 이유는 동일하다. 즉 공공기관이 성과 개선을 달성하지 못하는 또 하나의 이유는 공공기관이 너무 많은 규칙–너무 많은 조달 규칙, 너무 많은 인사 규칙, 너무 많은 예산 규칙, 너무 많은 망할 놈의 불합리한 규칙에 의해 질식당하고 있기 때문이라는 것이다. 따라서 공공기관이 성과를 개선하기 위해 규칙의 일부 또는 상당 부분을 제거해야 한다. 만일 규칙 자체가 실제로 방해하지 않더라도 공공 관리자는 모든 규칙들이 잘 준수되도록 자원과 시간－성과를 개선하는 데 기여할 수 있는 가치 있는 자원과 시간－을 투여해야만 한다. 따라서 대부분의 성과관리는 조직의 관리자에게 약간의 유연성을 부여할 필요가 있음을 시사한다(Behn, 2001: 123-125).

그런데 불행하게도 어떤 개인, 심지어는 어떤 선출된 행정부 수반도 그렇게 많은 유연성을 약속할 수는 없다. 각각의 규칙은 논리적 근거를 가지고 있기 때문이다. 브루킹스연구소의 카우프만(Kaufman, 1977: 4)이 관찰한 바에 의하면, “한 사람의 ‘문서(red tape)’는 아마도 다른 사람에게는 보석과 같은 절차적 안전판이다.” 또한 그러한 보석과 같은 안전판에는 그것을 강제할 수 있는 잘 수립된 조직이 존재한다. 조달기관은 조달에 관한 안전판을 강제하고, 인사기관은 인사에 관한 안전판을 강제한다. 이러한 상위기관에 근무하는 사람들은 선출된 행정수반의 취임과 이임을 목격해 왔다. 그리고 규칙을 강제하지 못하게 되면 그들이 문제에 봉착하게 됨을 알고 있다. 더욱이 의원, 회계검사원, 감사원장과 같은 추가적인 공식적인 강제자(enforcers)가 존재하며, 이해관계자, 언론인, 후보자, 감시단과 같은 비공식적 강제자도 존재한다.

교정국(Bureau of Reclamation)의 위원인 비어드(Dan Beard)는 부서 관리자들에게 ‘용서 쿠폰(forgiveness coupons)’을 배분했다. 부서의 미션을 달성할 수 있는 혁신적인 방법을 가지고 실험하면서 그들 중 한 명이 ‘실수’를 했다면, 그 사람은 위원에게 용서 쿠폰으로 지불할 수 있다(Gore, 1994: 320). 불행하게도 조직의 장이 하급자의 실수를 용서할 수 있다고 하더라도 사면해 줄 수는 없다. 공식적・비공식적인 기타 강제자들도 그와 같은 ‘용서 쿠폰’을 존중해야 할 의무가 없다.

이처럼 냉소적인 기관장에게는 ‘대협상’이 실제로 ‘커다란 도박’이다. 물론 기관장은 선출된 행정부 수반과 합의할 수 있지만, 이런 합의를 강제할 힘은 없다. 선출된 관리자는 유연성을 약속할 수 있으나 항상 그럴 수 있는 것은 아니다. 선출된 관리자나 기관장 모두 이를 알고 있다. 결국 기관장은 설령 비공식적인 것이라도 성과 협상에 들어가는 것을 주저하게 된다. 왜냐 하면 유연성에 대한 약속이 이루어지든 않든 간에 기관장은 개선된 성과에 대한 기대가 남아 있을 것이라는 것을 인지하기 때문이다.

회의적인(또는 기민한, 또는 실용적인, 또는 냉소적인) 공공관리자에게는 성과관리라는 대협상이 결코 협상이 아니다.

큰 그림 사고

많은 사람들이 정부 성과의 개선을 생각할 때, 과업의 규모에 압도되어 개별적으로는 작지만 집단적으로는 중요한 행동들을 통해 의미 있는 개선을 이룰 수 있는 기회를 보지 못하게 된다. 오히려 그들은 커다란 문제들을 보고 커다란 해결책으로만 다룰 수 있다고 결론을 내린다. 더욱이 사회에서 그 문제에 관해 관심을 기울이고 제한된 자원을 투여하도록 하기 위해, 사람들에게 그 문제를 커다란 것으로 묘사하도록 강요한다.

이러한 큰 그림 사고(big-picture thinking)에 홀려 있는 사람들은, 문제해결에 책임이 있는 조직의 성과를 천천히 그러나 확실하게 높일 수 있는 가능성을 간과하게 된다. 오히려 정책의 커다란 변화 및 자원배분과 같은 거시적 정책을 중시한다. (이러한 방식으로 큰 그림 사고는 정책 중심적 사고에 기여하게 된다.) 그러나 만일 정책에서의 큰 변화가 권위 있는 통로를 통해 협상될 수 없고 (높은 관심이나 금전면에서) 상당한 자원을 확보할 수 없다면, 큰 그림 사고는 진전을 가져오지 못할 뿐만 아니라 엄청난 좌절을 가져오게 된다.

"작은 승리를 위한 전략(strategy of small wins)"이라는 고전적인 논문에서 코넬대학교의 와이크(Weick, 1984: 40)는 "사람들은 종종 그들이 사회 문제에 대해 대처할 수 있는 자신들의 능력을 압도하는 방식으로 사회 문제를 정의한다"고 말하고 있다. 그는 사회로서의 우리는 사회 문제들이 "큰 문제들"이라는 데 일반적으로 "합의"해 왔는데 "바로 그것이 문제이다"라고 서술하고 있다.

와이크(Weick, 1984: 40, 41)는 "좀더 큰 문제들은 가시적인 결과를 산출하는 적절한 규모"로 제시되어야 한다. 즉 "좀더 작고, 문제를 덜 일으키는 방식으로 재정의되어야" 한다고 주장하고 있다. 물론 결과를 산출하는 것이 성과관리의 목표이다. 그러나 큰 문제 해결을 약속하지 않고, 대신 와이크가 제시하듯이, "문제를 심각하다기보다는 사소하다고 부르는"−비록 그렇게 하는 것이 사람들이 무엇을 해야 할지 모르고 또 할 수 없을 때에는 적절할지라도−작은 성공을 가져오는 성과관리에 전략 누가 귀를 기울이겠는가?

사회적으로 중요한 문제들이 많을 때 누가 사소한 문제를 선택하겠는가? 이러한 것이 바로 큰 그림 사고의 논리이다.

제 3 절 자기 이익 극대화 사고와 사회적 사고

이상의 일곱 가지 상이한 사고 방식은 그 동기에 따라 두 가지 범주로 구분할 있다.

- 자기 이익 극대화 사고(self-interested thinking): 시민, 의원, 공무원, 정무직 공무원, 냉소적인 관리자들은 개인적 이해 관계 측면에서 생각함.
- 사회적 사고(societal thinking): 정책 중심적 사고와 큰 그림 사고는 개인을 대상으로 하는 특별한 유인책에서 나오지 않으며, 스스로를 미묘하게 드러내는 사회적 태도를 반영함.

이러한 분류(taxonomy)는 심리적 장애들에 영향을 미칠 수 있는 방법을 분석하는 데 도움을 줄 수 있다. 정치 제도를 조정하는 것은 자기 이익을 극대화하는 사고 방식에 영향을 줄 수 있다. 그러나 사회적 사고는 정보와 교육에 의해 좀더 영향을 받게 된다. 그러나 두 가지 노력 모두 리더십을 요구한다.

인간의 인지와 심리학적 행위는 본능적이고 무의식적인지도 모른다. 그러나 이런 과정들은 우리 인간들이 만든 제도적 장치에 의해 때로는 본능적이고 무의식적으로, 때로는 지적이고 신중하게 형성된다. 몇 가지 심리적 장애들—특히, 의원 사고, 공무원 사고, 정무직 공무원 사고, 냉소적인 사고—은 비공식적인 전통, 관습 및 정치적 규범에 의해서뿐만 아니라 정부의 공식적 구조에 의해 조장된다. 따라서 정치적 제도를 의도적으로 재설계함으로써 성과에 대한 심리학적 장애들을 제어할 수 있을지 모른다.

예를 들어 의원들, 공무원들, 정무직 공무원들, 냉소적 관리자들의 사고에 영향을 주는 인센티브 방법을 고려해 보자. 의원들의 시계(時界)를 늘리고 투입의 배분뿐 아니라 정책 산출과 결과에 대해 관심을 갖도록 하기 위해서는 (단기적인 사고를 조장하는 임기 제한 대신) 의원들에게 더 긴 임기를 줄 수 있다. 정책보다 관리를 더 생각하게 하기 위해서는 정무직 공무원들이 4년(혹은 8년) 동안 특정 직위와 특정 성과 업무에 전념하도록 하고 선출직 공무원들이 적어도 임기 동안 단일 직위를 유지하도록 요구할 수 있다. 공무원들이 실수를 회피하기보다는 성과를 개선하는 데 좀더 관심을 갖게 하기 위해서는 사소하고 '정직한' 실수를 한 사람에게는 처벌을 적게 하는 반면, 개선된 성과에 기여한 개인이나 팀에게는 보상을 할 수 있다.

성과와 유연성을 연계하는 큰 협상을 시도할 수 있다. 그러나 그렇게 하기 위해서는 약속 이상이 필요하다. 신중한 공공관리자들은 약속을 믿지 않는다. (냉소적인 사람은 말할 것도 없고.) 주의깊은 기관장을 설득하기 위해서 몇 가지 증거가 필요하다. 또한 그러한 증거는 추가적인 유연성이 나타나는 실질적인 실험을 통해서만—심지어 이러한 유연성에 반대하고 오용하는 몇 가지 공개된 사례들에 직면해서—드러난다. 따라서 큰 그림을 실질적인 협상으로 바꾸는 것은 작지 않지만 성공적인 실험이 뒤따르는 과정을 통해서 시작할 수 있다.[16] 그러한 실험은 기관장의 동기 부여(incentives)를 변화시키고, 성과와 유연성 간의 협상에서 그들을 설득하는 데 필요할 것이다.

물론 특정 공공기관에 의해 생산된 특정 결과로 측정되는 성과만이 유일한 공공 가치는 아니다. 시민들은 절차적 보호 장치를 중요하게 여긴다. 왜

16) 불행하게도 새로운 편집자가 선출되거나 새로운 개혁적인 편집자가 신문을 인수할 때 실험이 전반적으로 시작될 수 있다.

냐 하면 절차적 보호 장치는 중요한 공공 가치를 반영하기 때문이다. 시민들은 정부가 세금을 적절하게 다루고 시민들을 공평하게 대우하는지에 신경쓰며, 따라서 이러한 가치를 보호하는 절차를 중요하게 생각한다. 만일 성과와 유연성 간의 협상이 헌법상의 보호 장치를 희생할 것을 요구한다면 시민들은 성과관리의 심리학적 장애를 제거하기 위해 고안된 성과와 유연성의 협상에 대해 불편해 할 것이다.17)

우리의 정치적 제도는 정부의 성과를 가로막는 자기 이익 극대화 사고를 조장하고, 다시 자기 이익 극대화 사고는 이러한 제도들을 강화시킨다. 그러나 이러한 사고 방식이 정치적 제도에 의해 생겨난 것은 아니다. 시민의 자기 이익 극대화 사고는 정부와는 상관 없이 존재하고 있었다. 자기 이익 극대화 사고는 인간 본성에 기인하는 것이라고 주장되지만(Dawkins, 1989), 그렇다 하더라도 국회의원, 공무원, 정무직 공무원, 냉소적인 관리자들의 자기 이익 극대화 사고는 정부 제도의 설계에 의해 강화된다. 시민들의 생각은 그렇지 않다. 그렇다면 시민들에게 개인적인 결과보다는 사회적인 결과에 좀더 관심을 갖도록, 자기 이익 극대화 사고를 (버리지는 못하더라도) 바꿀 수 있도록 어떻게 설득할 수 있겠는가?

시민들에게 결과에 대한 정보(outcome information)를 더 자주 더 많이 주면 시민들이 사회적 결과에 좀더 관심을 갖도록 설득할 수 있을 것이다. 시민들은 지역 학교의 교육 성과나 주정부 환경청이 근처의 강을 정화하기 위해 생산한 결과를 알 수 있도록 해야 한다. 시민들은 주정부 혹은 전국 차원의 성과에 대한 정보가 거의 없으므로(따라서 주정부 차원이나 전국 차원의 성과를 그들 스스로 관찰할 수 있는 지방정부의 성과를 통해서만 추론할 수 있을 뿐이다18)), 사회적 규모의 성과에 대한 추가적인 정보는 시

17) 이를 "책임성 딜레마-재정과 공정성에 대한 책임성과 성과에 대한 책임성 간의 상충 관계(tradeoff)"라고 부를 수 있다(Behn, 2001: 11). 시민들은 정부기관이 더 많은 성과를 수행하는 것만을 원하지는 않는다. 또한 정부기관이 재정상의 책임을 다하고, 시민들의 정치적 자유를 보호하며 민주적 절차를 거쳐 도출된 의사 결정을 지키기를 원한다. 이러한 책임성의 상충 관계와 재정적 혹은 공정성에 대한 책임성을 자동적으로 약화시키지 않으면서 성과에 대한 책임성을 향상시킬 수 있는 몇 가지 가능한 전략들에 대한 자세한 논의를 이해하기 위해서는 벤(Behn, 2001)의 글을 보라.

18) 인지심리학의 '자기발견적 능력(availability heuristic)'에서는 사람들은 쉽게 활용 가능

민들의 관점을 확장하는 데 도움을 줄 수 있다.

정책 중심적 사고와 큰 그림 사고처럼 사회를 바꾸고자 하는 생각은 개념적으로나 조작적으로 어려울 것이다. 왜냐 하면 이러한 종류의 생각은 우리가 만든 정치 제도를 반영하는 것이 아니라 우리가 어떤 종류의 인간인가를 반영하기 때문이다. 정책 중심적 사고와 큰 그림 사고를 잘 대체할 수 있는 인지적 틀을 고안한다 해도 사람들의 무의식적 습관을 교정하는 작업이 필요하다. 일부 교육적인 노력이 정책 중심적 사고와 큰 그림 사고의 결과를 완화할 수 있을 것이다. 예를 들어 라이너와 그의 도시연구소 동료(Liner & Urban Institute colleagues, 2001: 89)가 보고한 내용을 보자.

> 대부분의 의회 의원들은 성과 자료에 별로 관심이 없고 성과 자료를 찾아보려고도 하지 않는다. 그럼에도 불구하고 약간의 증거 자료에 따르면, 정부기관이 분명하고 의미 있는 결과 자료(유아사망률, 교통사고자 수, 청소년 범죄, 오염으로 죽은 물고기 수 등)를 제공할 때 이러한 자료는 의원들의 관심을 끌 것이다.

이상의 일곱 가지 사고 방식 및 이로 인한 성과관리 장애물들은 사라지지 않고 있다. 지적인 측면에서 시민들은 공공기관의 성과 개선이 필수적이고 이런 성과를 높이기 위해서는 공공 제도를 재설계할 필요가 있다고 믿을지도 모른다. 그러나 그러한 지적 직관(epiphany)은 일곱 가지 유형의 심리적 장애를 제거하지 못한다. 메릴랜드대학교의 셸링(Schelling, 1978)이 설명한 바와 같이, 집단적인 거시적 행위는 개인적인 미시적 동기에 의해 추진된 개인의 미시적 행위의 상호작용에 의해 만들어진다. 개인적이고 미시적인 정치적 동기를 어느 정도 변화시킬 수 없다면, 결과적으로 나타나는 거시적인 정치적 행위를 수정할 수도 없을 것이다.

현재 골드만 삭스(Goldman Sachs)에서 최고 학습담당관(chief learning officer)을 맡고 있는 커(Kerr, 1975)가 오래 전에 관찰한 바 있지만, 아직까지도 우리들은 "B를 희망하나 A를 보상하는 어리석은 짓"을 계속하고 있

한 정보로부터 일반화한다고 주장한다(Tversky & Kahneman, 1973, 1974). 따라서 주정부의 학교가 "잘하고" 있다고 추정하려고 할 때, 사람들은 주변 도시의 학교에 대해 가지고 있는 활용 가능한 정보 혹은 주의 대도시 학교에 대해 최근 언론에서 드러난 활용 가능한 정보에 의존한다.

다. 우리들은 개선된 성과를 희망하지만, (성과를 향상시킬 수 있는 행위를 처벌하면서) 아직까지도 그러한 성과를 직접적으로 방해하는 행위를 계속 보상하고 있다.

제 4 절 성과 리더십의 필요성

그러나 사회는 미시적인 정치적 동기에 영향을 줌으로써 거시적인 정치적 행위에 영향을 줄 수 있는 유용한 기제(mechanism)를 갖고 있는데, 그것이 바로 리더십(leadership)이다.

성과관리라고 불리는 많은 개념들－새로운 성과측정 시스템, 새로운 성과예산(performance-budgeting) 시스템, 새로운 성과 기획(performance-planning) 시스템, 새로운 성과보상(performance-pay) 시스템은 적극적인 전략이 아니고 소극적인 절차들이다. 이들 절차적인 시스템은 지침과 절차, 마감일과 보고서로 구성되어 있다. 절차적인 시스템은 리더십에 의존하지 않는다. 절차적인 시스템에 따르면, 새로운 시스템은 어느 정도 성과를 개선하는 행위의 변화를 요구한다. 즉 인간의 리더십이 필요하지 않다는 가정 위에 서 있다. 시스템에 의해 만들어진 절차들은 그 자체로 적절하다. 그러한 성과관리 시스템이 한번 수립되면 모든 것은 자동적으로 기능할 것이라고 가정된다.

성과관리라고 불리는 대부분의 행정 시스템은 일곱 개의 심리적 장애에 별로 영향을 주지 못하지만 행태에는 영향을 끼칠지도 모른다. 그러나 성과관리 시스템이 촉진시키고자 하는 것은 관료적 게임(bureaucratic gaming)이다. 새로운 시스템의 절차적 요구에 따르려는 대부분의 노력은 －"성과측정을 원한다면 성과측정을 해 준다"고 하더라도－좀더 나은 결과를 낳지 못할 것이다. 새로운 성과예산 시스템은 다양한 성과 지표를 포함한 연간 예산을 요구할 수 있다. 그러나 성과예산 시스템만으로는 어느 누구에게도 성과를 추진하는 데 이러한 자료를 재대하라고 요구할 수 없다.[19]

진정한 성과관리는 적극적인 전략을 요구하며 또한 열정적인 리더십을 요구한다. 진정한 성과관리는 리더나 리더들의 팀이 조직을 위해 일하는 개인들과 그 협력자들의 행태를 변화시키려는 의식적 노력을 하도록 요구한다. 진정한 성과관리는 행정부의 고위관리자들과 의회 의원들에서 저널리스트와 여론 지도층, 이해관계자들과 시민에 이르기까지 다양한 사람들의 생각을 변화시키기 위해 지도자로 하여금 전략적 노력을 기울일 것을 요구한다. 이러한 것은 컴스태트 프로그램과 같은 **적극적인 성과-리더십 전략**(active performance-leadership strategy)과 정부성과결과법(GPRA: Government Performance and Results Act)과 같은 **소극적인 성과관리 시스템**(passive performance-management system)과의 차이점이다.

정부성과결과법(GPRA)에 따르면 연방정부는 여러 가지 지표(index)를 포함하고 있는 연도별 성과계획 또는 성과보고서를 작성해야 한다. 어떤 연방정부의 고위공무원도 시키는 대로만 하면 (시키는 대로만 잘하는 기술을 많이 가지고 있지 않으면 연방정부의 고위공무원이 되기 힘들다) 적절한 정부성과결과법에서 요구하는 보고서를 만들어 낼 수 있다. 정부운영위원회가 그 보고서를 좋아하지 않으면, 그 공무원은 쫓겨날지도 모른다. 이러한 것이 일종의 게임의 일부이다. 이러한 게임을 너무 개인적으로 받아들이지는 말라.

이와는 대조적으로 뉴욕 시에서 채택된 컴스태트(Compstat) 프로그램은 관할구역 경찰과 순찰경찰이 성과관리를 하도록 한다. 그것은 단지 관할구역 경찰로 하여금 방대한 자료를 담고 있는 연간 재정계획이나 연간 보고서를 작성하는 것만을 요구하지는 않는다. 뉴욕경찰청의 리더십은 범죄 활동에서 주간별 변화와 장기간의 경향을 분석하고자 한다. 또한 성과에 매우 구체적인 결함 등을 다룰 수 있는 구체적인 전략을 개발하도록 한다. 이러한 것이 바로 시스템이다. 시장은 경찰청장에게 컴스태트 프로그램 시스템을 수립하도록 요구할 수 있다. 그러면 경찰청장은 기존에 요구되는 모

19) 예를 들어, 많은 학자들이 다양한 성과예산 시스템의 비연계성을 밝혀냈다. 예산 제안서에 성과 자료를 포함하도록 요구하는 것이 실질적인 예산 결정에는 거의 영향을 미치지 못했다(Franklin, 1999: 203; Melkers & Willoughby, 2001: 61; Pollitt, 1999: 13).

든 관행을 뛰어넘을 수 있다. 그러나 컴스태트 프로그램－브래튼(William Bratton), 아네몬(Louis Anemone), 메이플(Jack Maple)에 의해 고안되고 집행된－은 단순한 시스템이 아니다. 이는 뉴욕경찰청의 고위관리자들이 리더십을 어떻게 행사하는지를 보여 준다. 컴스태트 프로그램은 조직 전체의 핵심 관리자들이 먼저 주간별로 자신의 성과 결함에 초점을 맞춘 뒤 더 나은 결과를 산출하기 위한 전략에 초점을 맞추도록 하는 수단이다. 그러나 경찰청 고위관리자들의 적극적인 리더십이 없이는 컴스태트 프로그램은 또 하나의 소극적인 절차에 불과하다.

물론 관할 구역 경찰지휘자도 시키는대로만 할 수 있다. 그러나 뉴욕 시에서 그렇게 한 사람들은 곧바로 퇴출되었고, 관할구역의 성과를 개선할 수 있는 전략을 개발할 수 없는 사람들도 마찬가지로 퇴출되었다.

만일 공무원들이 정부 활동의 결과를 향상시킨다는 약속에 맞게 성과관리를 한다면, 그들은 일곱 가지의 심리적 장애를 극복할 수 있는 방법을 파악할 필요가 있다. 아마도 그들은 기존 제도를 재설계함으로써 장애를 완화할 수 있을 것이고, 정보와 교육을 통해 장애를 낮출 수도 있을 것이다. 또한 공공관리자는 어떤 장애는 무시하고 또 다른 장애를 피할 수 있을 것이다. 그러나 이러한 장애의 그 어떤 것도 완전히 제거되거나 사라질 것 같지는 않다.

이것이 성과관리 이상의 것이 필요한 이유이다. 또 성과 리더십이 필요한 이유이다.

참고 문헌

Ammons, D. N.(ed.). (1995). *Accountability for performance: Measurement and monitoring in local government*. Washington. DC: International City/County Management Association.

Aucoin, P.(1995). *The new public management in comparative perspective*. Montral. Canada: Institute for Research on Public Policy.

Bacciocco, E. J., Jr.(1990). Survey of West Coast cities with merit pay systems. *Public Productivity & Management Review 13(4)*: 405-411.

Bardach, E.(1977). *The implementation game: What happens after a bill becomes a law*. Cambridge. MA: MIT Press.

Bauer, R. A., Pool, I. De S., & Dexter, L. A.(1972). *American business and public policy: The politics of foreign trade*(2nd ed.). Chicago: Aldine.

Behn, R. D.(1981). Policy analysis and policy politics. *Policy Analysis 7(2)*: 199-226.

Behn, R. D.(1991). *Leadership counts: Lessons for public managers*. Cambridge. MA: Harvard University Press.

Behn, R. D.(1997). Linking measurement and motivation: A challenge for education. In P. W. Thurston & J. G. Ward(eds.). *Improving educational performance: Local and systemic reform, advances in educational administration*(Vol 5. pp. 15-58). Greenwich. CT: JAI.

Behn, R. D.(1999). *Performance measures in state administrative agencies: Bureaucratic hoop jumping or management tool?* Remarks prepared for the annual conference of the National Association of State Chief Administrator. Salt Lake City, August 23.

Behn, R. D.(2001). *Rethinking democratic accountability.* Washington, DC: Brookings Institution.

Behn, R. D., & Kant, P. A.(1999). Strategies for avoiding the pitfalls of performance contracting. *Public Productivity & Management Review 22(4)*: 470-489.

Berry, F. S., Brower, R. S., & Flowers, G.(2000). Implementing performance accountability in Florida: What changed, what matters, and what resulted? *Public Productivity & Management Review 23(3)*: 338-358.

Beyle, T. L., & Huefner, R.(1983). Quips and quotes from old governors to new. *Public Administration Review 43(3)*: 268-270.

Byrnes, P., & Freeman, M. (1999). Using DEA measures of efficiency and effectiveness in contractor performance fund allocation. *Public Productivity & Management Review 23(3)*: 210-224.

Clary, B., Ebersten, S., & Harlor, S.(2000). Organizational change issues in performance government: The case of contracting. *Public Productivity & Management Review 23(3)*: 282-296.

Dawkins, R.(1989). *The selfish gene*. New York: Oxford University Press.

Eisenberg, E. F., & Ingraham, P. W.(1993). Analyzing the comparative pay-for-performance experience: Are there common lessons? *Public Productivity & Management Review 17(2)*: 117-128.

Franklin, A.(1999). Managing for results in Arizona: A fifth-year report card. *Public Productivity & Management Review 12(2)*: 194-209.

Frederickson, H. G.(1992, October). Painting bull's eyes around bullet holes. *Governing*. p. 13.

Gootman, E.(2000, October 24). A police department's growing allure: Crime fighters from around world visit for tips. *New York Times*, p. B1.

Gore, A.(1993). *Creating a government that works better and costs less: Report of the National Performance Review*. Washington, DC: Government Printing Office

Gore, A., Jr.(1994). The new job of the federal executive. *Public Administration Review 54(4)*: 317-321.

The Government Performance and Results Act of 1993. Pub. L. No. 103-62.

Greider, W.(1981, December). The education of David Stockman. *The Atlantic Monthly*. pp. 27-40, 43-47, 50-54.

Grote, D.(2000). Public sector organizations: Today's innovative leaders in performance management. *Public Personnel Management 29(1)*: 1-20.

Hendrick, R.(2000). Comprehensive management and budgeting reform in local government: The case of Milwaukee. *Public Productivity & Management Review 23(3)*: 312-337.

Herzberg, F., Mausner, B., & Snyderman, B. B.(1993). *The motivation to work*(rev. ed.). New Brunswick. NJ: Transaction Publishing.

Holloway, J. A., Farncis, G. A. J., & Hinton, C. M.(1999). A vehicle for change? A case study of performance improvement in the "new" public sector. *International Journal of Public Sector Management 12(4)*: 351-365.

Julnes, P. de L., & Holzer, M.(2001). Promoting the utilization of performance measures in public organizations: An empirical study of factors affecting adoption and implementation. *Public Administration Review 61(1)*: 693-708.

Karmen, A.(2000). *New York murder mystery: The true story behind the crime crash of the 1990s*. New York: New York University Press.

Kaufman, H.(1977). *Red tape: Its origins, uses, and abuses*. Washington, DC: Brookings Institution.

Kerr, S.(1975). On the folly of rewarding A, while hoping for B. *Academy of Management Journal 18(4)*: 769-783.

Kettl, D. F.(1997). The global revolution in public management: Driving themes, missing links. *Journal of Policy Analysis and Management. 16(3)*: 446-462.

Kettl, D. F.(2000). *The global public management revolution: A report on the transformation of governance.* Washington. DC: Brookings Institution.

Lindblom, C. E.(1959). The science of "muddling through." *Public Administration Review 19(1)*: 79-88.

Liner, B., Hatry, H. P., Vinson, E., Allen, R., Dusenbury, P., Bryant, S., et al.(2001). *Making results-based state government work.* Washington, DC: The Urban Institute.

Maple, J.(with Mitchell, C.). (1999). *The crime fighter: How you make your community crime-free.* New York: Doubleday.

Marshall, N.(1998). Pay-for-performance systems: Experiences in Australia. *Public Productivity & Management Review 21(4)*: 403-418.

Maslow, A. H.(1998). *Maslow on management.* New York: John Wiley.

Melkers, J. E., & Willoughby, K. G.(2001). Budgeters' views of state performance-budgeting systems: Distinctions across branches. *Public Administration Review 61(1)*: 54-64.

Miller, J.(with Gerth, J., & Natta, D. V., Jr.)(2001, December 30). Many say U. S. planned for terror but failed to take action. *New York Times*, P. A1.

Moe, R. C.(1994). The "reinventing government" exercise: Misinterpreting the problem, misjudging the consequences. *Public Administration Review 54(2)*: 111-122.

Moe, R. C., & Gilmour, R. S.(1995). Rediscovering the principles of public administration: The neglected foundation of public law. *Public Administration Review 55(2)*: 135-146.

Moore, M. H.(1995). *Creating public value: Strategic management in government.* Cambridge. MA: Harvard University Press.

Moore, M. H., Kelling, G. W., & Wycoff, M. A.(1995, July). *Organizational change and leadership: Conditions and strategies for creating a culture of community policing.* Proposal submitted to the National Institute of Justice.

Murray, M.(2001, September 5). Why Jack Welch's brand of leadership matters. *Wall Street Journal*. pp. B1, B10.

O'Connell, P. E.(2001). *Using performance data for accountability: The New York City police department's CompStat model of police management*. Arlington. VA: Pricewaterhouse Coopers Endowment for the Business of Government.

Office of Management and Budget(2001). *The president's management agenda*. Washington, DC: Government Printing Office.

Osborne, D., & Gaebler, T.(1992). *Reinventing government*. Reading. MA: Addison-Wesley.

Palguta, J. M.(2001, August). Performance appraisals are not performance management. *Issues of Merit*. pp. 1-2.

Peters, B. G.(1996). *The future of governing: Four emerging models*. Lawrence: University Press of Kansas.

Pollitt, C.(1999). *Integrating financial management and performance management*. Paris: Organization for Economic Cooperation and Development.

Popovitch, M. G.(ed.).(1998). *Creating high-performance government organizations: Practical guide for public managers*. Washington, DC: National Academy of Public Administration.

Pressman, J. L., & Wildavsky, A. B.(1973). *Implementation*. Berkeley: University of California Press.

Savoie, D. J.(1995). What is wrong with the new public management? *Canadian Public Administration 38(1)*: 112-121.

Schelling, T. C.(1978). *Micromotives and macrobehavior*. New York: Norton.

Silverman, E. B.(1999). *NYPD battles crime: Innovative strategies in policing*. Boston: Northeastern University Press.

Simon, H. A.(1997). *Administrative behavior*(4th ed.). New York: Free Press.

Smith, P.(1995). On the unintended consequences of publishing performance data in the public sector. *International Journal of Public Administration 18(2/3)*: 277-310.

Stevens, L. N., & Steinhoff, J. C.(1998). *Managing for results: The statutory framework for performance-based management and accountability* (GAO/GGD/AIMD-98-52). Washington, DC: U. S. General Accounting Office.

Swindell, D., & Kelly, J. M.(2000). Linking citizen satisfaction data to performance measures. *Public Performance & Management Review 24(1)*: 30-52.

Thompson, J. R.(2000). The dual potentialities of performance measurement: The case of the Social Security Administration. *Public Productivity & Management Review 23(3)*: 267-281.

Tolbert, P. S., & Zucker, L. G.(1983). Institutional sources of change in the formal structure of organizations: The diffusion of civil service reform. 1880-1935. *Administrative Science Quarterly 28(1)*: 22-39.

Tversky, A., & Kahneman, D.(1973). Availability: A heuristic for judging frequency and probability. *Cognitive Psychology 4*: 207-232.

Tversky, A., & Kahneman, D.(1974, September 27). Judgments under uncertainty: Heuristics and biases. *Science 185(4157)*: 1124-1131.

Wechsler, B., & Clary, B.(2000). Implementing performance government: A symposium introduction. *Public Productivity & Management Review 23(3)*: 264-266.

Weick, K. E.(1979). *The social psychology of organizing*(2nd ed.). New York: Random House.

Weick, K. E.(1984). Small wins: Redefining the scale of social problems. *American Psychologist 39(1)*: 40-49.

Wholey, J. S.(1999). Performance-based management: Responding to the challenges. *Public Productivity & Management Review 22(3)*: 288-308.

▩ 필자 소개

로버트 벤(Robert D. Behn)은 하버드대학교 케네디 스쿨(Harvard University's John F. Kennedy School of Government)의 정부 성과에 관한 리더십 연수 프로그램 주임교수이며, 연구 관심 분야는 성과관리, 리더십, 거버넌스 등이다. 최근 저서로는 『리더십: 공공관리자를 위한 강연(*Leadership Counts: Lessons for Public Managers*)』(Harvard Univ. Press, 1991), 『정부의 민주적 책임성에 대해 다시 생각하기』(Brookings Institution, 2001)가 있다. Email: redsox@ksg. harvard.edu.

제 5 장

이론에 기초한 평가(TBE)* : 무엇을 배울 것인가?

조애나 버크메이어(Johanna D. Birckmayer)
캐럴 바이스(Carol H. Weiss)

〈요 약〉
이론에 기초한 평가(TBE: Theory-based Evaluation)는 프로그램이 어떻게, 그리고 왜 성공 또는 실패하는지를 탐색하는 것이다. TBE를 지지하는 사람들은 전통적인 과정 및 효과 연구는 이용 불가능한 정보를 만들고 있다고 주장한다. 이 글에서는 TBE에 관한 6개의 발표 논문들이 검토된다. 논문의 저자들은 자료와 프로그램 이론의 관계를 항상 명확히 제시하지는 않는다. 그러나 이 논문들에서 TBE는 프로그램에서 불필요한 구성 요소들을 밝혀 내고, 중간 단계의 변화들을 발견하며 새로운 문제들을 제기하고 있다. 또 TBE는 패러다임의 변화에 기여하고, 성공적인 파일럿 프로그램이 채택되기 어려운 점을 드러내며, 평가에 명확성과 중심점을 제공하고 있다. 흥미롭게도 오리지널 이론이 전적으로 옳다는 것이 이들 연구에서 나타나고 있지 않다. TBE 미래에 대한 교훈을 소개해 보자.

과거 10년간, TBE는 널리 논의되고 때로는 실제에 적용되었다. 이 논문은 프로그램 이론에 기초한 평가들이 통례의 평가에서 발견되는 것 이상으로 어떤 결과를 가져오는지를 탐색한다. TBE는 프로그램들이 결과를 달성한(또는 달성하지 못한) 방법 및 이유를 보여 주는 데 도움이 될 것이라 주장된다. TBE의 틀 안에서 이루어지는 연구들은 이러한 주장을 뒷받침하고

* 출처: Theory-Based Evaluation in Practice: What Do We Learn?, *Evaluation Review*(August 2000) *24(4)*: 407-431.

있는가? 우리는 이론에 근거를 둔 접근 방법을 취하고 있는 여섯 개 논문들을 검토한다. 이들 논문들은 모두 건강증진 프로그램을 다루고 있다. 건강증진 프로그램에서 TBE가 시작되었고 가장 많이 다루어졌다. 이들 연구들을 검토한 후 이론에 기초한 접근이 무엇인지 TBE의 교훈이 무엇인지를 밝히고자 한다.

한 마디로 TBE는 무엇인가, 어떤 활동들이 행해져 왔는지, 각각의 활동들이 어떤 효과를 가져올 것인지, 이후의 프로그램은 무엇인지, 기대되는 반응은 무엇인지, 다음에는 무엇이 일어나고 있는지, 기대되는 효과는 무엇인지 등과 같이 프로그램의 가정을 밝히는 것이 요구되는 평가 접근법이다 (Suchman, 1967; Weiss, 1972, 1995, 1997, 1998; Bickman, 1990; Chen, 1990; Chen & Rossi, 1987; Costner, 1989; Finney & Moos, 1989). 이 때 평가는 예측된 세부 단계들이 실제로 실현되는지를 알기 위해 각각의 단계를 순차적으로 따르게 된다.

예를 들어, 학교 생활에서 실패할 위험에 처한 학생들을 위한 상담 프로그램은 참여자들에게 자신의 능력에 대한 확신과 공부에 대한 동기 부여를 주기 위한 프로그램이다. 이 프로그램을 통해 위험에 처한 학생들에게는 동일 인종 또는 동일 민족 상담원이 제공되어 이들 상담원이 성공한 어른이라는 역할 모델을 제시한다. 또 이들 상담원들은 신뢰를 쌓기 위해 학생들과 맏형/맏언니 관계를 맺으며, 쉬운 것으로부터 어려운 것에 이르는 학습에서 성공할 수 있는 활동을 제시한다. 그리고 학생들의 학교 생활이 성공적이면 다양한 가능성을 찾기 위한 현장 체험이 제공된다. 이 프로그램은 성공하기 위한 조건이 무엇인가에 대한 이론에 근거하고 있다.

프로그램에 내재된 이론들을 조사하는 평가에서는 프로그램의 단계별로 데이터가 수집된다. 프로그램이 인종과 민족에 따라 상담원을 학생과 맞붙이는 데 성공할 수 있는가? 만약 그렇다면 학생들은 상담원을 모방해야 할 모델로서 보고 있는가? 상담원들은 계획된 요구 사항 내에서 일련의 제시된 학습 활동을 수행하고 있는가? 만약 그렇다면 학생들은 그 결과에 따라서 성공을 경험하고 있는가? 학생들은 학문적인 재능에서 자기 확신을 하고 있는가? 현장 체험에서 학생들은 미래 가능성에 대한 지식과 경험을 얻고 있는가? 학생들은 학업에 대한 동기 부여를 갖게 되는가? 프로그램의 효과(outcome)를 묻는 질문은 이상과 같을 것이다. 이 질문에 답을 하고 적절한 자료를 수집할 것이다. 더욱이 TBE는 경로를 따라 단계별로 추적해야 한다. TBE는 프로그램이 기초하고 있는 이론들이 실제로 작동되고 있는지를 밝히는 것이다(TBE에 대한 자세한 예는, Feindler et al., 1984; Pentz et al., 1989; Goodman & Wandersman, 1994 등을 통해 참조).

TBE의 이론들은 다양한 원천에 기인할 수 있다. 몇몇 학자들은 TBE 이론들이 정당한 과학적 계보를 갖는 사회과학 이론들이어야 한다고 주장한다(Chen & Rossi, 1992). 다른 학자들은 단순히 프로그램의 운영에 필요한 논리를 세우고자 하는데, 이러한 프로그램 이론을 '논리 모델(logic model)'이라고 부른다(Coffman, 1999; McLaughlin & Jordan, 1999). 예를 들면, 거주자들에게 위원회를 관리하는 대표 선출권을 줌으로써 공공주택의 안전성을 증가시키는 데에 목적을 두는 프로그램은 다음과 같은 몇 가지를 가정한다. 만일 거주자들이 위원회를 관리하는 구성원이라면, 그들은 위원회에 참석하기 때문에 (1) 안전성의 전제 조건을 더 많이 요구하고 추가적인 안전 요원을 구하려 할 것이다. (2) 범죄와 파괴 행위를 저지하기 위해서 침입사를 감시할 것이다. (3) 그들의 이웃이 안전 의식을 더 많이 갖도록 고무할 것이다. 이러한 가정들은 이론적인 측면에서 어떤 상상이나 모호함이 포함되어 있지 않다.

제1절 TBE의 편익

TBE의 편익은 세 가지이다. 프로그램 기획과 개선, 인간 행태와 행태 변화에 대한 지식 증가, 특정 프로그램에 대한 평가 기획과 수행이다.

프로그램 기획과 프로그램 개선에 대한 편익

TBE는 프로그램 활동과 기대 결과의 달성(또는 미달성) 간의 메커니즘에 관한 정보를 제공한다. 평가의 기반이 되는 이론이 잘 갖추어졌을 때, 평가는 가정(assumption)이라는 사슬에서 각각의 고리를 추적할 수 있다. 이러한 평가 결과는 가정의 연결고리가 수집된 자료에 의해 제대로 뒷받침되는지, 가정의 연결고리가 무너지는지, 또 무너진 곳은 어디인지 등을 보여 주게 될 것이다. 그러한 정보는 지금과는 다르면서도 효과적인 전략을 발전시키는 데 도움을 주어야 할 것이다.

지식 발전을 위한 편익

TBE의 옹호자들은 변화의 메커니즘에 대한 더 나은 지식이 특정 프로그램 연구에만 편익을 주는 것이 아니라 폭넓은 부분까지 일반화되기를 희망하고 있다. 각각의 평가 연구가 초기환경(시간, 장소, 인력, 참여자 등)의 특성에 의해 제약된다 해도 누적된 평가 연구는 메커니즘의 장·단점에 대한 총체적인 지식을 형성할 수 있다.

평가 기획과 평가 연구를 위한 편익

TBE는 평가에서 주목할 만한 프로그램 활동의 요소들을 강조한다. 평가자들은 연구의 발판으로서 프로그램의 가정을 사용한다. 평가자는 하나의 이론 또는 몇 개의 이론에서 적용될 것으로 여겨지는 연결 메커니즘에서 자료를 수집할 수 있다. 또는 특별히 중심적인(문제로 제기하고자 하는) 가정들을 설정하고 이론 사슬(theory chain)에서의 구체적인 연결고리를 탐색할 수 있다.

제 2 절 TBE의 사례

이 절에는 TBE를 수행하는 데 따르는 편익과 태생적 어려움을 검토한다.

〈표 5-1〉 6개 TBE에 대한 요약

저 자	프로그램	디자인	이 론	측 정	결 과
Brug et al. (1996)	영양 교육	영양교육 또는 일반영양정보 프로그램에 무작위 배분. Netherlands Royal Shell 실험실 종사원 347명이 프로그램 실시 전과 3주 후 조사됨	바람직한 다이어트를 위한 태도 변화, 인지된 사회적 영향, 효능감에 대한 믿음, 다이어트 변화 의지 ⇒ 지방 섭취 감소와 야채 및 과일 소비 증가	태도, 사회영향, 효능감 기대에 관한 자체보고; 지방, 과일, 야채 소비	프로그램 그룹이 과일과 야채 소비에 더 긍정적 태도($p< .01$); 자기효능감 또는 사회 영향에 어떤 효과도 없음; 프로그램 그룹에서 권장 방향대로 하려는 의도가 매우 강함($p<.01$); 프로그램 그룹은 더 낮은 지방수치를 보임(26.9 대 27.2그램, $p<.01$); 프로그램 실시 이전에 지방섭취가 과다한 사람에게 매우 큰 효과(9% 대 3% 소비 감소, $p<.01$); 두 그룹의 야채소비는 증가되었으나 과일 소비는 증가되지 않음
Flav et al. (1995)	금연	47개 학교가 다음 5개 경우 중 하나에 무작위 할당: 사회적 저항 과정 (SR), TV캠페인(TV), SR과 TV의 혼합, 정보만 제공하는 과징(IOC), 어떤 조치도 취하지 않음(NOT). 학생들은 프로그램 실시 이전(T1), 실시 후(T2), 1년 후(T3), 2년 후(T4) 조사됨	IOC⇒ 흡연 영향에 관한 지식의 증가⇒ 흡연 감소 SR,TV,SR/TV ⇒ 흡연 영향에 관한 지식 증가, 흡연 영향에 대한 인지, 저항 기술, 흡연 거부 확신/노력, 흡연 용인(수준) 인지 감소 → 흡연 행대적 의도 감소 ⇒흡연 감소	흡연 지식, 사회적 영향에 대한 인지, 저항기술 지식, 흡연 거부의 효능감, 흡연 저항 노력, 흡연 보급 추정치(흡연 수준 지표로서), 부모의 흡연 승인, 흡연 의도, 과거와 현재의 흡연 등에 관한 자체보고	T2에 있는 IOC 그룹이 T4보다 더 높은 흡연 지식을 가짐($p<.001$); SR이 사회적 영향 인지와 저항기술 지식에 긍정적 영향($p<.001$) 그리고 T2-T4의 TV($p<.03$)그룹과 SR/TV는 NOT와 비교, SR과 TV그룹이 SR/ TV보다 T2에서 사회적 영향과 저항 지식에 더 큰 영향, T4의 뚜렷하지 않은 차이; 흡연 거부이 효능간에 대해 그룹 간 차이가 없음; TV/SR은 T2($p<.009$)와 T($p<.02$)에서 긍정적 효과, T4에서는 효과가 약해짐; T2에서 SR($p<.001$)과 TV($p<. 006$) 그룹은 흡연 보급률이 매우 낮음, T4($p<.007$)에서 SR그룹의 경우 효과는 지속적임. 흡연 의지에서 그룹간 차이가 없음; 흡연율에서 차이가 없음
Eisen, Zellman, & McAlister (1992)	성교육	보건신념모델(HBM) 과정 또는 기관의 일상 성교육 프로그램에 무작위 할당. 6개 가족기획 서비스에 참여하는 13세에서 19세 1,444명과 1개 학교에 대해 프	임신에 대한 가능성과 부정적 결과에 대한 인지 증가, 성행위를 늦추거나 피임기구를 사용했을 때의 편익, 성행위 절제 또는 피임기구 사용을 가로막는 잘못된 인식의 감	성(性)과 피임에 대한 지식, 태도와 행태에 대한 자체보고	HBM과 비교 그룹의 지식 증가, HBM 그룹이 더 증가($p<.05$); HBM과 비교그룹에서의 보건 인식 증가($p<.01$), 그룹 간에 차이 없음; 지속적 절제에서 그룹 간에 차이 없음; 비교그룹의 T1 미혼여성이 T2-T3에서 효과적인 피임기구를 사용할 가능성이 큼; T1 미혼남성은 T2-T3에서 프로그램 간에 효과의 차이 없음; 두 프로그램은

Eisen, Zellman, & McAlister (1992)		로그램 시행 전(T1), 시행 후(T2), 개입 12개월 후(T3)를 조사	소⇒성행위의 감소와 피임기구의 사용 증가⇒ 임신의 감소		T1부터 T3까지 기혼여성에 대해 피임기구의 효율성을 증가, HBM 그룹에서의 남성은 비교 프로그램(p<.05)보다 피임기구 효율성이 높음, 여성들의 경우 프로그램 간에 차이 없음
Puska, Nissinen, & Tuomilehto (1985)	심장 질환 예방	비교집단을 가지는 프로그램 커뮤니티(핀란드). 프로그램 시행 전 성인(T1), 시행 5년 후(T2), 시행 10년 후(T3)에 대한 독립적인 무작위 표본	개인의 지식·태도 변화, 행태 변화를 지지하는 사회적 환경 제공 ⇒ 개인의 위험요인(흡연, 혈중 콜레스테롤, 혈압) 감소 ⇒ 사망률 감소	지식, 태도 및 행태에 관한 자체보고; 키, 가슴둘레, 혈압과 콜레스테롤의 측정	위험 요인들에 관한 지식 증가, 그러나 프로그램 커뮤니티에서 단지 미미한 변화; 건강 태도에 주요한 변화 없음; 프로그램 커뮤니티의 흡연 감소 없음(27%, p<.01); 프로그램 참여 남자에 대한 혈중 콜레스테롤에서의 순감소(p<.01); 혈압에 대한 순감소(p<.01); 1974년부터 1979년까지 심장병 사망률 감소(프로그램집단 22% 대 통제집단 12%, p<.05)
Murray, Prokhorov, & Harty (1994)	금연	미네소타와 위스콘신의 9학년 학생 비교. 두 주에서의 3,600명 학생들에 대해 1986년부터 1990년까지 매년도 무작위 조사	학교와 미디어에서 금연 활동 증가 ⇒ 금연 메시지 접촉 증가 ⇒ 건강 위험에 대한 편익 변화 ⇒ 흡연율 감소	담배 노출과 금연 메시지, 금연 신념(건강의 다른 것에 기인한 결과, 수동적인 흡연 위험, 개인의 건강 위험), 담배 사용 등에 관한 자체보고; 흡연보고서를 검증하기 위한 카본 일산화물에 대한 호흡 테스트	학교의 90%가 활동 수행, 그러나 활동이 단기적; 젊은이들의 95%는 1989-1990년에 금연광고를 보았고 (또는) 들었다. 평균적으로 연간 50개의 광고를 보았다; 미네소타는 위스콘신에 비해 금연 메시지 접촉이 증가됨(TV 프로그램: 순 변화=+6.9%, p=.007; 라디오: 순변화=+18.8%, p<.001; 신문과 잡지 광고: 순변화=+4.6%, p+.006; 빌보드지: 순변화 3.8%, p=.09); 금연 신념에서 아무런 차이 없음; 미네소타의 담배 사용 2.4% 감소, 위스콘신에 비해 유의미하지 않음(p=.32)
Holder et al. (1997)	알코올로 인한 후유증과 사망 예방	1992년부터 1997년까지 5년간 지속된 3개의 실험집단(미국)	5개의 주요 프로그램 구성 요소 ⇒ 단기 효과 발생, 예) 알코올 공급자 훈련은 알코올 중독자에게 결과 초래, 음주법의 변화는 젊은이들에게 초래 ⇒ 프로그램 활동의 복합 효과는 알코올 이용 가능	성인, 젊은이들에 대한 무작위 전화 조사와 학교조사, 거리조사, 미디어 분석은 조정변수를 측정; 응급실 조사, 병원 입원 기록, 알코올 관련 후유증과 사망을 측정하	아직 결과가 이용 가능하지 않음

			성과 소비, 젊은 이들의 음주와 음주운전 등을 감소시킴 ⇒알코올과 관련된 질병·사망 감소	는 커뮤니티 서베이와 사망 확인 자료	

먼저, 이론에 근거한 접근법을 사용하는 여섯 개의 프로그램 평가를 간략히 설명한다. 여섯 개 모두 건강 증진 관련 프로그램인데, 그 이유는 이 분야에서 TBE가 시작되었기 때문이다. 프로그램의 디자인(design), 이론(theory), 측정 방법(measures), 결과(findings) 등에 대한 요약은 <표 5-1>과 같다. 이들 연구들은 프로그램을 평가하려는 사회과학자들의 노력을 잘 보여 주고 있는데, 프로그램 이론은 기획 과정에서 개발되어 평가를 통해 검증되고 있다. 이 절의 끝부분에서, TBE 접근법으로부터 배울 점을 논의한다. 그리고 나서 프로그램이 수행되기 전에 프로그램 이론이 명확히 정의되지 않은 프로그램에 TBE를 적용하는 것에 관해 논의한다.

브루그 등(Brug et al., 1996)

브루그 등(Brug et al., 1996)은 네덜란드 영양교육 프로그램을 평가하면서 이론에 기초한 접근법을 도입했다. 프로그램은 연구 참여자들 사이에서 지방 섭취를 줄이고 과일 및 야채의 소비를 증가시키는 데 목적을 두었다. 지방 섭취 감소와 과일 및 야채의 소비 증가에 목적을 둔 이 프로그램은 컴퓨터를 이용하여 참여자들의 음식물 섭취에 대한 질의와 참여자들의 행태를 변화시키기 위한 결정 요인 및 장애 요인에 대한 질의를 한다. 이 때 컴퓨터는 개인의 요구에 특별히 맞추어진 메시지를 만든다. 프로그램 이론은 개인의 요구에 맞추어진 메시지가 바람직한 영양 섭취를 위한 개인의 태도, 인지된 사회적 영향력, 효능감을 느낄 수 있는 능력에 대한 신뢰, 식이요법을 변화시키려는 의지 등을 긍정적으로 바꾸고 있음을 가정했다. 결국 이들 변화들은 참여자들로 하여금 지방 섭취 감소와 야채와 과일 소비의 증가를 야기했다.

평가에서 로열쉘(Royal Shell) 연구소 직원들은 이 프로그램을 이수하거나 혹은 일반적인 영양정보를 받았는데 무작위로 이루어졌다. 설문지는 프로그램 시작 전에 사용되었고, 프로그램 3주 후에 지방 섭취량, 과일 및 야채 섭취량, 태도, 사회적 영향력, 효능감에 대한 기대 등에서의 변화 정도를 평가했다.

사후 테스트에서, 처방 메시지를 받아들였던 프로그램(실험) 그룹은 비교 그룹보다 야채, 과일, 지방의 소비를 증가시키는 쪽으로 더 바람직한 태도를 취했다. 효능감이나 사회적 영향에 대해서는 어떤 효과도 발견되지 않았다. 프로그램 참여자들은 비교 그룹보다 권유된 지시대로 지방과 과일의 소비 변화에 더 강한 의지를 보였다. 사후 테스트에서, 프로그램 그룹의 지방 섭취량은 비교 그룹보다 매우 낮았다. 두 그룹 모두 야채의 섭취량은 증가했지만 과일 소비량은 증가하지 않아 두 그룹 간 차이는 발견되지 않았다.

저자들은 사회심리적 신념을 변화시키는 데 초점을 맞춘 프로그램이 단지 식이요법만을 제공하는 프로그램들보다 효과적이라는 결론을 얻었다. 저자들은 과일과 야채의 소비를 중시하는 일반적인 정보가 변화를 야기하기에 적합하지만, 반면에 개인에 맞추어진 메시지는 지방 섭취라는 복잡한 문제에 영향을 주는 데 더욱 효과적임을 시사했다.

플레이 등(Flay et al., 1995)

플레이 등(Flay et al., 1995)은 학교와 매스컴에서의 흡연 예방과 금연 프로그램의 복합적인 효과를 7학년 학생들을 대상으로 하여 평가했다. 학교들은 다섯 가지 과정(사회정책적인 금연 교육 과정(SR: social resistance curriculum), TV 캠페인(TV), 사회정책적인 금연 교육 프로그램과 TV 캠페인의 병행(SR/TV), 정보에 한정된 교육 과정(IOU: information-only curriculum), 아무 조치도 취하지 않은 통제 그룹) 중에서 무작위로 하나에 참여했다.

프로그램 이론은 처음부터 규정되었다. IOU, SR, TV와 SR/TV 프로그램들은 흡연 영향에 대한 지식을 증가시킬 것으로 기대되었다. IOU 프로그램에서는 이러한 지식만이 흡연 행태에서의 변화를 야기할 것으로 기대되었다. SR, TV, SR/TV 프로그램은 젊은이들에게 흡연에 대한 경각심을 불러일으키고 흡연을 참아내는 기술을 증가시킬 수 있도록 설계되었다. 다음으로 흡연을 거부할 수 있는 노력과 확신이 증가될 것으로 기대되었다. 게다가, 프로그램은 흡연 규범의 변화를 추구했다. 이러한 요인들이 어우러진 복합적인 효과는 흡연을 줄이거나 중단하며 또 흡연을 시작하지 않으려는 의지를 증가시킬 것으로 기대되었다. 그리하여 전반적으로 흡연이 감소될 것이라고 가정되었다.

설문지는 프로그램 실시 이전, 실시 바로 뒤에, 그리고 1년 뒤, 2년 뒤에 모든 중간치와 효과치를 측정하는 데 사용되었다. SR, TV, SR/TV 프로그램에 대해서, 평가자들은 건강과 금연 기술(지식), (단체 규범을 반영하기 위해 가정된) 흡연의 확산 정도, 금연 노력 등에서 유의미한 긍정적 효과를 발견했다. 금연 지식과 흡연 확산 정도는 부분적으로는 감소하지만 2년 만에 여전했다. 금연 프로그램은 1~2년도 지속되지 않았다. 프로그램은 금연이나 흡연 의지에 관한 신념에 효과가 없었나. 프로그램의 어느 것도 사후테스트에서 실제 흡연과 관계되는 것은 없었다. 사후 테스트에서 흡연에 관한 유일한 예측은 사전 테스트에서의 흡연과 미래에 담배를 피우겠다는 강한 의지였다.

저자들은 이 연구의 결과를 해석하는 데 어려움을 겪었다. 첫째, 7학년생 실험 그룹은 매우 낮은 흡연율과 금연에 대한 강한 신념을 보였으며, 결과적으로 프로그램이 태도나 행태에 영향을 주고 있음을 발견할 가치가 줄어들었다. 저자들은 실험을 위한 프로그램이 학년이 높아진 이후에 계속될 필요가 없음을 제안했다. 둘째, 과정 평가는 교육 과정에서의 변덕스러움과 TV 프로그램의 낮은 효과를 발견했다. 저자들은 프로그램이 중간 매개 요인들에 미치는 영향이 강하기 때문에, 이런 약점들을 (프로그램) 집행의 문제로 보지 않으려고 하였나. 그들은 프로그램이 금연과 흡연 확산 정도에 대한 이해에 영향을 주고 있음을 지적했다. 이들 효과들이 조금씩 감소할지라도 시간이 지남에 따라 지속되었다. 금연 기술에 미치는 영향은 점차 작아지고 빠르게 감소했다. 이러한 결과에 근거하여 금연 지식과 기술을 갖춘 장기적인 예방 프로그램이 필요하다고 지적되었다. 그러나, 프로그램의 부족이 흡연율에 영향을 주고 있지만, 프로그램이 어떻게 작용하는지에 대한 더 많은 학습이 필요하다고 결론을 내렸다.

아이젠, 젤먼과 맥앨리스터(Eisen, Zellman, & McAlister, 1992)

개인 수준에서 건강 행태를 다룬 유명한 보건신념 모델(HBM: Health Belief Model)은 사람의 행태는 어떤 행동의 효과에 관한 자신의 민감성에 대한 인지, 이들 효과에 대한 잠재적인 심각함, 그리고 행동에 대해 인지된 편익과 장애물에 의해 영향을 받는다고 가정한다. 청소년의 임신 문제에 관해 HBM을 적용시킨 아이젠, 젤먼과 맥앨리스터(Eisen, Zellman, & McAlister, 1992)는 이론에서 정의된 매개 요인에 초점을 맞춘 학교 교육 과정을 개발했다. 개발된 교육 과정은 임신을 하거나 임신을 야기할 가능성, 임신에 대한 심각한 부정적인 결과, 섹스 행위 절제나 피임으로 인한 편익 등에 대한 인식을 증가시키도록 구성되었다. 또 절제나 피임에 관한 참여자들의 잘못된 인식을 감소시키도록 설계되었다. 이러한 매개 요인들에서의 변화는 피임과 섹스 행위에서의 변화를 야기할 것으로 기대되었다. 기존의 연구에 따르면 남자와 여자, 처녀와 비처녀가 프로그램에 다르게 반응했다.

평가는 섹스 행위에 대한 프로그램의 영향과 HBM에서 매개 요인들의 중요성을 짚어보기 위해 설계되었다. 6개의 가족 기획 서비스와 하나의 학교가 프로젝트에 참여했다. 이들 기관의 프로그램에 참여하는 13세에서 19세 젊은이들 중 무작위로 선정된 사람들이 HBM 교육 과정과 기관의 일상적인 섹스교육 프로그램 교육을 받았다.

평가는 섹스와 피임에 관한 지식, HBM 모델에서 밝혀진 섹스와 관계된 신념, 프로그램(실험 그룹의 결과) 전, 프로그램 종료 직후, 프로그램 종료 12개월 후 피임과 섹스 행태 등을 측정했다. 사후 테스트에서 실험그룹과 통제그룹 모두에서 지식이 증가되었으며, 실험그룹의 증가율이 더 컸다. 보건에 대한 참여자들의 인식은 사전 개입에서 사후 개입에 이르기까지 통제그룹과 실험 그룹 모두에서 향상되었지만, 실험 그룹이 통제 그룹보다 더 큰 증가를 보이지는 않았다.

성(性, 남성・여성) 및 섹스 경험이 모든 행태적 결과를 보여 주고 있다. HBM 프로그램은 프로그램 이전에 섹스 경험이 있는 남자들 사이에서 상당히 큰 긍정적인 변화를 낳았다. 초기 조사 이후에 성행위에 적극적이었던 비교 그룹의 여성들은 프로그램 그룹에서의 여성들보다 상당히 더 효과적인 피임 기구를 사용하고 있음이 보고되었다.

플레이 등(Flay et al., 1995)의 연구와 유사하게, 저자들은 두 프로그램 사이에서 발견된 제한된 사후 개입의 차이점(프로그램이 진행된 이후에도 십대들의 반 이상이 여전히 처녀였다)을 설명하기 위해, 동일 연령 집단 내에서의 낮은 섹스 행위 비율을 지적하고 있다. 게다가, 연구자들은 비교 그룹과 개인 프로그램의 학기 수와 기간이 비슷하다는 사실과 두 프로그램이 비슷한 잠재적 효과를 가지고 있다는 사실을 알고 있다. 부분적으로는 설계 문제 때문에, 저자들은 HBM 신념의 잠재적인 중요성을 거부하지는 않는다. 게다가 평가자들이 HBM 과정과 비교그룹 간의 HBM 신념의 이후 개입 측정치에 차이를 발견하지 못했을지라도, 프로그램이 시작되기 전에는 임신을 통제하는 방법의 부작용에 대해서는 잘 모르고 그 편익만을 알았던 상황에서 프로그램 이후에는(처녀들 사이에서) 섹스 절제, (섹스에 적극적인 10대들에서) 피임 증대가 예측되었다. 이 결과는 HBM이 어느 정도는 섹스 행태를 결정하는 데 중요함을 뜻한다.

저자들은 프로그램 이론이 특정 그룹에는 다르게 작용하게 됨을 계속 주장한다. 그들은 HBM 프로그램이 섹스에 적극적인 남성을 대상으로 하면서 임신 위험에 대한 남자의 경각심에 초점을 맞추는 프로그램보다 더 효과적이라고 주장한다. 반대로 여성들은 임신의 위험에 대한 메시지에 몰입하게 되고, 그래서 HBM 프로그램을 통해 덜 학습되고 있다. 연구자들은 프로그램이 섹스 경험과 성(gender)에 의해 영향을 받으므로 프로그램은 특정한 그룹에 맞추어져야 한다고 결론내렸다.

퍼스카, 니시넨과 투밀레토(Puska, Nissinen, & Tuomilehto, 1985)

핀란드의 노스 카렐리아(North Karelia) 프로젝트는 지역공동체에 근거한 심장병 감소 프로젝트이며 많이 인용되고 있다. 개인 행태에서의 변화를 자극하기 위해 건강 관련 교육 정보를 제공하고 또 사회적 · 물리적 환경 변화를 주어야 하는데, 이를 위해 프로젝트 팀은 대중 매체를 이용하여 홍보를 실시했고, 보건 관련 단체 및 공동체 그룹과 협력하기도 했다. 프로그램의 기본 이론은 개인의 지식과 태도에 초점을 두고 (개인의) 행태 변화를 유도하는 사회적 환경이 심장혈관병 유발 요인들을 감소시키는 것이다. 개인적인 위험 요인들(특히 흡연, 혈청 콜레스테롤, 혈압 등)의 감소는 집단 수준에서 질병률과 사망률을 줄이게 될 것이다. 프로그램이 어떻게 운영되는지에 관한 이론은 커뮤니티 개입에 관련된 이론 부족으로 프로그램 초기에 단지 부분적으로 발전되었다. 따라서 평가는 과정평가를 통해 커뮤니티에서의 프로그램 관련 활동을 기록하면서 개인의 지식, 태도, 행태를 추적했으며, 이는 프로그램 이론의 가장 발전된 부분이었다.

1972년, 1977년, 1982년 각각 무작위로 추출된 성인들을 대상으로 서베이가 실시되었다. 노스 카렐리아의 결과는 통제집단의 결과와 비교되었다. 질문지는 건강 지식, 태도, 행태에 대해 질문을 했고, 키 · 몸무게 · 혈압을 포함했다. 끝으로 두 집단의 사망률이 비교되었다.

평가는 두 집단에서 위험 요인들에 관한 지식이 어느 정도 증가되었지만, 노스 카렐리아에서의 변화는 미미했음을 보여 주고 있다. 평가자들은 두 집단 간에 건강 태도 측정치에서 주요한 변화가 없었다고 보고한다. 흡연과 혈압에서의 순감소는 10년이 지나서야 노스 카렐리아에서 발견되었다. 혈청 콜레스테롤에서의 순감소는 노스 카렐리아의 남자들에게서만 발견되었다. 심장질환 사망률은 비교집단의 12%에 비해 22%까지 감소되었다.

개인의 지식과 행태에서 변화가 거의 없었기 때문에, 저자들은 프로젝트의 성공이 개인에 초점을 둔 노력보다는 커뮤니티 조직에 기인한다고 보았다. 그들에 의하면, 미디어와 오피니언 리더들을 통해 퍼뜨려진 건강 교육 메시지는 건강한 생활 양식을 증진시키는 환경을 만들었고, 이러한 환경 변화는 점차적으로 개인의 행태에 영향을 주었다.

머레이, 프로크호로프와 하티(Murray, Prokhorov, & Harty, 1994)

머레이, 프로크호로프와 하티(Murray, Prokhorov, & Harty, 1994)는 주(州)에서 실시된 금연 캠페인의 효과를 평가하기 위해 비교적 단순한 이론을 사용했다. 1985년 미네소타 의회에서 통과된 조세 법안은 금연 프로그램을 위해 담배 생산에 따른 세금 부과를 고안했다. 이로 인해 지역사회 및 학교가 고학년생에 타깃을 맞춘 금연 프로그램을 개발할 것으로 기대되었다. 동시에, 보건부(Department of Health)는 주 전역에 걸쳐 이루어진 금연 매스미디어 캠페인을 지원했다. 법안에 의해 자금을 지원받은 학교와 지역사회는 흡연에 영향을 미칠 수 있는 프로그램 개발을 요구받았으며, 실제 프로그램은 미네소타 내의 지역마다 다양했다.

평가자들은 법안이 학교에서 금연 활동을 증가시키는 결과를 초래하는지를 추적했다. 이러한 활동은 미디어 캠페인과 함께 흡연이 건강에 미치는 위험에 대한 인식을 변화시킬 것으로 기대되었다. 인식의 변화는 청소년들의 흡연율을 감소시킬 것으로 가정되었다.

과정평가에 따르면 보건부는 1986년부터 1990년까지 매스미디어 캠페인을 수행했다. 그러나 학교에서의 금연 활동은 단기간만 이루어졌고, 또 드문드문 행해졌다.

평가자들은 미네소타 9학년생과 위스콘신 9학년생을 대상으로, 학교 금연 프로그램 참여 및 매스미디어 금연 캠페인 접촉, 흡연에 대한 인식, 1986년부터 1990년까지 매년 흡연율 등을 비교했다. 미네소타 학생들은 위스콘신 학생들보다 금연 메시지를 더 많이 접촉했음이 보고되었다. 그러나 흡연에 대한 인식에서의 변화에는 차이가 없었다. 학생들은 금연 신념을 강하게 표현했고, 시간이 지남에 따라 고착되었다. 미네소타에서의 흡연율은 감소되었지만, 위스콘신과 비교해서 큰 차이는 없었다.

조세 법안은 학생들이 매스미디어를 통해 금연 메시지를 많이 보도록 했다. 그러나 이것이 흡연에 대한 인식이나 행태에서의 변화를 이끌어내지는 못했다. 또 조세 법안은 학교 금연 프로그램을 광범위하게 확산시키지 못했다. 학교 금연 프로그램이 제대로 실행되지 못했기 때문에, 저자들은 학교와 매스미디어가 혼합된 프로그램이 실제 작동할 수 있는지, 어떻게 작동하는지를 설명할 수 없었다. 그들은 매스미디어 캠페인만으로는 흡연에 대한 학생들의 태도를 변화시킬 수 없음을 알았다.

홀더 등(Holder et al., 1997)

마지막 사례는 지역사회 예방 노력(Community Prevention Trial)이다. 이 연구는 최근에 결론지어졌고 연구 결과를 아직 이용할 수 없기 때문에, 여기서는 평가계획에 한정하여 저자들의 논문을 검토한다. 프로젝트는 알코올로 인한 휴유증과 사망을 줄이기 위한 지역사회의 의식적인 노력과 정책 관련 활동을 결합했다. 프로그램은 다음의 5개 요소로 구성되는데 5개 요소는 서로가 서로를 강화시킬 것으로 기대되었다. 알코올 관련 후유증에 대한 대중의 경각심을 높이고 예방 활동 수립 및 집행을 위한 지역사회 단체들의 활동, 좀더 안전한 음료 서비스 정책의 수립 및 집행을 위한 생산자와 소매인의 활동, 미성년 음주 감소를 위한 지역사회 프로그램의 개발, 음주 운전을 감소시키기 위한 법적 제재와 같은 활동, 알코올을 줄이기 위한 시의 통제정책 등이 해당된다.

<표 5-2>는 가정된 프로그램 모델을 보여 준다. 프로그램의 각 구성 요소는 단기적 효과를 가질 것으로 가정되었다. 구성 요소들의 혼합 효과는 알코올 입수 가능성과 소비, 청소년의 음주, 음주 운전 등과 같은 매개 변수들을 변화시킬 것으로 기대되었다. 이러한 변화는 알코올 관련 후유증과 사망을 감소시킬 것으로 기대되었다.

과정평가는 프로그램 개입 활동에 대한 타이밍과 품질을 평가하기 위해 3개의 지역사회에서 다양한 구성 요소들의 이행 정도를 점검했다. <표 5-2>에 나와 있는 매개 변수의 변화를 측정하기 위해 서베이와 미디어 내용 분석이 사용되었다.

〈표 5-2〉 알코올 관련 사망률을 감소시키기 위한 프로그램 이론

구 성	프로그램 활동	매개 변수	프로그램 시행 효과
지역사회의 지식, 가치 동원	미디어 옹호 지역사회의 조직	알코올 관련 이슈에 대한 미디어 포괄 범위	
책임 있는 음료 서비스(RBS)	RBS 표준 제정 공급자 훈련	공급자 행태의 변화 DWI 감소	교통 관련 후유증
미성년 음주	학교 내 프로그램 엄중 처벌	젊은이들 접근 금지 젊은이들의 음주 감소	
음주운전의 위험	DWI 단속 증가	운전자들의 혈중 알코올 농도 감소 DWI 감소	교통 관련 후유증 없음
알코올에의 접근	알코올 농도 제한 주류 판매시 나이 제한	알코올 농도 감소 성인 음주 감소	

자료: 홀더 등(Holder et al., 1997)에서 인용.
주: DWI(driving while intoxicated)=취한 상태에서의 운전.

알코올 관련 후유증과 사망은 병원 및 지역사회에 대한 서베이 조사 등에 의해 측정되었다. 1992년부터 1997년까지 5년 동안 세 개 실험집단의 결과는 통제집단의 결과와 비교될 것이다.

프로그램 결과는 아직 이용 가능하지 않다. 따라서 우리는 프로그램 이론이 수행된 실제 과정을 잘 나타내 주는지 또는 프로그램 이론이 기대되는 결과를 잘 낳을 수 있는지를 아직 알 수 없다. 저자들은 TBE의 사용에 대한 몇 가지 적질한 인급을 한다. 첫째, 지역사회에 근거한 방식은 복삽하며 이것이 어떻게 작용하는 지는 잘 알려져 있지 않다. 따라서 이론에 기초한 평가(TBE)가 이러한 과정을 잘 이해하는 데 기본이 된다. 둘째, 프로그램 과정이 잘 이해되지 않을 때, 복잡한 대규모 지역사회 하나를 연구하기보다는 몇 개의 지역사회를 심도 있게 연구하는 것이 낫다.

제3절 TBE의 교훈

각각의 평가가 관련된 이론을 가지고 있지만, TBE를 통해 무엇을 배우

는가에 대해서는 항상 분명치 않다. 여기서 우리는 이론에 기초한 접근법을 살펴보고 TBE에 근거한 평가보고서를 검토했다. 이런 검토를 통해서 얻은 부수적인 결과물은 저자들이 항상 프로그램 이론과 자료의 관계를 명확히 하지 않는다는 사실이다. TBE는 변화 메커니즘에 대한 통찰력을 제공하지만, 그들은 이러한 통찰력이 배제된 전통적 방식으로 보고서를 쓰고 있다. 우리의 해석은 (외삽법의 모든 위험을 무릅쓰고) 저자들이 보고한 결론을 넘는 범위에까지 이른다. 우리는 TBE가 제공할 수 있는 교훈을 배운다는 자세로 해석할 것을 제안한다. 우리는 (다수의 연구가 보여 주는 요점을 파악하면서도) 각각의 연구가 제시하는 특별한 시사점에 초점을 맞추고자 한다.

프로그램 기획과 개선을 위한 편익

프로그램에서 부적절하거나 불필요한 구성 요소들을 찾아내기. 브루그 등(Brug et al., 1996)의 영양 프로그램에 대한 평가는 이론에 의해 증명된 어떤 변화 메커니즘이 프로그램 참여자들 사이에 영향을 줄지라도, 다른 메커니즘들은 그렇지 않다는 것을 발견했다. 그럼에도 참여자들의 지방 섭취에 현저한 개선이 있었다. 효과(outcome) 평가의 의미로만 본다면 프로그램이 성공했다는 것만을 보여 줄 것이다. TBE가 추가적으로 제시하는 점은 영양 개선에 도움이 되지 않은 프로그램 요소들이 향후에 제거될 수 있는가를 탐색할 필요가 있다는 것이다. 향후의 연구는 프로그램 이론에서 증명된 모든 요인들에 영향을 주는 방법들을 탐구하고 모든 이론 효과를 검증해야 할 것이다.

지식 발전을 위한 편익

중간 단계의 변화를 발견하기. 플레이 등(Flay et al., 1995)의 연구는 흡연, 섹스, 마약과 알코올 프로그램에 공통적인 이슈로서, 예방 활동을 시작해야 할 적절한 나이가 언제인가라는 문제에 직면했다. 플레이 등의 연구가 흡연 프로그램에 대한 효과(outcome) 평가라면 7학년생들의 흡연에 미친 영향은 발견하지 못할 것이다. 이러한 결과는, 고학년생들의 흡연율이 낮다는 점과 함께, 연구의 초점을 어린 학생들에게 맞출 것을 요구했다. 그러나 저자들이 지적하듯이 어린 학생들의 태도 변화를 보여 주는 TBE의 결과는, 고학년생들에 타깃을 두는 프로그램이 흡연에 대한 향후의 효과를 가질 수도 있음을 보여 준다. 금연에 대한 기술(skill)과 지식(knowledge)이 흡연을 감소시킨다는 추가적인 결과는 시간이 지남에 따라 태도 변화를 강제할 필요가 있음을 제안한다. 두 가지 결과가 7학년생들이 흡연 금지 노력을 시작하기에 적절한 나이인지에 대해 최종적으로 답하지 않을지라도, 프로그램의 일부 효과가 7학년생들에게 나타나고 있으며, 아마도 시간이 갈수록 프로그램 노력이 강화될 필요가 있다.

의문 제기. 아이젠, 젤먼과 맥앨리스터(Eisen, Zellman, & McAlister, 1992)의 성교육 과정에 관한 TBE는 HBM 커리큘럼과 비교 프로그램이 운영되는 방법에 대해 많은 질문을 던진다. 이 평가가 성(gender)과 섹스 경험으로 연구 결과를 분석한 효과 평가라면 프로그램들의 차별적인 영향을 발견했을 것이다. 프로그램이 이론에 의해 명확히 실계되있다면, 보건에 대한 참여자들의 인식 프로그램에 의해 영향을 받을 것이라고 가정하는 것은 합리직일 것이다. 그러나 참여사들의 인식을 평가해 보니 이 평가가 적절한 사례가 아님이 드러났으며, 두 프로그램이 자동되는 메커니즘에 대한 의문이 커지게 되었다. HBM 과정은 보건에 관한 중요한 생각들을 변화시키는 데 부적절한가? 만일 두 그룹에서 긍정적인 효과와 관련된 프로그램 이전의 인식들이 프로그램에 의해 변화될 수 있었다면, 프로그램 효과는 다르게 되었을까? 보건 인식에서 별로 차이가 없을 때, 성과 섹스 경험으로 나타나는 두 프로그램 집단의 차이를 무엇으로 설명할 수 있을까? 행태 변화를 야기할 만한 가능한 매개 요인들은 무엇인가?

패러다임 이동에의 기여. 노스 가렐리아 연구는 지역사회의 변화 노력을 통해 개인의 건강에 영향을 줄 것을 시도한 첫 번째 대규모 건강 증진 연구의 하나였다. 저자들은 지역사회 변화에 대한 이론 부재 때문에 프로젝트의 시작 단계에서 프로그램 이론이 부분적으로 개발되었다고 언급한다. 개인 수준에서 변화 메커니즘을 체계적으로 추적하였으나 결국 어떤 변화도 발견하지 못했다. 그렇지만 건강에 대한 프로그램의 전반적 효과는 있었다. 이러한 사실로부터 단지 개인적인 지식과 태도를 변화시키기보다는 오히려 개인들이 살고 있는 사회적·문화적 환경을 변화시키는 데 초점을 맞추는 것이 강조되고 있다.

평가 기획을 위한 편익

규모에 관한 어려움. 머레이, 프로크호로프와 하티(Murray, Prokhorov, & Harty, 1994)의 연구에서 개입의 핵심적 구성 요소가 이행되지 못한 점은 프로그램 이론의 전제 조건들을 검토할 것을 요구한다. 이 경우 학교에 이용 가능한 재원을 만드는 것은 좋은 금연학교 프로그램을 이끌지도 모른다. 연구는 학교에 기초한 프로그램 부분이 부적절하게 수행되었음을 보여주었다. 금연 프로그램을 고무하기 위한 주(州)의 세금은 작은 규모의 학교 프로그램으로부터 주 수준의 프로그램까지 초기의 긍정적인 결과를 확대하기 위한 시도였다. 그러나 학교들이 지속적으로 수행하지 않았기 때문에, 이론의 모든 부분을 적절하게 검증할 수 없었다. 이론들을 검증하기 위해 주 전역의 법안과 같은 대규모 프로그램을 이용하는 것은 연구자의 꿈이다. 이런 유형의 프로그램 시작단계에서 프로그램 이론을 조심스럽게 평가한다면 연구자들은 지방 프로그램 수준에서 이론을 연계하기 전에 주(州)의 재원과 지방의 프로그램 간에 필요한 변화 메커니즘에 초점을 둘 것이다.

평가의 명확성과 초점. 지역 수준의 건강 증진 노력에 대한 평가에서, 홀더 등(Holder et al., 1997)은 대규모 지역 사회에 기초한 프로그램 평가를 위해 프로그램 이론을 설계하는 것이 중요하다고 주장한다. 아직 결과가 나타나지 않았으므로, 효과를 탐색하기 위한 TBE의 모두 편익이 평가될 수 없다. 그러나 그런 복잡한 변화 노력에 관한 프로그램 이론의 설계는 평가자에게 자료 수집 및 분석에 관한 가이드라인을 제공하며, 결과를 해석하고 결론을 명확히 도출하는 데 도움을 주어야 할 것이다.

제4절 TBE의 활용 가능성

위에서 설명했던 평가는 주로 재정 지원이 잘 이루어졌으며 연구에 초점을 둔 프로젝트들이다. 프로그램들은 이론에 기초하여 개발되었고, 평가는 프로그램에 내재한 이론들을 테스트했다. 그러나 대부분의 프로그램들은 평가 계획 단계에서 변화에 대한 이론을 명확히 제시하지 못했다. 프로그램들은 규모가 작았으며 실무자의 경험에 기초했고, 재정 지원도 상대적으로 낮은 수준에서 이루어졌다. TBE는 이러한 프로그램들에 적절한가? 또 적용 가능한가, 그리고 무엇을 얻을 수 있는가? TBE가 위와 같은 프로그램의 환경에서도 적용될 수 있기 바라며, 아주 명료한 이론을 가진 프로그램에 적용될 경우에 버금가는 편익을 줄 수 있기를 바란다. 비록 TBE가 평가에 활용되지 않는다 해도 TBE의 요소들을 이용할 수 있을 것이다.

우리가 진행한 검토 작업에서 얻은 교훈의 핵심은, 비록 규모가 작고 비(非)이론적이며 재정이 부족한 프로그램들에서조차 TBE를 적용할 수 있다는 것이다.

완전히 옳은 이론을 기대하지 말라. TBE를 수행할 때 이론이 평가를 안내한다는 것을 명심하라. 이러한 연구를 통해 얻는 교훈의 하나는 프로그램 이론들이 완전히 옳은 경우의 사례는 없다는 것이다. 일부 프로그램은 바람직한 결과를 가져올 것으로 추정된 메커니즘을 움직였지만, 바람직한 결과는 나타나지 않았다. 일부 프로그램은 바람직한 결과를 낳았지만 인과적인 것으로 추정된 메커니즘을 통한 것은 아니다. 좋은 프로그램과 좋은 이론에 대해 배워야 할 점이 많다는 것은 명백하다.

이론이 옳지 않다고 해서 프로그램 구성원들을 낙남하세 해서는 안 된다. 프로그램 이론은 많은 목적을 제공한다. 프로그램의 운영 방법을 명확히 하는 데 도움을 주고, 핵심적인 결과에 평가의 초점을 맞추도록 도움을 주며, 결과 해석에 관한 구조를 제공하는 데 도움을 준다. 결국, 이론이 옳든지 아니든지, 프로그램이 어떻게 운영되는지에 대해 생각하는 틀을 제공하게 될 것이다. 바라건대, TBE는 프로그램을 개선하고 향후 프로그램에 대한 새로운 접근법과 이론을 설계하는 독창적인 방법의 발전을 낳을 것이다.

평가의 한 단계로서 이론 발전을 고려하라. 평가를 시작하면서 이론 발전을 강조하는 것은 그 자체가 본질적으로 TBE의 가장 큰 이점이다.

많은 분야에서 프로그램들은 그 분야에서 주류적인 경험, 전문 지식, 직관, 신념 등에 기초하여 기획된다. 이런 프로그램들을 이론으로 구체화시켜 내는 것은 쉽지 않다. 그러나 설정된 가정이 약하다 해도 모든 프로그램들은 이론적인 기초를 갖고 있다. 프로그램 구성원들은 그들이 계획한 활동들이 바람직한 결과를 산출하는 이유에 대한 몇 가지 가정을 하고 있다. 그런 가정들이 분명히 표현되기보다는 오히려 암묵적으로 나타낼 때, 평가자는 프로그램에 깔려 있는 이론적인 가정들을 도출해 내거나 구조화하는 임무를 갖게 된다. 평가자는 프로그램 기획자들 및 스태프들과 협력하면서 종종 이론화 작업을 수행한다.

프로그램 스태프들이 프로그램이 변화를 산출하는 메커니즘을 가정한다면, 평가자는 제안된 이론들이 작동하는지를 관찰해야 한다. 실무자들의 이론이 프로그램에서 운영되는지를 설명하기 위해 프로그램 활동들(이상적인 활동이 아니라 실제 활동)에 대해 충분히 배워야 한다. 프로그램 참여자들의 효능감을 증가시켜 예방이라는 프로그램의 목적을 달성할 수 있다고 주장된다 해도 평가자가 효능감을 증진시키는 데 기여한 어떤 활동도 발견하지 못한다면, 평가자는 그 프로그램을 위한 이론이 "현실에 맞는" 것인지를 의심해 보아야 한다. 그는 실제 활동들이 의도된 효과를 가져오는 이유에 관한 대안적인 이론을 찾아야 할 것이다. 또는 그는 프로그램 스태프에게 효능감을 형성하는 활동이 없음을 주지시키고 이론에 적합하도록 프로그램을 수행하도록 권해야 할 것이다.

프로그램 이론의 원천은 사회과학 이론과 연구, 기존의 평가, 비슷한 프로그램의 기획자와 실무자, 평가자들의 지식과 경험, 그들의 논리적 사고 등이다. 평가자는 이러한 원천들을 두루두루 탐색할 수 있다. 즉 프로그램 기획자와 실무자들에게 물어 보고, 기존 이론 및 선행 연구들을 검토하며, 이러한 정보에 기초하여 이론들을 가설화한 뒤, 프로그램 스태프들과 함께 가설을 적용할 수 있도록 의견 조율을 하는 것이다.

사람들이 가정에 대해 동의하지 않을 때, 평가자는 대안적 추론 방식을 도입할 수 있다. 예를 들면, 임신 예방 프로그램에서 스태프들은 피임에 관한 정보를 제공하고, 젊은 여성들에게 그들의 파트너의 요구에서 더욱 단호히 할 것을 가르치며, 프로그램 집단의 구성원들이 순결을 더 많이 수용하도록 하는 방식으로 프로그램이 운용되기를 기대하게 된다. 평가자들은 프로그램 스태프들에게 하나의 단순한 이론에 동의하기를 요구하기보다는 오히려 대안적 가정들에 대한 자료 수집 및 연구를 설계할 수 있다. 그래야만 이론의 어떤 부분이 자료에 의해 지지되는지를 보여 줄 수 있다.

프로그램 작동과 이론의 모호한, 또는 논란이 되고 있는 연결고리를 명확히 하는 것은, 실무자들에게 자신들이 수행하고 있는 것이 무엇인지를 규정하고 거기에 동의하도록 만들 수 있다. 프로그램 스태프들이 하려는 일이 무엇인지, 또 그 방법이 무엇인지를 명확히 한다면, 프로그램을 개발하고 개선하는 데 좋은 성과가 있을 것이다. 평가자가 프로그램의 운영 방식에 대해 좀더 잘 이해한다면, 평가를 잘 구조화하여 적절한 질문에 답을 하고 연구 결과를 해석할 수 있을 것이다. 이론의 원천을 탐색하는 과정에서, 프로그램 이론에서 규정된 매개 변수들의 자료가 부적절하다 해도 평가의 출발점으로서 프로그램 이론을 개발하는 것은 프로그램의 발전, 개선, 평가를 위해 가치 있는 일이 될 것이다.

과정평가를 포함하라. TBE 연구는 일반적으로 과정평가로 불리는 프로그램 집행에 관한 기술을 포함해야 할 것이다. 몇몇 프로그램들은 작동되지 않았는데 그 이유는 계획된 활동들이 정기적으로 또는 제대로 수행되지 않았기 때문이다. 만일 평가가 프로그램의 과정에 관한 자료를 수집하는 데에 실패한다면, '프로그램 실패'(프로그램이 제대로 수행되지 않았고 그래서 바람직한 효과를 야기하지 못했다)와 '이론 실패'(프로그램에 깔려 있는 아이디어가 잘못되어서 기대되는 결과가 실현되지 않았다) 간의 구별을 불가능하게 할 것이다(Suchman, 1967). 만일 집행에 관한 연구가 없다면, 평가자는 프로그램이 잘못되었는지 이론이 잘못되었는지를 구분할 수 없게 될 것이다.

우리가 검토한 TBE 연구에서 관찰된 효과에 대해서 다음과 같이 판단할 수 있다. 프로그램들은 집단에 따라 다르게 작동한다. 또 참여자들이 접했던 프로그램 활동의 유형과 빈도에 따라 효과가 다르게 나타난다. 그리고 또 과정평가는 본질적이다. 평가자는 참여자, 스태프, 활동들, 여건, 시기 등 성공에 두드러질 것 같은 것들의 특징에 관한 자료를 수집하기를 충고받는다. 평가자는 분석을 하면서, 효과와 개입 메커니즘을 비교할 수 있는데, 개입 메커니즘은 사람 및 활동의 특징에 따라 결과들과 연계될 수 있다. 그러면 어떤 활동들이 어떤 집단에게, 어떤 조건에서 최적(最適)으로 작동하는지, 또 그 방법과 이유가 무엇인지를 알 수 있게 될 것이다.

프로그램이 미흡하게 수행될 때, 이론 사슬(theory chain)에서 가정된 인과 관계를 깊게 파고들 필요가 없을지 모른다. 어떤 경우에는 프로그램이 미흡하게 수행되어도, 일부 기대했던 바가 실현되기도 한다. 그러나 실현된 기대들이 미흡하게 수행된 프로그램에 의해 이루어졌다고 설명하기는 쉽지 않다. 만약, 기대했을 법한 효과가 실망스럽다면, 직접적인 교훈은 프로그램을 수행할 때 더욱 일을 잘하는 것이고, 그리하여 한 단계 높은 차원에서 프로그램을 평가해야 한다는 것이다.

TBE가 제공할 수 있는 정보를 사용하라. 작은 규모의 프로그램에 대해서도 평가가 요구되지만, 평가 결과는 프로그램을 계속할지를 결정하는 데 거의 이용되지 못한다. 프로그램 관리자 및 기금 제공자는 프로그램을 계속 또는 중지하기 위해 평가정보를 사용하기보다는, 프로그램을 어떻게 개선해야 할지에 대한 정보를 원한다. TBE의 결과는 단지 효과에 대한 평가보다 더 유용하다는 것이 밝혀질 수도 있다. 관리자가 프로그램이 어떻게 실패하는지 또 그 이유가 무엇인지에 대해 알게 된다면, 현재의 프로그램을 개선시키는 방법을 찾는 데 도움이 될 것이다. 또 프로그램이 왜 운영되어야 하며 어디서 장애가 발생하는지를 검토하는 데 평가정보를 사용할 수 있다. 이런 유형의 정보는 정책결정자들에게 쉽게 전달되고 효과 평가의 결과보다 더 설득력을 주게 될지 모른다.

TBE는 프로그램이 진행된 후 참여하는 프로그램 평가자들보다는 프로그램 접근 방법을 개발하고 테스트하는 학문적인 연구자들이 사용하는 방식이다. 앞에서 검토한 평가들에서 우리는 결과를 보고하는 전통적인 방법이 평가 결과를 평가이론과 명확히 연관시키는 것을 종종 방해한다는 것을 알았다. TBE가 실제에서 광범위하게 사용됨에 따라 평가자들은 결과를 보고하기 위한 효과적인 방법을 개발할 필요가 있다.

제5절 결 론

평가자가 프로그램 이론을 얼마나 잘 테스트할 수 있는지는 다음 세 가지 요소로 구성된 함수가 될 것이다. 첫째, 이론이 잘 정의되어 있는가이다. 평가자는 프로그램과 관련된 다양한 집단들과 상담하면서 프로그램 이론을 명확히 하고 그들의 동의를 구해야 한다. 둘째, 프로그램 활동들이 이론에 담겨 있는 가정들을 잘 반영하는가이다. 셋째, 돈과 시간에 연관된 문제이다. TBE를 세밀하게 수행하려면 비용과 시간이 많이 들 것이다.

몇몇 예가 보여 주는 바와 같이, 평가가 특정 이론을 따를지라도, 결과 해석은 수월하지 않을 수도 있다. 프로그램이 일부 가정된 매개 요소들을 변화시키되 다른 요소들을 변화시키지 못하는 경우 이에 대한 해석은 쉽지 않다. 가설화된 이론이 어떤 부분에서 작동하지 않는지, 또 그 이유가 무엇인지를 정확히 파악하기 위해서는 기존의 평가보다 더 세밀한 연구가 필요하다. 근본적인 한계는 변화를 가져오는 데 어떤 요인들이 효과적인지, 또 그런 요인들이 사람과 공동체를 어떻게 변화시키는지에 대한 지식이 부족하다는 점이다. TBE의 옹호자들은 시간이 경과함에 따라 TBE의 결과가 변화 과정에 관한 지식을 축적하고 그 결과 더욱 효과적인 프로그램이 개발될 것으로 기대한다. 사례들이 보여 주는 바와 같이 TBE는 여러 가지 제약이 있지만, 프로그램의 발전, 지식의 성장, 평가 기획의 개선 등에 기여하고 있다.

참고 문헌

Bickman, L., ed. (1990). *Advances in program theory*. New directions for program evaluation, no. 47. San Francisco: Jossey-Bass

Brug, J., I. Steenhuis, P. Van Assema, & H. De Vries (1996). The impact of a computer-tailored nutrition intervention. *Preventive Medicine 25*: 236-42.

Chen, H. (1990). *Theory-driven evaluation*. Newbury Park, CA: Sage.

Chen, H., & P. H. Rossi (1987). The theory-driven approach to validity. *Evaluation and Program Planning 10*: 95-103.

———, eds. (1992). *Using theory to improve program and policy evaluations*. New York: Greenwood.

Coffman, J. (1999). *Learning from logic models: An example of a family/school partnership program*. Cambridge, MA: Harvard Family Research Project

Costner, H. L. (1989). The validity of conclusions in evaluation research. *Evaluation and Program Planning 12*: 345-53.

Eisen, M., G. Zellman, & A. McAlister (1992). A health belief model-social learning theory approach to adolescents' fertility control: Findings from a controlled field trial. *Health Education Quarterly 19(2)*: 249-62.

Feindler, E. L., S. A. Marriott, & M. Iwata (1984). Group anger control training for junior high school delinquents. *Cognitive Therapy and Research 8*: 299-311.

Finney, J. W., & R. H. Moos (1989). Theory and method in treatment evaluation. *Evaluation and Program Planning 12*: 307-16.

Flay, B. R., T. Q. Miller, D. Hedeker, O. Siddiqui, C. F. Britton, B. R. Brannon, A. Johnson, W. B. Hansen, S. Sussman, & C. Dent (1995). The Television, School and Family Smoking Prevention and Cessation

Project, Ⅷ. Student outcomes and mediating variables. *Preventive Medicine 24*: 29-40.

Goodman, R. M., & A. Wandersman (1994). FORECAST: A formative approach to evaluating community coalitions and community-based initiatives. *Journal of Community Psychology* (special issue): 6-25.

Holder, H. D., R. F. Saltz, A. J. Treno, J. W. Grube, & R. B. Voas (1997). Evaluation design for a community prevention trial. *Evaluation Review 21(2)*: 140-66.

McLaughlin, J., & G. Jordan (1999). Logic models: A tool for telling your program's performance story. *Evaluation and Program Planning 22*: 65-72.

Murray, D. M., A. V. Prokhorov, & K. C. Harty (1994). Effects of a statewide antismoking campaign on mass media messages and smoking beliefs. *Preventive Medicine 3*: 54-60.

Pentz, M. A., J. H. Dwyer, D. P. MacKinnon, B. R. Flay, W. B. Hansen, E. Wang, & C. A. Johnson (1989). Primary prevention of chronic diseases in adolescence: Effects of the Midwestern prevention project on tobacco use. *American Journal of Epidemiology 130*: 713-24.

Puska, P., A. Nissinen, & J. Tuomilehto (1985). The community-based strategy to prevent coronary heart disease: Conclusions for the ten years of the North Karelia Projects. *Annual Review of Public Health* 6: 147-93.

Suchman, E. A. (1967). *Evaluative research*. New York: Russell Sage.

Weiss, C. H. (1972). *Evaluation research: Methods for assessing program effectiveness*. Englewood Cliffs, Nj: Prentice Hall.

——— (1995). Nothing as practical as a good theory: Exploring theory-based evaluation for comprehensive community initiatives for children and families. In *New approaches to evaluating community initiatives: Concepts, methods & contexts,* edited by J. P. Connell, A. C. Kubich, L. Schorr, & C. H. Weiss. Washington, DC: Aspen Institute.

——— (1997). How can theory-based evaluations make greater headway? *Evaluation Review 21*: 501-24.

——— (1998). *Evaluation: Methods for studying programs and policies*. Upper Saddle River, NJ: Prentice Hall.

■ 필자 소개

조애나 버크메이어(Johanna D. Birckmayer)는 하버드대학교에서 청소년 폭력에 대한 알코올정책에서의 변화 효과를 주제로 박사학위를 받았다. 노스캐롤라이나대학교 보건행태 및 보건교육과에서 공공정책 석사학위를 가지고 있다. 아프리카에서 보건사업에 대한 설계, 집행, 평가 분야에서 일했고, 지금은 콜로라도에서 공공보건조직의 사업평가자로서 일하고 있다.

캐럴 바이스(Carol Hirschon Weiss)는 하버드 교육대학원(Harvard University Graduate School of Education) 교수이다. 컬럼비아대학교에서 사회학 박사학위를 취득했다. 11권의 저서를 가지고 있고, 최근에는 평가에 관한 「사업과 정책을 연구하기 위한 방법론(Evaluation: Method for Studying Program and Policies)」(Prentice Hall, 1998)과 약 100여개의 논문과 공저를 했다. 미국 교육부의 연구위원직을 겸임하고 있으며, 브루킹스 연구소(Brookings Institution)의 객원 연구위원, 의회 자문위원, 행태과학 발전연구센터의 연구위원, 국가과학학술위원회(National Academy of Sciences)의 일곱 패널위원의 한 위원으로 활동중이다.

제 6 장

평가에서의 혼합법의 장점*

제니퍼 그린(Jennifer C. Greene)
렌 벤저민(Lehn Benjamin)
레슬리 굿이어(Leslie Goodyear)

〈요 약〉

평가자들은 인간 행태를 이해함에 있어, 본성적인 복잡성과 개별성의 모든 면을 이해하도록 도전받고 있다. 우리의 작업은 자연스런 환경에서 수행되고 있다. 여기에서는 역사와 맥락이 중시되고 인간 행태에 영향을 주는 복잡한 관계가 추적된다. 또 이런 환경에서 사람들에게 의미 있는 것은 현상학적이며 구조적이다. 그리고 이것들은 생생한 경험과 그런 경험을 형상화하는 사회 제도로부터 나온다. 이러한 복잡성에 관여하는 것은, 하나의 방식에만 의지하는 것이 **아니라** 다양성과 상이함을 존중하는 틀 안에서 우리들의 **모든** 사고 방식들을 정리해 볼 것을 요구한다. 이 글에서는 이러한 틀을 혼합법 사고 방식으로 제시한다. 이 틀의 주요 개념들을 제시한 후 미국의 사례를 보여 줄 것이다.

주요 단어: 평가에서 더 나은 이해(better understanding in evaluation); 평가 실행(evaluation practice); 혼합법 질의(mixed-methods inquiry); 질적 · 양적 방법론(qualitative and quantitative methods)

평가자들은 **사회적 개선**(social betterment)에 기여하려고 노력한다(Henry et al., 1998; Mark et al., 2000). 뒤엉키고 계속 변화하는 맥락 속에서 살아가는 실제적인 사람들과 야심적인 정책들을 성취시키고자 희망과

* 출처: The Merits of Mixing Methods in Evaluation, *Evaluation*(2001) *7(1)*: 25-44.

약속으로 고안된 실제적인 프로그램들의 복잡한 세계에서 우리는 일하고 있다. 우리의 작업은 차이를 만들 수 있고, 적어도 일부 사람들에게 삶의 질이나 삶의 기회를 향상시키며, 더 나은 프로그램 및 정책을 수립할 수 있는 능력을 갖고 있다. 우리가 실제 세상의 '현장에서' 연구하는 사회 현상들은 두말 할 나위 없이 복합적이고 역동적이며 그 맥락이 다양하다. 이러한 현상들을 이해하고 현대의 사회 문제들을 파악하며 희망적인 해결점을 찾으려는 요구는 급박하지는 않지만 절실하다. 따라서 현재의 사회 문제들을 이해하고자 할 때 **모든** 방법론적 전문성과 기술들을 활용할 필요가 있다. 또 그러한 이해가 신뢰할 만하고 유용하도록 하기 위해서는, 다양한 인식 방식 및 그와 연관된 가치 부여 방식을 검토할 필요가 있다. 특히 사회적·교육적 프로그램 평가에 대한 **혼합적 사고 방식**(mixed-method way of thinking)을 채택할 필요가 있다. 이 논문에서 일련의 개념적 아이디어와 사례를 통해 혼합적 사고 방식을 제시하고자 한다.

구체적으로 혼합적 사고에 관한 역사적 맥락을 제시하고, 혼합법 패러다임의 틀, 목적, 디자인, 분석전략에 대한 개념적 아이디어를 제공하며, 아이디어의 사례를 제시한 후, 평가에 대한 혼합 접근법의 기대와 한계에 대한 고찰로 결론을 내릴 것이다.

제 1 절 역사적 맥락

> 하나의 방법으로 연구조사를 수행하는 것이 전반적으로 옳다고 여겨지는 곳에서는 과학적 실행이 쉬울 것이다. … 관점과 방법에서 복수주의(multiplism)를 주장하게 되는 이유는 무엇이 올바른 관행인지에 대해 완전히 확신할 수 없기 때문이다(Cook, 1985: 22).

쿡(Thomas Cook)에 의하면, 평가에서 복합(multiple) 방식과 혼합(mixed) 방식을 사용하게 하는 계기는 두 가지이다.[1] 하나는 1960년대와

1) 복합법(multiple methods)은 동일한 연구에서 한 가지 이상의 방법을 사용하는 것을 말하고, 혼합법(mixed methods)은 두 가지 이상의 **다른** 종류의 방법들을 사용하는 것을

1970년대의 응용정책 연구자들의 경험이며, 다른 하나는 과학의 근본적 불확실성과 실험 방법의 불충분함이다 (Cook, 1985: 22). 이 두 가지는 사회현상의 복잡성과 이러한 복잡성을 파악하기 위해 하나의 연구 방법만을 사용하는 한계성에 대해 주의를 환기시키고 있다.

1960~70년대 미국에서 '가난과의 전쟁' 프로그램이 수행되면서, 사회과학 지식이 프로그램을 설계하는 데 부적절했으며, 과학적 방법이 프로그램의 효과성(effectiveness)을 평가하는 데 관계가 있음이 드러났다 (Cook, 1985; Marris & Rein, 1982). 사회과학 이론들은 특정 관계가 어떤 조건 아래서 성립하고 안 하는지를 명확히 하지 못했을 뿐만 아니라 사업 수행을 위한 청사진으로 사용될 수 있을 만큼 포괄적이지도 못했다 (Cook, 1985: 30-32).

더욱이 실험적인 과학적 방법이 응용 분야, 특히 프로그램 평가 영역에서는 문제점이 있는 것으로 나타났다. 특히 실험연구 조사가 설득력을 가지려면 통제된 상황에 대해 일관된 전략이 필요하지만, 사업이 잘 수행되려면 변화되는 환경에 대해 끊임없는 적응전략이 요구된다는 점은 주목할 만하다 (Marris & Rein, 1982: 206). 지역행동기관(Community Action Agencies)과 같은 프로그램에서는 두 가지가 잘못 결합된 모습이 명확하게 나타난다. 매리스와 레인(Marris & Rein, 1982: 198)은 다음과 같이 설명한다.

> 스태프가 실험이나 시행착오를 거쳐 훈련생들에게 좀더 잘 봉사할 수 있는 방법을 발견하자마자 그들은 그들의 절차, 방법, 기술을 그에 따라 적응시켰다. 한편으로는 독창적이고 유연하며 적당하며 또 한편으로는 주의깊고 과학적이며 통제된 연구조사를 동시에 수행하기는 불가능했다.

결과적으로 '가난과의 전쟁'에서 사용되었던 실험적 평가모형들(experimental evaluation models)은 도전받게 되었다. 1930년대 이래 물리학에서 도입되어 사회과학 실무를 지배해 왔던 이 모형들은 계량적이고 객관적

말한다. 쿡은 복수주의(multiplism)와 복합법을 언급하면서 전반적으로 방법론적인 시각에서 다양성의 가치와 중요성을 강조한다.

인 측정을 통해 관측 가능한 현상의 설명에 초점을 맞추었다(Cook, 1985: 26-29). 그러나 이 모델들은 이미 20세기 중반에 철학자들과 과학자들로부터 공격을 받기 시작했다(Cook, 1985; House, 1980). 예를 들면, 사회적 탐구를 관측할 만한 현상에 국한시키는 것은, 사회적 프로그램이나 사회적 문제에 관한 연구조사를 이러한 현상을 포착하기 위한 조사 방법에 국한시키거나 심지어는 편향시키는 것이라고 비판받았다(Cook, 1985: 26). 이러한 괴리된 객관성(detached objectivity)을 지적한 쿤(Thomas S. Kuhn)은 우리 '자신들(selves)'을 우리의 상황(context)으로부터 분리할 수 없기 때문에 객관적 지식이 불가능하다고 주장했다(Kuhn, Cook, 1985: 26에서 재인용). 간단히 말해 쿡은 다음과 같이 설명한다.

> 실증주의 방법이 비판받으면서 관찰보다는 성찰이, 계량화보다는 이해가, 미시적 수준보다는 거시적 수준에서의 분석이, 통제보다는 자연주의(naturalism)가, 이론의 검증보다는 발견이, 자연의 선택된 부분에 대한 실험보다 자연의 전반을 탐색하는 것이 더 중시되고 있다(Cook, 1985: 29).

간단히 말해, 사회과학에서 고전적 과학적인 실험 방법을 배타적으로 사용하기 때문에 문제점을 여러 렌즈를 통해 보며 행동과 반성(reflection)이 지속적으로 이루어지는 시행착오 과정을 통해 훌륭한 학문 활동이 생겨난다는 사실을 놓치고 있다(Greenwood & Levin, 1998). 과학은 불확실하다. 이런 불확실성에 대한 가장 좋은 대응은 해석적·비판적 과학을 위해 실험적·계량적 방법을 버려야 하는 것이 아니다. 왜냐 하면 이는 단순히 1960년대 사회과학의 오도된 편협성을 반복하는 것이 되기 때문이다. 과학적 지식의 근본적인 불확실성, 특히 복잡하고 복합적으로 결정되고 역동적인 사회 현상들에 대한 과학적 지식의 근본적인 불확실성은 오히려 단지 하나의 제한된 렌즈를 통해서보다는 다양한 방법들의 여러 시각들을 통해 더 잘 다루어질 수 있다.

오늘날의 연구조사자들은 그들이 연구하는 사회 문제의 복잡성과 사회적 개입을 이해하는 방법들의 한계성을 좀더 현실적으로 생각하고 있다. 많은 프로그램 평가자들은 그들의 작업에서 상이한 방법의 혼합을 일상적으로 사용하고 있다. 그렇지만 프로그램 평가자들이나 정책 연구조사자들 모두 가능한 만큼의 혼합 방법 설계를 폭넓게 사용하고 있지 않다. 이 논문의 목표는 여러 가지 혼합법의 개념적 아이디어와 틀에 관심을 제고함으로써 혼합법을 더욱 사려깊고 효과적으로 사용할 수 있도록 하는 것이다.

제2절 방법을 혼합하는 틀

주목하는 바와 같이 기술적인 수준에서는 여러 방법들을 혼합하는 것이 다양한 자료들을 수집하는 데 유용한 방법이라는 것이 널리 인정되어 왔다. 예를 들어 프로그램에 대한 응답자의 경험에 관한 미묘한 차이를 이해하기 위해 면접을 이용하고 가구의 소득 변화에 대한 정량적 정보를 얻기 위해 설문지를 이용하는 것이다. 명백히 "다양한 상황을 이해하기 위해서는 다양한 방법이 가장 적합하다"(Greene & Caracelli, 1997: 7). 혼합법은 학계 내외로부터 지지받고 있으며, 최근 연방정부와 전국적 재단공동체로부터 권장되고 있다 (Annie E. Casey Foundation, 1995; Frechtling and Sharp for the National Science Foundation, 1997).

기술적 수준에서 방법의 혼합이 지지되고 있는 반면에 철학적 수준에서는 논란이 지속되고 있다. 그린과 카라첼리(Greene & Caracelli, 1997)는 이들 혼합법 평가에서의 '패러다임 이슈(paradigm issue)'로 묘사한다. 이론적으로 한 방법이 어떤 특정 패러다임과 연결될 필요는 없다. 그러나 이 패러다임 이슈는 종종 실제적인 면에서는 후기실증주의나 해석주의(interpretivism)와 같은 다른 사상적 전통을 갖는 방법들을 혼합하는 것이 괜찮은 것인지, 아니면 심지어 가능한 것인지에 대한 논의이다.

혼합법 평가에서 패러다임 이슈에 관한 연구조사자나 실무자들 사이의 대화는 현재 방법을 혼합하는 독특한 개념적 틀에 공헌하고 있는 여러 견해들을 만들어 내었다 (Greene & Caracelli, 1997; Guba & Lincoln, 1989; Krantz, 1995; Patton, 1988). 그 가운데 가장 두드러진 것은 '실용적(pragmatic)' 견해와 '변증법적(dialectical)' 견해인데, 이들은 기존의 철학적 전통에 포괄되어 있다. 좀더 최근의 견해들은 프로그램 이론과 같은 실질적인 틀이나, 현실주의(realism)와 같은 대안적 조사 패러다임인데, 이들은 기존의 역사적·철학적 차이를 바꿔놓고 있다. 방법을 혼합하는 네 가지 틀은 다음과 같다.

실용적 견해

실용주의자들은 방법 혼합의 결정시에 중요한 것은 상이한 연구 전통의 철학적 양립성에 대한 고려보다는 주어진 상황에서의 자연적 한계와 기회라고 믿는다. 서로 다른 패러다임 간에 근본적인 차이점이 존재할지 모르지만, 차이는 "조사연구 실행을 위한 처방전이 아니라 조사연구의 서술 방식에 있다" (Greene & Caracelli, 1997: 8). 실용주의자인 패튼(Michael Patton)은 패러다임의 차이가 분명히 있다는 것을 인정한다. 그러나 그는 패러다임 묘사가 객관성-주관성과 같은 이원성(dualism)을 지나치게 강조한다고 주장한다. "대안적 패러다임에 대한 서술은 실제로는 방법론적인 연속선상에 있는 양 극단을 대조시킨 이상형을 대표하는 것이다"(Greene & Caracelli, 1997: 9). 가장 중요한 것은, 다양한 방법들을 사용하는 데 패러다임의 상이함을 해결할 것이 요구되지 않기 때문에 실용주의자들의 견해가 "겉으로 보기에 논리적인 모순들"을 극복할 수 있도록 도와 준다는 데 있다 (Patton, 1988: 127). 오히려 이러한 접근에서 방법론을 결정하는 근거는 맥락에의 대응성에 있다.

변증법적 견해

변증법적 견해는 패러다임 간에 차이점이 있으며 또한 그런 차이를 중요한 것으로 본다. 상이한 철학적 가정들의 차이점들이 조정될 수 없기 때문에 각각의 패러다임 가치를 판단하는 것이 중요하다. 하나의 연구에서 상이한 패러다임들을 관련 방법들과 '대화'시켜 본다면 현상에 대한 이해를 증진시킬 것이다. 그린과 카라첼리(Greene & Caracelli, 1997: 10)는 상이한 패러다임을 통합적 방법(integrative manner)으로 이용할 때 "하나의 패러다임(해석적이거나 후기실증주의)이 얻을 수 있는 것보다 좀더 포괄적이고 통찰력이 있으며 논리적인 결론을 이끌 수 있다"고 설명한다. 그들이 주장하는 주요 변증법적 교리는 "조화 불가능한 패러다임 차이를 논의하기보다는 각각 독특한 전통을 대표하는 평가 논리의 중요한 특징에 초점을 둘 필요가 있다는 것이다. 이처럼 중요한 특징을 고려하는 것이 더욱 적절하고 유용하며 명확한 추론을 생산하는 데 도움이 될 수 있다"(Greene & Caracelli, 1997: 19).

실체적 이론 견해

최근에 프로그램 평가 분야에서는 실체적 이론(substantive theory)－특히 프로그램 이론 혹은 투입, 활동, 결과 간의 의도적인 연결－이 혼합법을 위한 중요한 틀로 재부상하고 있다(Bickman, 1987, 1990; Chen, 1990; Chen & Rossi, 1983; Weiss, 1998). 주요 논지는 평가에서의 혼합법 사용이 방법론에 의해 주도되기보다는 조사되는 실질적 이슈나 프로그램에 의해 주도되어야 한다는 것이다(House, 1994). 또한 평가는 사회 문제에 대해 어떻게 가장 잘 대응할 것인가에 대한 개념적·실질적 지식을 증진시키는 데 공헌해야 한다. 평가자들은 특정 맥락 속에서 프로그램의 디자인 및 집행의 충실성과 효과성을 이해하고, 나아가 사회 문제에 대한 프로그램적 반응을 잘 알아야 한다. 사회 문제의 복잡성을 고려할 때, 건강한 프로그램 이론들은 복잡하고 다차원적이라는 점에서 비슷하다. 이처럼 후술할 대안적 패러다임과 같이, 프로그램 이론을 평가의 틀로 사용하는 것은 다양한 방법의 혼합을 초대할 뿐 아니라 적극적으로 요구한다. 그렇지만 실체적 이론이 다른 관점과 구별되는 것은 혼합 방법을 쓰는 주된 동기가 인식론이나 방법론에 머물러 있기보다는 프로그램이나 정책 지향적이라는 데에 있다.

대안적 패러다임 견해

끝으로 혼합법 조사연구의 '패러다임 이슈'는 일부 비판적 사회과학(Fay, 1987), 행동과학(Greenwood & Levin, 1998), 현실주의(Henry et al., 1998; Pawson & Tilley, 1997), 그리고 포스트모던 사상과 같은 대안적이고 '좀 더 새로운' 패러다임의 제안자들에 의해 언급되고 있다. 대안적 패러다임(alternative paradigm)들은 원칙적으로 양쪽(혹은 모든 쪽)을 받아들임으로써 전통적인 이원론들을 해체하고 있다. 새로운 패러다임들은 기존의 세 가지 이론들의 가치를 인정하고 있는데 그것은 맥락의 실용적 특성, 상이한 방법들의 혼합, 개념적·실제적 지식에 기여하는 폭넓은 연구 목표이다. 더욱이 이들 대안적 패러다임에 따르면, 혼합법 접근이 주장되는데, 그 이유는 방법의 혼합이 좋은 사례를 만들고, 이는 다시 사람들의 이해를 높여 충실한 행동을 가져오기 때문이다. 예를 들어 현실주의는 사회 현상의 맥락화된 인과적 이해를 추구한다. 이러한 이해는 보편성과 특수성, 객관성과 주관성, 유형화된 규칙성과 독특한 사례, 정책과 가치 등 양쪽 모두를 요구한다. 따라서 이러한 이해는 다양한 방법의 혼합을 초대할 뿐 아니라 실제로 요구한다.

좋은 혼합 방법의 실행은 사려깊은 혼합법 계획에 의해 얻어진다는 점을 염두에 두어야 한다. 이런 계획의 단계는 혼합법 조사(혹은 좀더 작은 규모에서 특정 혼합법 평가)에서 '패러다임 이슈'에 대한 입장을 알아내고, 그러한 입장과 일치하는 구성 틀(organizing framework)을 채택하는 것이다. 이런 구성 틀을 인식하고 그틀에 따르는 것이 좋은 혼합법 작업의 기초가 된다.

제 3 절 방법을 혼합하는 목적

모든 구성 틀에서 혼합법 계획의 두 번째 단계는 혼합하는 이유나 달성되어야 할 목적에 주의를 기울이는 것이다. 방법 혼합의 목적은 연구 대상이 되는 사회적 현상에 대해 불확실성을 줄이고 이해를 잘하기 위한 것이다. 여기서 '좀더 나은 이해(better understanding)'란 무엇을 의미하는지를 쿡(Cook, 1985)과 그린 외(Greene et al., 1989)의 글을 통해 설명하고자 한다.

(1) **추론의 타당성과 신뢰성 제고**: 이는 고전적인 혼합법 **3각측량** 디자인에 의해 예시된다. 동일한 현상을 측정하는 데 상이한 방법들－각 이론의 양점이 이상적으로 상쇄되는－을 사용하여 결과를 의도한대로 수렴시키면서도 타당성을 위협하는 요소들을 제거하는 것이다.

(2) **연구 결과의 포괄성 확대**: 사회 프로그램에 다양한 시각을 제공하기 위해(예를 들면 행정관리들의 관점과 참여자들의 경험들); 프로그램의 상이한 차원을 파악하기 위해(예를 들면 전반적인 평균 효과와 맥락화된 개별적 이야기들); 그리고 프로그램의 많은 부분이 연구되도록 하기 위해(예를 들면 집행과 결과 혹은 표준화되고 현상학적인 결과) 상이한 방법들이 혼합될 때, 사회 현상에 대한 설명이 더욱 완벽해지고 정책이 미치는 영향(impact)에 대한 해설이 더욱 포괄적으로 될 것이다 (Cook, 1985: 47).

(3) **통찰력의 증대**: 어떤 혼합법 디자인은 일치되지 않는 발견을 산출해낼 뿐 아니라 때로는 도선적이거나 상호 모순되는 결과를 가져오기도 하여 좀더 분석적 질문과 조사를 통해 조정되어야만 한다. 쿡(Cook, 1985)에 따르면 이것이 연구중인 관계를 통제하는 요소들을 구체화시킬 수 있다. 또한 이런 관계를 개념적으로 재구성하거나 새로운 개념을 발견하도록 하는데, 이 과정에서 중요한 이론적 혹은 실천적 통찰력을 가질 수 있다.

(4) **고양된 가치 의식과 다양성**: 쿡(Cook 1985: 47)은 "복수주의(multiplism)가 정책 조사연구를 지적이고 가치 의식적이며 토론 중심적으로 만들 것"이라고 주장했다. 정책연구의 틀로서 복수주의에 대한 쿡의 주장은, 다양한 가치 태도와 시각－다양한 이해관계자 관

점들, 여러 이론적 입장들과 분석적 전략 등-을 포함하도록 반복적으로 권고하고 있다. 더욱이 상이한 방법들 자체가 상이한 가치와 이해 관계를 추구하기 때문에(Greene, 1997) 혼합법 평가는 가치 다원주의를 불러오게 되며, 공공 이슈에 관해 비판적 언급, 공공 토론, 심도 있는 대화(House & Howe, 1999, 2000)로 이어지게 된다.

우리는 혼합법의 다양한 목적들이 중첩되고 여러 목적들이 하나의 평가 디자인 내에서 이루어지거나 적어도 의도되고 있다는 것을 알고 있다. 그럼에도 불구하고 상이한 목적을 위해서는 상이한 방법의 혼합이 요구되기 때문에 목적에 주의를 기울이는 것이 사려깊은 혼합법 실행을 위해 중요하다.

제4절 방법의 혼합: 디자인과 분석전략

다음으로는 혼합법 디자인 단계이다. 혼합법 평가에서 **조정된** 디자인이나 좀더 의도적이고 상호작용적으로 **통합된** 디자인을 통해 상이한 방법들이 서로 분리된 채 계획되고 집행될 수 있다(Caracelli & Greene, 1997).

조정된 디자인에서는 주요한 '방법의 혼합'은 연구의 마지막 단계인 추론과 결론에서 일어난다. 이 디자인에서는 발견들이 다른 일련의 발견들을 특징적으로 예시하고 강화하고 설명하는 데 도움을 주며 세련되게 한다(Mark et al., 1997에서 예시된 것과 같이). 통합된 디자인에서는 상이한 평가 방법들 사이에 상호 작용의 지점이 계획됨으로써 '방법의 혼합'이 반복되면서도 지속적으로 이루어진다. 이러한 상호 작용의 지점은 도구 디자인, 표본 추출, 초기 현장 접촉, 주요 자료 수집 활동, 그리고 자료 분석시의 여러 지점들을 포함할 수 있다. 통합된 디자인에서는 상이한 방법들이 섞이고 통합되며 변증법적으로 하나의 일관성 있는 전체로 합쳐지게 되어 평가 결과가 각각의 방법에 의해 독립적으로 나온 발견의 보고서라기보다는 모든 연구 자료의 종합이 된다. 통합된 디자인은 새로운 통찰력, 신선한 시각,

혹은 초점을 달리한 질문들을 산출하기 때문에 생성적(generative)인 특징을 지닌다.

이와 관련하여 혼합법 연구조사를 위한 분석전략들은 '병렬 궤적(parallel tracks)'을 따를 수 있는데(Marquart et al., 2000), 여기서 각각의 자료 세트(data set)는 독립적으로 분석되지만 분석의 비교와 연결은 결론 도출이나 추론 단계에서 행해진다. 또 분석전략은 좀더 상호 작용적일 수 있는데, 한 방법에서의 잠정적 결론이 집약·변형되어 후속 연구를 위해 다른 분석 궤도로 넘겨진다. 이 후자 전략은 '교차 궤적(crossover tracks)' 분석이라고 일컬어진다.

논리상으로, 조정된 혼합법 디자인과 병렬 궤적 분석은 방법 혼합을 위한 실용적 틀과 잘 맞는다. 그리고 통합적 디자인과 교차 궤적 분석은 변증법적 혼합법 틀과 잘 맞는다. 실제 혼합법 실행에서 대부분의 연구 디자인과 분석들은 조정된 병렬(coordinated-parallel) 부류와 통합된 교차(integrated-crossover) 부류 모두 포함하는데, 때로는 상이한 방법들이 상당히 독립적이고 또 어떤 때는 상호 작용적이다. 다시 말해, 이러한 이론적 개념들이 파악할 수 있는 것보다 혼합법 실행이 훨씬 더 복합적이고 역동적이다. 여기서 제시된 조정 및 통합과 같은 방법들과 또 혼합법을 구성하는 다른 방법들은 평가 실행을 위한 처방으로서보다는 평가 실행에 관한 하나의 사고 방식으로서 방법의 혼합을 주창하기 위해 의도되었다.

제5절 혼합법 사고 방식: 요약

간단히 말해, 지식을 얻어내고 가치를 부여하는 다양한 방식들로 이루어진 탐구를 통한다면, 오늘날 평가에 대한 요구는 최상은 아니라도 잘 다루어질 수 있다. 그러나 다양한 방법들을 이용하는 것은 단일의 방법론에서 요구되는 만큼의 사려깊음과 엄격함을 요구한다. 혼합법을 구성하는 데 유용한 것은 위에서 제시된 다양한 이론적 틀, 목적, 디자인과 분석 전략 등이다(다음 문헌들 참조. Brewer & Hunter, 1989; Creswell, 1994; Ragin,

1989; Tashakkori & Teddlie, 1998.)

사려깊은 계획 외에도 좋은 혼합법 연구를 위해서는 다른 견해와 시각들, 특히 경쟁적 설명 가설들(explanatory hypotheses)뿐 아니라 좀더 근본적인 경쟁적 사고 방식과 가치 부여 방식을 검토할 필요가 있다. 좋은 혼합법 평가는 다양한 사고 방식과 가치 부여 방식을 적극적으로 활용하여 더 나은 이해를 위해 함께 작동되도록 한다. 좋은 혼합법 평가에서 차이는 구성적이며 생성적이다.

이 글의 나머지 부분에서 혼합법의 세 가지 사례를 제시하고 분석한다. 이러한 사례를 혼합법을 구성하는 단계들과 연계시켜 검토한 후 평가와 정책 연구에서 혼합법의 전망과 한계를 고찰한다.

제6절 혼합법 연구의 사례

전술한 네 개의 이론 가운데 실용적, 변증법적, 그리고 실체적 이론을 대표하는 세 개의 사례들이 선택되었다. 네 번째의 대안적 패러다임 틀을 제외했는데 그 이유는 대안적 패러다임의 다양성을 어떤 하나의 사례도 충분히 보여 주지 못하기 때문이다. 우리가 선택한 사례들은 혼합법 실행의 좋은 예로 간주할 수 있는데, 왜냐 하면 각각의 경우에 방법의 혼합이 '좀더 나은 이해'에 상당히 기여했기 때문이다. 각 사례에서는 혼합법 목적, 디자인, 분석 전략들을 언급하면서 탐구 맥락을 간략히 기술하고, 사용된 방법의 혼합을 묘사하며 어떻게 '더 나은 이해'가 성취되었는지를 평가한다.

방법의 혼합에 실용적임

미국 위스콘신 주 밀워키의 빈곤퇴치 프로그램인 새로운 희망(New Hope)의 1단계 평가[2]는 실용적 혼합 연구의 아주 좋은 사례이다.

2) 다양한 자료와 정보의 혜택을 경험한 새로운 희망(New Hope) 조사팀(톰 와이스너(Tom Weisner) 외 몇 명, 개인적 대화, 2000)은 5년 동안 이어진 평가 과정에서 상호

1) 맥 락

New Hope는 밀워키의 선별된 도심의 지역 주민들에게 제공되는 자발적인 가난 퇴치 프로그램이었다. New Hope 참가자는 일주일에 30시간 일하는 대신 필요한 만큼 임금 보조, 건강보험, 그리고 아동 양육 수당을 받았다. 프로그램 2년 동안 위스콘신 주는 경제가 호황이었는데 이는 New Hope 프로그램의 집행과 평가에 많은 영향을 주었다.

2) 방법의 혼합

New Hope 프로그램의 평가는 무작위 실험으로 시작했는데(Bos et al., 1999), 의도된 프로그램의 결과, 특히 빈곤 감소, 고용, 가족과 어린이 복지에 대한 인과적 설명에 초점을 맞추었다. 프로그램 시작 전과 프로그램 시행 2년 후 의도된 결과가 실험집단과 통제집단에 나타난 정도를 평가하기 위해 행정 기록들, 가족 및 교사에 대한 광범위한 조사(survey)가 이용되었다. 2년의 시점에서 평가 디자인에 인종학적 요소가 도입되었다(Weisner, 2000). 이 구성 요소는 우선적으로 처음 2년 동안 프로그램 경험의 의의에 관한 현상학적인 이해에 기여하도록, 그리고 계획된 5년의 후속 연구를 예측하여 의도되었다(평가의 2단계). 반은 프로그램 적용집단에서, 반은 통제집단에서 무작위로 추출된 45개 가정들이 면담 대상이었는데, 일상 생활에서의 가족 활동이란 측면에서 New Hope의 개입 혹은 통제집단에 대한 상응한 개입이 의미 있음을 확인하고자 했다.

따라서 이러한 평가의 첫 단계에서 두 개의 자료 세트들이 주로 개별적으로 분석되었고 비교는 결론 수준에서 이루어졌다.

3) 좀더 포괄적이며 보강되고 우발적인 결과물로서의 나은 이해

이 평가에서 두 가지 자료 세트를 이용하여 중요한 결과물들이 나왔는데 하나의 자료 세트 단독일 때보다 포괄적이고 풍부한 이해를 제공했다. 하나의 예는 노동과 소득에 대한 프로그램 개입의 의도된 효과와 관련이 있

작용적이고 변증법적으로 생각하게 되었다. 한 연구의 결과물들은 다른 연구에서 사용되는 방법들의 디자인과 표본 추출에 정보를 제공하고 있다.

다. 질적인 면담은 New Hope 프로그램을 통해 재정적 혜택을 받을 수 있는 능력의 관점에서 프로그램집단의 가정들 간에 중요한 이질성이 있음을 시사했다. 마약 중독, 심각한 행동 문제가 있는 어린이들, 또는 가족 구성원 가운데 심각한 만성질환이 있는 경우와 같이 너무 많은 어려움들이 있는 가정의 경우, New Hope의 특정한 혜택 프로그램(package of benefits)이 직업 확보 능력에 어떤 차이를 만들지 못할 것 같았다. 다른 가족들은 이러한 어려움들이 없었고 이미 스스로 고용을 유지하고 있었다. 그러나 한두 가지 어려움을 가진 중간 집단의 가정들은 New Hope 프로그램의 혜택을 받을 수 있을 것처럼 보였다. 정량적 자료에는 '잠재적인 고용 장애' 지표가 과거의 고용, 교육, 그리고 체포 기록들을 이용해 구성되었으며, 가정들이 0, 1, 2, 혹은 3 이상의 장애들에 직면해 있는지에 따라 그 자료들이 재분석되었다. 그 결과는 질적인 경향을 극적으로 확인했다. 고용에 어려움이 전혀 없거나 여러 개인 가정들에게는 소득면에서 프로그램 효과가 없었으나, 단지 하나의 장애를 가진 가정들에게는 상당히 긍정적인 효과(연평균 약 1,250달러)가 있었다.

방법을 변증법적으로 혼합

취학전 통합(inclusion)에 관한 5개년 연구는 5개 대학[3] 연구진들이 포함된 아동조기교육연구소(The Early Childhood Research Institute)에 의해 수행되었으며, 혼합법 연구의 변증법적 가능성을 잘 보여 주고 있다(Li & Zercher, 1997; Marquart, 1997; Marquart et al., 1997, 2000).

1) 탐 구

아동조기교육연구소가 수행한 프로그램은 또래집단이 잘 갖추어진 교육·보육 환경에서 취학 전 연령의 장애아이들이 정상적인 교육 과정에 포

3) 이들 5개 대학은 샌프란시스코 주립대학교(San Francisco State University), 밴더빌트 대학교(Vanderbilt University), 메릴랜드대학교(University of Maryland), 노스캐롤라이나대학교(University of North Carolina), 워싱턴대학교(University of Washington)이다.

함되도록 하는 데 초점을 두고 있다. 그리하여 통합을 가로막는 요인들을 검토하여 취학전 통합프로그램을 추진하기 위한 전략을 탐구했다. 연구소는 프로그램에 참여하는 아이들 및 가족들이 처한 다양한 환경을 검토해야 이들에 대한 통합의 전략이 도출될 수 있다는 가정을 했기 때문에, 브론펜브레너(Urie Bronfenbrenner, 1979)의 생태학적 체계를 연구의 실체적 틀로 채택했다.[4)]

이 연구는 각각 다른 4개 지역에서 4개씩 총 16개의 취학전 통합 프로그램 사례를 대상으로 수행되었다. 그 프로그램들은 각 지역에서 '통합적'이라고 확인되었다. 또한 프로그램들은 통합과 어린이/가족 인구 통계를 위한 프로그램 모델의 다양성을 보여 주기 위해 의도적으로 선택되었다. 각 프로그램에서 7명씩 총 112명이 선택되었다. 한 교실에서 선택된 7명 중 5명은 개별교육계획(Individualized Education Plan)을 갖고 있는 장애아이며 2명은 전형적인 또래 친구들이다. 이 밖에도 이 아이들의 가족과 선생, 그리고 각 프로그램의 관리자들과 정책결정자들을 대상으로 연구가 진행되었다.

2) 방법의 혼합

연구는 질적·양적인 평가를 모두 포함하고 있다. 개인의 맥락적인 의미를 다루는 에믹(emic)의 측면, 즉 "통합 과정에 포함된 개인들의 생각이 직접 김도되었고(Marquart et al., 1997: 3), 표준화된 정의와 자료를 포함하고 있는 에틱(etic)의 측면도 고려되었다.[5)] 이 연구에 포함된 가족과 교실

4) 5개년 연구 프로그램은 이런 틀에 기초하여 취학전 아동들을 교실, 가정, 공동체 프로그램(협의의 체계(microsystem)), 가족과 프로그램 전문가 간 관계(mesosystem), 프로그램 관리구조와 정책(exosystem), 그리고 통합에 관한 사회정치적·문화적 맥락(macrosystem) 속에서 조사했다. 이 프로그램은 앞서 확인된 세 번째의 혼합법 틀을 예시할 수 있는데 이러한 틀 안에서 개념들을 정의하려는 노력은 복합적인 방법(multiple method)을 유도하거나 강요하기도 한다.

5) 에믹과 에틱은 인류학에서 사용되는 방법론적 용어이다. 인류학에서 에믹은 실재에 대한 원주민적 모델의 설명과 표현이고, 에틱은 관찰자의 기준에 따른 사회문화 체계의 기술과 비교를 뜻한다. 따라서 에틱은 보편성의 수준을 지향하는 반면 에믹은 특수한 언어나 문화 내에서의 유의미한 수준을 지향한다. -역주.

을 측정한 내용이 <표 6-1>에 나타나 있다.

연구자들은 혼합법 목적을 달성하고자 의식적으로 방법을 혼합했다. 혼합법 디자인과 분석은 상호 작용이 의도적으로 이루어지게 했다. 예를 들면 '질적-다음에는 양적-다음에는 질적' 자료 수집의 계획적 반복, 통합적 분석을 가능하게 하는 한 가지 형태에서 다른 형태로 자료의 독창적인 변환 등이 포함되었다. 이해 증진 수단으로 상이한 방법들이 혼합되었을 뿐 아니라 상이한 패러다임적 가정(assumptions)들과 특성들이 명백하게 포함되었다는 점에서 이 연구는 변증법적 틀을 제시하고 있다.

〈표 6-1〉 취학전 통합 프로그램의 측정

영 역	질적 지표	양적 지표
교 실	참여 관찰 후기 CASPER 기록 아동의 친구 관계에 대한 교사 설문조사 교사 면담 행정관과 정책결정자 면담 프로그램 자료 분석	CASPER(활동적인 학생 참여와 관여를 위한 수정된 코드: Code for Active Student Participation and Engagement-Revised) 동료들의 계량사회학적 평가 바텔발달검사(Battelle Developmental Inventory)[6)] 교과 과정 활동 설문조사
가 정	개별적 면담 아동의 친구 관계에 대한 가정 설문조사	전화 설문조사

출처: Marquart et al., 1997: 4.

3) 좀더 예리한 결과물로서의 더 나은 이해

이 연구의 사례 하나가 공유될 것이다. 이 사례는 16개 프로그램 각각의 경우처럼 요약될 수 있는데, "통합(의 의미)에 대한 심도 있는 분석을 제공

6) 장애유아 프로그램의 평가를 위해 개발되었고 정상 발달을 판별하는 도구로 쓰임. -역주.

하고 통합의 장애와 촉진 요소를 규명하며 독특한 이슈도 기술하도록 되어 있다" (Marquart et al., 2000: 13). 연구자들은 사례 요약을 하면서 "교차 분석적 접근법을 사용했으며, 이는 질적·양적 자료의 동시 분석으로 특징지어진다. 자료 분석은 자료에 대한 설명 및 축약, 자료의 변형, 비교, 그리고 통합 단계에 이르기까지 줄곧 두 개의 자료 세트를 끊임없이 왕복한다" (Marquart et al., 2000: 13).

구체적으로 두 가지 자료가 처음에는 서술적으로 분석되고 표준 방법으로 축소되었다—정량적 자료는 그래프와 표로, 질적 자료는 서술적 주제, 요약, 삽화로. 둘째, 축약된 자료들이 변형된다—계량적 표와 그래프의 점들이 서술적 형태로 요약되고 요점을 파악하기 위해 개발된다. 셋째, 표-그래프-모형으로 이루어진 두 세트(원래의 양적 세트와 변형된 질적 세트)가 수렴하는지, 상호 보완되는지, 불일치하는지를 검토하며, 이 연구 방법에서 가장 중요한 부분이다. 요약 서술된 두 세트(원래의 질적 세트와 변형된 양적 세트)에 대해서도 유사한 비교가 행해졌다. 이들 비교에서의 일치는 더욱 강력하고 타당한 추론을 가져왔고, 불일치는 심도 있는 탐색(further probing)과 생성적인 통찰력(generative insights)을 가져왔다.

하나의 사례 요약에 대한 생성적 통찰력의 예는 다음과 같다.

(1) 서술적인 정향적 그래프에 따르면, 장애아는 "집단에서 소외되어 혼자 보내는 시간이 또래 친구에 비해 더 많았다. 그런데 주요 교육 시간(circle time)에서는 혼자 보내는 시간이 가장 적었다" (Marquart et al., 2000: 16).

(2) 이 그래프와 (변형되거나 정렬된) 질적 관찰 노트 모형의 **비교는**, 장애아의 **모든** 소극적인 행위가 집단과 함께 있을 때 나타나는 어려움과 관계 있으며, 이는 그 아이의 주요 교육 시간에만 국한된 것이 아니고 선생님이 가르치는 어떤 집단 활동에서도 발생할 수 있음을 시사한다.

(3) 현장 노트와 교사 면담 자료에 대한 **심층조사**는 통합에 관한 철학

> (inclusion philosophy)과 아이의 기대에 대한 일반교육 교사와 특수교육 교사 간의 괴리를 드러내었는데 이 괴리는 복합적이고 미묘하며 다면적이었다. 특히 특수교육 교사는 장애아가 하고 싶을 때는 언제든지 그 집단을 떠날 수 있도록 묵시적인 허락을 주었는데 그 교사는 "모든 아동들은 최선을 다해야 하지만 만일 그들이 규칙(예를 들면 집단 시간에 얌전히 앉아 있어야 하는 것)을 따를 수 없다면 그들에게 배울 수 있는 시간을 주어야 한다"(16)고 믿고 있었다. 이와 대조적으로 일반교육 교사는 학생들이 교육 프로그램에서 필요한 것을 얻을 수 있도록 모든 학생들에게 높고 일관된 기대치가 필요하다고 말하고 있다. 아이가 집단 시간에 참여하는 것과 같은 규칙으로부터 면제되었을 때에 "그 아이는 집단과 함께 있지 않았기 때문에 얻어야 할 것을 얻지 못하게 된다. 그 아이는 우리가 하는 것을 알아차릴 만큼 오래 앉아 있지 못한다. 나는 교육에 관한 한 그 아이가 진정 필요한 것을 얻고 있지 못하다고 느낀다"(16).

이러한 견해의 차이는 통합 프로그램을 방해하는 요소로 간주되었다. 이러한 차이가 나타난 것은 혼합법 탐구의 변증법적 잠재력을 보여 준다. 다양한 관점을 의식적으로 존중하고－이 예에서처럼 맥락적인 관점과 표준화된 관점, 또 특수교육의 관점과 일반교육의 관점을 모두 고려－상이한 방법과 자료에 대한 상호 작용 및 비교를 계획하고 적극 추진함으로써, 프로그램에 대한 이해가 증진되고 통찰력도 깊어졌다. 이와같이 상호 작용적이고 '대화적(conversational)'인 디자인은 변증법적 혼합 틀의 중요한 특징이다.

실체적인 프로그램 이론에 기여하는 방법의 혼합

이론적으로 규명된 성과평가의 편익이 실제로 얼마나 잘 나타나는가를 조사한 연구(Sivalingham, 1997)는 실체 이론에 의해 안내되는 혼합법 틀을 보여 주고 있다.

1) 탐 구

이 연구의 맥락은 다지선택 평정(multiple-choice assessment)으로부터 성과에 기반한(performance-based) 평정으로의 전환을 포함한 고등학교 과학 개혁의 평가였다. 이 평가는 성과평정에 대한 다음과 같은 주장들을 경험적으로 검토하고 있다.

(1) 성과평정은 학생의 긍정적인 태도를 제고한다(과학적 인지 능력, 과학에의 관심과 동기, 과학의 의의).
(2) 성과평정은 사실보다는 개념과 문제 해결을 강조한다.
(3) 성과평정은 더 높은 차원의 사고 능력을 측정할 수 있다.
(4) 성과평정은 성, 인종, 계급별 집단 간에 공평한 성과를 산출한다.

이 연구는 성과평정의 '결과적 타당성(consequential validity)'에 대한 평가를 가능하게 했다. 시벌링햄(Vanaja Sivalingham)의 두 번째 이론적 주장—성과 평정이 교수법(instruction)에 영향을 준다—을 검토해 보자.

평정이 교육 방법에 대한 교사들의 선택과 실행에 영향을 주거나 심지어 '강요하는' 방식에 대한 이론적 논의는 많은 편이다(Popham, 1999). 학생들의 시험 성적이(정부 당국이나 일반 대중에 의해) 교사의 역량으로 간주되기 때문에, 교사들은 자신의 학생들이 우수한 성적을 내어야 한다는 명시적 또는 묵시적인 압력을 경험한다. 그리고 일반적으로 교사들은 시험에 나오는 종류의 지식과 기술을 가르침으로써 이러한 압력에 대해 대응한다. 이러한 맥락에서 성과평정 이론에 따르면 성과평정을 이용함으로써 복잡한 인지적 과업, 과학적 개념과 원칙들의 이해, 문제 해결 기술, 그리고 더 높은 수준의 사고 능력에 학생들의 숙달을 증진할 수 있다(성과평정 이론에 관한 상세한 기술은 시벌링햄(Sivalingham, 1997)의 문헌 조사 참조). 이 연구에서는 탐구 맥락이나 패러다임적·방법론적 측면보다는 이론적 주장이 디자인이나 방법을 선택하는 틀이 되었다.

2) 방법의 혼합

시벌링햄은 고등학교 과학 교과 과정의 하나를 선택하여 다지선택형 평정과 성과에 근거한 평정을 대비시키고 있다. 그녀는 성과에 기초하여 학기말 시험을 60~100% 치르는 4개의 '새로운' 과목들을 골랐는데 이는 13개의 수업에 250명의 학생들을 포함하고 있다. 그리고 그녀는 학기말 시험이 85~100% 다선지형인 2개의 '전통적인' 과목을 선택했는데 여기에는 7개의 수업에 116명의 학생들이 포함되어 있다. 학교의 모든 과학 교사들은 이 표본에 대표되어 있다.

시벌링햄은 이 표본에서 교사 및 학생들의 과학 수업의 활동들에 관한 자료를 수집했다. 교사들은 개별적 면담에서 그들의 과학 수업 활동, 특히 개념 이해, 문제 해결, 통찰력을 증진시키기 위한 활동들에 대해 질문을 받았다(이 세 가지 인지적 과업은 성과 평정의 특별한 혜택으로 알려져 있다). 설문지는 학생들에게 과학 수업에서 행한 활동들을 밝히고 (예를 들면 모형을 만들고 실험을 한 것과 같은) 그 빈도를 물었다.

3) 통합된 결과물로서의 통찰력 증진

시벌링햄은 면담과 질문 자료를 가지고 상호 작용적 분석을 시도했다. 마퀴트와 그 외 사람들처럼 그녀는 두 가지 유형의 자료를 하나의 전반적인 묘사로 통합하려고 시도했다. 이런 분석은 세 단계로 진행되었다.

(1) 첫째, 시벌링햄은 면담 자료를 다음과 같이 연역적으로 분석했다. (a) 과학 교사가 개념을 어떻게 이해하는지, 문제 해결 및 높은 수준의 사고 방식을 어떻게 개념화하는가, (b) 이러한 인지적 문제들에 대한 학생들의 능력을 제고시키기 위해 교실에서 어떤 활동들을 사용하는가.

(2) 둘째, 시벌링햄은 학생들의 설문 자료에 대한 서술적 분석 및 요인분석을 실시하면서 교실 활동을 탐색했다. **교사 자료는 요인분석 결과를 해석하는 데 중요한 도움을 주었다.** <표 6-2>에 나타난 것처럼 네 가지 요소들이 지적되었다.

〈표 6-2〉 학생 자료에서 활동집단을 대표하는 요인들

요인 1: 문제해결과 고차원적 사고를 증진시키는 참여적 활동	**요인 2: 지식과 개념 이해를 증진시키는 개별적 활동**	**요인 3: 학생의 책임감을 요구하는 활동**	**요인 4: 교사의 지시에 의한 활동**
자유로운 실험(집단)	개념 지도	자유로운 실험(개인)	구조화된 실험(집단)
	도서관 자료찾기		실험보고서 작성
실험이나 실험모델 디자인의 방어		구조화된 실험	
(구술/문장)	독서 후 자신의 기록을 적음	(개인)	교사가 준 기록을 적음
모형	시	독서 후 자신의 기록을 적음	
			교사의 시범
구술로 발표	연구보고서/학기말 보고서	현장 방문	
			작업일지
과제(project)		일지(journal)	
		명세표(portfolio)	

출처: Sivalingham, 1997: 144.

a. 학생들의 활발한 참여를 요구하고 문제 해결과 높은 수준의 사고를 증진시키기 위해 교사들이 사용하는 참여적·협동적 활동들
b. 학생들의 개인적인 지식 축적을 제고하고 과학적 개념의 이해를 증진시키기 위해 교사들이 이용하는 활동들
c. 학생들 자신의 학습을 위해 학생들에게 책임을 질 것을 요구하는 활동들
d. 교사의 지시에 의한 활동들

(3) 셋째, 시벌링햄은 자신의 표본에서 교수 활동의 네 가지 요인들에 관한 상이한 교과들을 비교했다. 시벌링햄은 동일한 교사에 의해 가르침을 받는 수업들을 합쳐 각 교과목마다 평균 요인 점수를 계산하고 그 결과를 그림으로 표시했다([그림 6-1] 참조).

요인 1과 2의 결과에 따르면 성과들에 관한 교과목들−물체의 원리(WTW), 화학(CC)−의 학생들은 대부분 다선지형 교과목들−물리학(P), 물리화학(PC)−의 학생들보다 복잡한 인지적 결과를 향상시키기 위해 교사들이 사용한 교실 활동을 더 자주 이용했다. 그러나 요인 4에 따르면 모든 교과목에서 교사 중심의 활동이 가장 많은 것으로 나타났다. 간략하게 말해 이러한 결과물들은 성과평정이 높은 수준의 인지적 능력을 향상시키기 위한 활동을 포함하는 방향으로 교수법에 영향을 줄 수 있다는 이론적 주장을 지지하지만 이 맥락에서는 단지 약간만 그렇다. 이 학교의 모든 과학 교과의 교수 활동들은 대체로 교사 중심적이다.

[그림 6-1] 네 가지 요인에서 과학 과목들의 비교

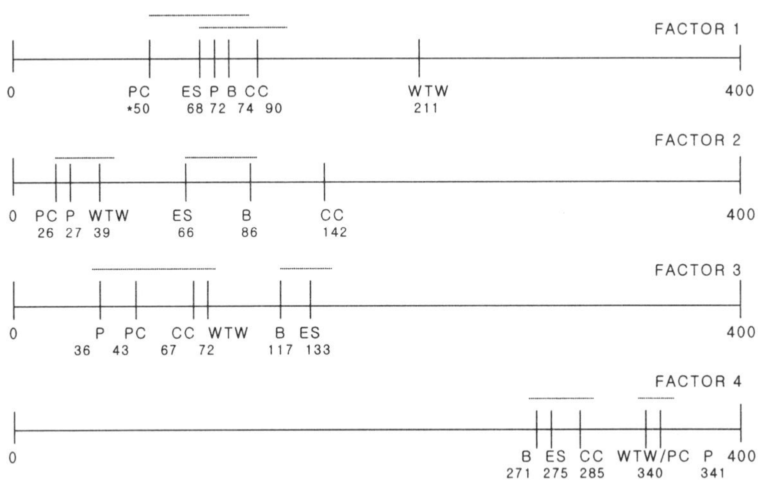

ES(Earth Science) 지구과학; B(Biology) 생물학; CC(CHEMCOM); 화학(Chemistry in the Community);[7] P(Physics) 물리학; PC(Physical Chemistry)물리화학; WTW(Way Things Work) 물체의 원리

* 소수점을 없앤 과목의 평균 점수; 점선은 0.05 수준에서 의미 있는 차이가 없음을 나타냄

출처: Sivalingham, 1997: 163.

7) 미국화학협회가 고등학생을 대상으로 만든 화학 교재로서 화학이 사회에 끼치는 영향을 강조. -역주.

이 방법의 혼합과 독창적인 분석으로부터 도출된 통합적 묘사는 실제 성과평정에 대한 평가적 질문에 대해 간결하고 이론적으로 의미 있는 시각을 제공한다.

제7절 실제 평가에서의 전망과 한계

결론적으로 말하면, 혼합법이 사회 프로그램과 정책을 이해하는 데 많은 도움을 주고 있지만, 만병통치약은 아니라는 점이다. 어떤 평가 연구에서도 나타나는 시간과 자원의 한계 외에, 혼합법 평가를 계획할 때 특별한 주의를 기울여야 할 네 가지 이슈가 확인되었다. 우리는 이들 이슈를 혼합법 연구조사의 '부정적인 측면'으로 제시하기보다는 오히려 모든 연구조사에 동반되어야 할 목적 지향적이고 사려깊은 계획의 중요성을 강화하는 것으로 제안한다.

확실성과 복잡성의 균형

우리가 논의한 것처럼 혼합법은 두 가지 접근법으로부터의 결과가 유사한 결론을 보일 때 타당성을 제고하고 더 큰 확실성을 제공할 수 있다. 그러나 혼합법은 동일한 사회 현상을 다르게 묘사하기 때문에 결과는 수렴할지 모르지만 사회 현상을 상당히 복잡하고 맥락적으로 그려낸다. 따라서 혼합법 디자인을 사용할 경우 평가자는 이질적인 결과를 평가 결과 이용자들에게 보여 주는 데 신중해야 하며, 프로그램 스태프와 정책결정자들이 혼합법 디자인에서 나오는 복잡한 모습을 이해하도록 도와 주면서 후속 조치에 적극 관여할 수 있다. 후속 작업은 실무진이나 정책결정자들에게 사회 문제를 다른 관점에서 생각할 수 있는 기회와 혁신적인 실행을 위한 아이디어를 고려할 수 있는 여유를 제공한다는 점에서 중요하다.

이질적인 방법들

방법들은 여러 차원에서 다르다. 혼합법 연구가 이질적으로 되기 위해서는 어느 차원이 가장 중요한가? 이 질문은 상당히 많은 연구조사를 보장한다. 쿡(Cook, 1985), 쇼틀랜드와 마크(Shotland & Mark, 1987), 그리고 그린 외(Greene et al., 1989) 등에 의해 유용한 출발점들이 제시되었다. 쿡, 쇼트랜드와 마크는 이질성 또는 방법론적 편향의 균형을 강조하는데, 왜냐하면 복수의 방법들이 한 가지 방법보다 프로그램의 효과를 추정하는 데 덜 편향적이기 때문이다. 이런 추론은 삼각 혼합법 디자인에 가장 적합하다. 그린 외는 다른 혼합법 목적을 위해 방법들을 이질적으로 만들기 위한 디자인과 관련된 기초적인 아이디어를 제공한다. 이런 문제를 심도 있게 검토하려면 혼합법을 잘 적용한 사례가 필요하다.

방법들의 균등한 비중

많은 저자들이 혼합법 연구에서 상이한 방법들, 상이한 패러다임들, 혹은 양쪽에 부과된 무게에 주의를 기울인다(Creswell, 1994; Greene et al., 1989; Smith, 1997; Tashakkori & Teddlie, 1998). 하나의 방법 혹은 하나의 패러다임이 지배적인 디자인(Creswell, 1994)은 다양한 방법 혹은 패러다임이 비교적 동등한 디자인과는 다르다. 방법이 이질적인가의 문제처럼 방법의 비중이 비슷한가도 중요하다. 한편 평가자들은 연구가 다루어야 할 가장 중요한 질문이나 문제가 무엇인지를 결정해야 하고, 방법/패러다임을 적절히 우선순위화해야 한다. 그렇다고 하더라도 혼합법을 사용할 경우, 특히 패러다임을 혼합할 경우 정립된 이론이나 가치에 도전할 수 있다.

자료 품질의 중요성

방법을 혼합한다는 것이 동일한 이슈에 대해 상이한 관점을 포함하는 독창적이고 유용한 방법인 것처럼 보이지만, 혼합법 디자인에 대한 요구는 단일 방법 연구에 대한 요구와 다르다. 왜냐 하면 방법들과 그 바탕에 깔린 패러다임들이 하나의 연구에서 방법을 혼합함으로써 비교되고 대조되기 때문에, 방법들을 뒷받침하는 가정들 및 패러다임의 인식론적인 가정들에 대해 평가자는 명확히 인식할 필요가 있다. 단일 방법 연구에서는 이러한 가정들이 다른 방법 혹은 패러다임적 가정들을 사용하여 수집된 자료에 의해 도전을 받지 않기 때문에 그런 가정들이 전면에 나타나지 않을지 모른다. 혼합법 연구에서는 이러한 가정들을 사려 깊고 적극적인 자세로 다루어야 한다.

제8절 결 론

간단히 말해, 혼합법 평가는 사회 프로그램을 이해하고 그 실행을 개선하는 데 많은 도움을 주고 있다. 그러나 혼합법 평가를 디자인하는 것이나 수행하는 것이 단순히 잡동사니 방법들에서 고르는 것이 아니다. 평가자가 실용적·변증법적으로 프로그램 이론의 경계 내에서 방법을 혼합하든 내안적 패러다임 내에서 방법을 혼합하든, 이 접근법은 단일법 연구에서는 필요 없는 높은 수준의 성찰(reflcxivity)과 대응성(responsiveness)을 요구한다. 이러한 성찰은 다양성, 차이, 불확실성을 수용하고 있는 혼합법 사고 방식에 근거하고 있다. 평가에서 방법을 혼합함으로써 얻는 이득은 매우 많다. 예를 들어 연구의 타당성이 증대되며, 연구 결과가 포괄하는 범위도 넓어진다. 또 통찰력도 깊어지며 다양한 가치에 대한 인식이 높아진다. 이러한 잠재력을 충분히 실현하기 위해 혼합법 구성 과정과 여러 가지 예를 제시했는데, 혼합법 평가자들은 의도적이면서도 사려 깊어야 하고 성찰 능력을 가져야 한다.

참고 문헌

Annie E. Casey Foundation (1995). *Getting Smart, Getting Real: Using Research and Evaluation Information to Improve Programs and Policies.* Report of the Annie E. Casey Foundation's September 1995 Research and Evaluation Conference. Baltimore, MD.

Bickman, Leonard (ed.) (1987). *Using Program Theory in Evaluation. New Derections for Evaluation No. 33.* San Francisco, CA: Jossey-Bass.

______(ed.) (1990). *Advances in Program Theory. New Directions for Evaluation No. 47.* San Francisco, CA: Jossey-Bass.

Bos. J., A. C. Huston, R. Granger, G. Duncan, T. Brock & W. C. McLoyd (1999). *New Hope for People with Low Incomes: Two-Year Result of a Program to Reduce Poverty and Reform Welfare.* New York, NY: Manpower Research Demonstration Corporation.

Brewer, John & Albert Hunter (1989). *Multimethod Research: A Synthesis of Styles.* Thousand Oaks, CA: Sage.

Bronfenbrenner, U. (1979). *The Ecology of Human Development: Experiments by Nature and Design.* Cambridge, MA: Harvard University Press.

Caracelli, Valerie J. & Jennifer C. Greene (1997). Crafting Mixed-Method Evaluation Designs, in J. C. Greene & V. J. Caracelli(eds). *Advances in Mixed-Method Evaluation: The Challenges and Benefits of Integrating Diverse Paradigms. New Directions for Evaluation No. 74*: 19-32. San Francisco. CA: Jossey-Bass.

Chen, Huey-Tsyh (1990). *Theory-Driven Evaluation.* Thousand Oaks, CA: Sage.

Chen, Huey-Tsyh & Peter H. Rossi (1983). Evaluating with Sense: The Theory-Driven Approach, *Evaluation Review 7*: 283-302.

Cook, Thomas D. (1985). Postpositivist Critical Multiplism, in R. L. Shotland & M. M. Mark(eds.). *Social Science and Social Policy*, pp. 21-62. Thousand Oaks, CA: Sage.

Creswell, John W. (1994). *Research Designs: Qualitative and Quantitative Approaches.* Thousand Oaks, CA: Sage.

Fay, Brian (1987). *Critical Social Science.* Ithaca, NY: Cornell University

Press.

Frechltling, Joy & Laurie Sharp (eds.) (1997). *User-Friendly Handbook for Mixed-Method Evaluation.* Arlington, VA: National Science Foundation, Directorate for Education and Human Resources.

Greene, Jennifer C. (1997). Evaluation as Advocacy, *Evaluation Practice 18*: 25-35.

Greene, Jennifer C. & Valaerie J. Caracelli (1997). Defining and Describing the Paradigm Issue in Mixed-Method Evaluation, in J. C. Greene & V. J. Caracelli (eds.). *Advances in Mixed-Method Evaluation: The Challenges and Benefits of Integrating Diverse Paradigms, New Directions for Evaluation No. 74:* 5-17. San Francisco, CA: Jossey-Bass.

Greene, Jennifer C., Valaerie J. Caracelli & Wendy F. Graham (1989). Toward a Conceptual Framework for Mixed-Method Evaluation Designs, *Educational Evaluation and Policy Analysis 11*: 255-74.

Greenwood, Davydd & Morten Levin (1998). *Introduction to Action Research: Social Research for Social Change.* Thousand Oaks, CA: Sage.

Guba, Egon G. & Yvonna S. Lincoln (1989). *Fourth Generation Evaluation.* Thousand Oaks, CA: Sage.

Henry, Gary T., George Julnes & Melvin M. Mark (eds.) (1998). *Realist Evaluation: An Emerging Theory in Support of Practice. New Directions for Evaluation No. 78.* San Francisco, CA: Jossey-Bass.

House, Ernest R. (1980). *Evaluating with Validity.* Beverly Hills, CA: Sage.

House, Ernest R. (1994). Integrating the Quantitative and the Qualitative, in C. S. Reichardt & S. F. Rallis (eds.). *The Qualitative-Quantitative Debate: New Perspectives. New Directions for Evaluation No. 61.* San Francisco, CA: Jossey-Bass.

House, Ernest R. & Kenneth R. Howe (1999). *Values in Evaluation and Social Research.* Thousand Oaks, CA: Sage.

House, Ernest R. & Kenneth R. Howe (2000). Deliberative Democratic Evaluation, in K. R. Ryan & L. DeStefano (eds.). *Evaluation as a Democratic Process: Promoting Inclusion, Dialogue, and Deliberation, New Directions for Evaluation No. 85:* 3-12. San Francisco, CA: Jossey-Bass.

Krantz. D. L. (1995). Sustaining Versus Resolving the Quantitative-Qualitative Debate, *Evaluation and Program Planning 18*: 89-96.

Li, S. & C. Zercher (1997). Data Analysis Strategies and Issues in Mixed-Method Research, paper presented at the annual meeting of the American Evaluation Association, San Diego, CA.

Mark, Melvin M., Irwin Feller & Scott B. Button (1997). Integrating Qualitative Methods in a Predominantly Quantitative Evaluation: A Case Study and Some Reflections, in J. C. Greene & V. J. Caracelli (eds.). *Advances in Mixed-Method Evaluation: The Challenges and Benefits of Integrating Diverse Paradigms, New Directions for Evaluation No. 74*: 47-59. San Francisco, CA: Jossey-Bass.

Marquart, Jules. M(1997). Mixed-Methods Studies: Design and Analysis Dilemmas and Solutions, paper presented at the annual meeting of the American Evaluation Association, San Diego, CA.

Marquart, Jules M., S. Li & C. Zercher (1997). Making the Whole More than the Sum of the Parts: Challenges in a Mixed-Method Study of Inclusion, paper presented at the annual meeting of the American Educational Research Association, Chicago, IL.

Marquart, Jules M., S. Li & C. Zercher (2000). Conceptual Issues and Analytic Strategies in Mixed-Methods Studies of Preschool Inclusion, *Journal of Early Intervention 23*: 116-32.

Marris, Peter & Martin Rein (1982). *Dilemmas of Social Reform: Poverty and Community Action in the United States,* 2nd ed. Chicago, IL: University of Chicago Press.

Patton, Michael Q. (1988). Paradigms and Pragmatism, in D. M. Fetterman (ed.). *Qualitative Approaches to Evaluation in Education: The Silent Scientific Revolution,* pp. 116-37. New York: Praeger.

Pawson, Ray & Nick Tilley (1997). *Realistic Evaluation.* London: Sage.

Popham, W. James (1999). *Modern Educational Measurement: Practical Guidelines for Educational Leaders.* New York: Allyn and Bacon.

Ragin, Charles C.(1989). *The Comparative Method: Moving Beyond Qualitative and Quantitative Strategies.* Berkeley. CA: University of California Press.

Shotland, R. Lance & Melvin M. Mark (1987). Improving Inferences from Multiple Methods, in M. M. Mark & R. L. Shotland (eds.). *Multiple Methods in Program Evaluation, New Directions of Evaluation No. 35*: 77-94. San Francisco, CA: Jossey-Bass.

Sivalingham, Vanaja (1997). Examining Claims Made for Performance Assessments Using a High School Science Context, doctoral dissertation, Department of Education, Cornell University, Ithaca, NY.

Smith. Mary Lee (1997). Mixing and Matching: Methods and Models, in J. C. Greene & V. J. Caracelli (eds.). *Advances in Mixed-Method Evaluation: The Challenges and Benefits of Integrating Diverse Paradigms, New Directions for Evaluation. No. 74*: 73-86. San Francisco, CA: Jossey-Bass.

Tashakkori, Abbas & Charles Teddlie (1998). *Mixed Methodology: Combining Qualitative and Quantitative Approaches.* Thousand Oaks, CA: Sage.

Weisner, Thomas (2000), Understanding Better the Lives of Poor Famillies: Ethnographic and Survey Studies in the New Hope Experiment, *Poverty Research News* 4(1): 10-12. Joint Center for Poverty Research, Northwestern University, IL.

Weiss, Carol H. (1998). *Evaluation*, 2nd ed. Upper Saddle River, NJ: Prentice-Hall.

▒ 필자 소개

제니퍼 그린(Jennifer C. Greene)은 미국 일리노이 주 어바나 샴페인에 있는 일리노이주립대학교의 교수이다. 그녀의 평가연구 및 활동은 해석적 · 참여적 · 혼합법적 접근법을 띠고 있는데, 주로 가정과 아동들을 위한 교육과 사회 프로그램 영역에 집중해 있다. 연락처는 Department of Educational Psychology, 260E Education, 1310 S. Sixth St., Champaign, IL 61801, USA. Email: jcgreene@uiuc.edu.

렌 벤저민(Lehn Benjamin)은 코넬대학교의 도시지역계획과의 박사과정 수료생이다. 그녀의 연구 관심은 지역발전 분야의 평가를 포함하는데, 특히 평가를 민주적인 대화로 보는 데 초점을 두고 있다. 그녀의 논문 연구조사는 성과측정이 어떻게 공동체 발전을 형성하는가에 초점을 두고 있다. 연락처는 Department of City and Regional Planning, Cornell University. 106 W. Sibley Hall, Ithaca, NY 14850, USA. Email: lmb18@cornell.edu.

레슬리 굿이어(Leslie Goodyear)는 최근에 코넬대학교의 인류서비스학과(Human Service Studies)에서 박사학위를 받고, 현재 하버드 가정연구 프로젝트에서 연구원으로 일하면서 *The Evaluation Exchange*라는 학술지의 편집인으로 일하고 있다. 그녀의 평가와 연구 관심은 HIV/AIDS 예방교육과 가정과 아동을 위한 교육, 사회 프로그램 분야에서 해석적·참여적·혼합적 접근법의 적용에 있다. 연락처는 Harvard Family Research Project, 38 Concord Avenue, Cambridge, MA 02138, USA. Email: leslie_goodyear @harvard.edu.

注: 이 논문의 초고는 또 다른 공동 저자인 코넬대학교의 로위(Staci Lowe)와 함께 1999년 11월 워싱턴(Washington DC.)에서 열린 APPAM 연례회의에서 발표되었다.

제 7 장

자료포락분석(DEA)을 이용한 성과지표의 비교*

로널드 니한(Ronald C. Nyhan)
로렌스 마틴(Lawrence L. Martin)

제 1 절 성과측정과 활용

정부 활동의 효율성(efficiency), 품질(quality), 그리고 효과성(effectiveness)에 대한 정보를 정기적으로 수집·보고하는 성과측정(Urban Institute, 1980)은 오늘날 가장 논란이 많이 되고 있는 주제이다(Blodgett & Newfarmer, 1996; Curcio, 1996; Martin & Kettner, 1996; Tracy, 1996; U.S. General Accounting Office[GAO], 1995a). 이러한 현상은 연방정부, 주정부, 지방정부 등에서 모두 나타나고 있다. 성과측정에 대한 관심이 높아지고 있는 이유는 대체로 다음과 같다. (1) 1993년 GPRA(정부성과결과법)의 제정, (2) NPR(정부성과보고서)의 작성, (3) 주정부와 지방정부의 벤치마킹 노력, (4) GASB(정부회계기준위원회)가 주도하는 SEA(서비스 노력 및 성과) 보고서 작성이다.

GPRA는 모든 연방기관들이 특별히 효과성 성과지표에 초점을 두고 사업평가를 추진할 것을 요구하고 있다(U.S. GAO, 1995b). GPRA는 연방법률이기 때문에 성과측정을 촉진시키는 네 가지 요소 중 가장 중요한 동

* 출처: Comparative Performance Measurement: A Primer on Data Envelopment Analysis. *Public Productivity & Management Review*(March 1999) *22(3)*: 348-364.

력이다. 현재 연방정부 부처들은 GPRA를 실행하기 위해 매우 바쁘게 움직이고 있다(U.S. GAO, 1995b).

'정부재창조(reinventing government)' 운동의 상징물인 NPR은 성과측정을 촉진시키는 또 하나의 중요한 힘이다. 정부재창조의 기본 주장은 "측정되는 것은 수행된 것"이라는 점이다(Osborne & Gaebler, 1992). NPR의 노력은 품질과 효과성 지표의 사용(Gore, 1996)을 강조하는 것 외에도 GPRA의 실행을 촉진하는 자극제가 되고 있다(U.S. GAO, 1996).

성과지표의 사용을 촉진시키는 또 다른 힘은 다양하게 나타나고 있는 주정부와 지방정부의 벤치마킹 노력이다. 벤치마킹은 생산물, 서비스, 업무과정 등 다양한 지표들을 그 분야의 '모범 사례(best practices)'와 비교하는 것으로 정의할 수 있다(Spendolini, 1992: 9). 몇몇 주들(예컨대, 코네티컷, 플로리다, 조지아, 하와이, 아이오와, 메인, 미네소타, 네브라스카, 뉴멕시코, 노스캐롤라이나, 오리건, 유타)과 수많은 지방정부들은 측정 기준(benchmarks)을 개발해 오고 있으며 전부 또는 일부분을 자신들이 수행한 사업들의 성과지표로서 사용하고 있다(Florida Commission on Government Accountability to the People [FCGAP], 1996b). 가장 유명한 벤치마킹의 세 가지는 Oregon Options(Oregon Progress Board, 1994), Minnesota Milestones(Minnesota Planning, 1996), 그리고 Florida Benchmarks(FCGAP, 1996a)이다.

성과측정을 촉진하는 마지막 기제는 주정부와 지방정부를 위한 회계 기준을 수립한 GASB이다. GASB는 일부 지방정부와 협력하여 오랫동안 SEA 보고서 작성을 수행해 오고 있다(예를 들어 City of Portland, 1995; Fountain & Roob, 1994; GASB, 1991; Tracy, 1996; Tracy & Jean, 1993). SEA 보고서의 목적은 주정부와 지방정부로 하여금 재정에 관한 정보 외에 프로그램의 효율성, 품질, 효과성에 대한 정보를 일상적으로 수집하고 보고할 수 있도록 하는 것이다. 구체적으로 SEA 보고서는 (1) 화폐단위의 상근 인력(full-time equivalent: FTE)과 같은 비화폐 단위로 측정되는 서비스 노력, (2) 효율성(산출), 품질, 효과성(결과)으로 표현되는 서비스 성과(accomplishment), (3) 성과 대비 노력의 비율이라는 세 가지 내용을 포함하고 있다(GASB, 1994). GASB는 정부 프로그램에 대한 구체적인 성과지표의 수립을 추구하는 것이 아니라 주정부와 지방정부가 사용해야 하는 성과측정의 범주(즉 효율성, 품질, 효과성)를 구체화시키는 것을 의도하고 있다. 현재 SEA 보고서는 주정부와 지방정부에서 선택적으로 사용되고 있지만, 2000년이 되면 필수적인 것으로 사용될 수 있을 것이다(Epstein, 1992). SEA 보고서는 대단히 포괄적이기 때문에 다른 모든 성과측정 시스템을 판단할 수 있는 측정 기준이 될 것이다.

GPRA, NPR, 주정부와 지방정부의 벤치마킹 노력, 그리고 GASB의 SEA 보고서 등의 복합적인 영향으로 인해, 연방정부와 대부분의 주정부 및 지방정부 기관, 그리고 보조금이나 계약에 의해 정부 프로그램을 수행하는 영리·비영리 민간조직들은 10년 안에 성과측정 시스템을 갖추게 될 것이다.

정부에서 수행하는 다양한 사업들에 대한 성과측정 자료들이 일상적으로 수집되고 보고되면, 다음 단계는 동질적인 서비스 공급기관 간에 성과를 비교하는 것이다. 비교를 위한 서비스 공급기관은 한 정부 내에서 동일한 또는 유사한 프로그램을 제공하는 부처들, 동일한 또는 유사한 프로그램을 공급하는 다양한 정부들, 동일한 또는 유사한 프로그램을 제공하는 계약기관들, 또는 이러한 유형들이 조합된 형태들로 이루어질 것이다. 이러한 비교를 통해 우수 사례 공급기관을 선정할 수 있으며, 이를 다른 기관들이 제공하는 유사한 사업의 효율성, 품질, 효과성을 높이는 데 측정 기준으로 사용할 수도 있다(Martin & Kettner, 1996; Spendolini, 1992). 또한 기관 간 비교는 우수기관의 선정 및 측정 기준으로 활용하는 외에도, 예산(budgeting), 보조금(grants), 계약(contracting) 등 자원 할당과 관련한 정책 결정에 많은 함의를 가지게 된다.

서비스 공급기관 간의 비교가 성과측정 자료를 이용해 잘 이루어지고 있는가? 최우수기관을 실제로 선정할 수 있는가? 이상하게도 성과 관련 문헌에서 이러한 질문들은 소홀히 취급되어 왔다. 성과측정에 관한 연구들은 정부로 하여금 사업의 효율성, 품질, 효과성에 대한 정보가 일상적으로 수집 및 보고하도록 했지만, 공급기관 간 비교를 위해 성과 자료들을 어떻게 사용할 것인가에 대해서는 갑자기 침묵하고 있다.

제2절 성과 비교를 위한 전통적인 방법

역사적으로 보면 성과 관련 자료를 이용하여 서비스 공급기관을 비교하는 방법으로 단순비율분석(simple ratio analysis)과 회귀분석(regression analysis)이 많이 사용된다(DeLancer, 1996; Harty & Fisk, 1992). <표 7-1>에 나와 있는 간단한 자료를 통해 두 가지 방법을 설명할 수 있다. 이 자료는 5개의 다른 기관에 의해 수행된 직업훈련 프로그램에 대한 가상적인 자료이다. 두 개의 공급기관('정부 1'과 '정부 2')은 동일한 정부기관에 속해 있는 산하기관이며, 다른 세 개의 공급기관('계약 A', '계약 B', '계약 C')은 정부기관과 계약을 맺은 기관들이다. 여기에는 세 가지 공통점이 있다. 첫째, 5개 기관 모두 일정한 형태의 직업훈련 프로그램을 제공하고 있다. 둘째, 5개 기관 모두 동일한 투입 요소(예산과 인력)를 사용하고 있다. 셋째, 성과를 측정할 때 산출과 관련된 효율성, 품질, 결과와 관련된 효과성에 대한 동일한 지표를 사용하고 있다. <표 7-1>은 두 가지 범주의 투입변수(**총 예산과 상근 직원**)와 세 가지 범주의 성과지표(**효율성**: 프로그램 이수자들의 수, **품질**: 프로그램 이수자들이 프로그램 종료 후 실시된 고객

〈표 7-1〉 1997년도 직업훈련 프로그램 현황

공급자	총 예산	인원	프로그램을 수료한 수	프로그램을 우수하게 평가한 수	직장을 구한 훈련자 수
	투입(input)	투입(input)	산출(output)	품질(quality)	결과(outcome)
정부 1	900,000	15	350	300	90
정부 2	1,500,000	17	400	375	250
계약 A	1,000,000	11	200	143	143
계약 B	1,400,000	16	400	234	350
계약 C	1,900,000	29	700	190	634

* 주: '정부 1'에서 정부는 정부기관을 뜻하고, '계약 A'에서 계약은 정부기관과 사업계약을 체결한 계약자(기관)를 뜻함.

만족도 조사에서 '아주 우수'와 '우수'로 매긴 점수, **효과성**: 직장을 구한 프로그램 이수자들의 수)를 보여 준다. 투입과 성과에 대한 이러한 범주 설정은 GASB(1994)에 의해 주장되고 있다.

단순비율분석

단순비율분석은 GASB(1994)가 SEA 보고서를 설명하기 위해 사용한 방법이다. <표 7-2>에 나와 있는 여섯 가지 비율은 산출 대비 비용(cost per output), 인력 대비 산출(outputs per FTE), 품질 산출 대비 비용(cost per quality output), 인력 대비 품질 산출(quality outputs per FTE), 결과 대비 비용(cost per outcome), 인력 대비 결과(outcomes per FTE)인데, GASB가 사용하기를 권고하는 비율 중 일부이다. <표 7-2>의 비율들은 <표 7-1>의 자료들을 토대로 하여 계산되었다.

<표 7-2>의 비율들은 5개 기관의 상대적인 강점과 약점에 대해 홍미있는 통찰력을 제공한다. 예를 들어, 정부 1은 산출 대비 비용에서 가장 효율적이고(2,571달러) 품질 산출 대비 비용(3,000달러)도 가장 낮다. 그러나 정부 1은 취업자 1인당 비용이 가장 높고(10,000달러), 직원 1인당 취업자 수(7.50)가 가장 낮다는 점에서 비효율적인 공급기관이라 할 수 있다. 계약 B는 직원 1인당 산출(25.00)에서 가장 효율적이며 직원 1인당 결과(21.88)에서 가장 효과적이다. 계약 C는 결과 대비 비용(2,997달러)에서 가장 효율적

〈표 7-2〉 단순비율분석

공급기관	훈련자 1인당 비용(output) (달러)	직원 1인당 훈련자 수 (output)	품질산출 대비 비용 (달러)	직원 1인당 품질산출	취업자 1인당 비용(outcome) (달러)	직원 1인당 취업자 수 (outcome)
정부 1	2,571*	23.33	3,000*	20.00	10,000	7.50
정부 2	3,750	23.53	4,000	22.06*	6,000	14.71
계약 A	5,000	18.18	6,993	13.00	6,993	13.00
계약 B	3,500	25.00*	5,983	14.63	4,000	21.88*
계약 C	2,714	24.13	10,000	6.55	2,997*	21.86

* 부분은 가장 효율적인 비율을 뜻함.

이며, 정부 2는 직원 1인당 품질 산출(22.06)이 다른 4개 기관보다 많다. 계약 A는 6개 성과 비율에서 모두 평균 또는 평균 이하에 머물고 있다.

계약 A를 제외한 모든 기관들이 6개의 성과 비율에서 최소한 하나 이상은 우수기관임을 보여 주고 있다. 이러한 단순비율분석은 끝없는 논란에 휩싸일 가능성이 크다. 어떤 기관이 전반적으로 가장 우수한가? 정부 1과 계약 B가 2개의 성과 비율에서 가장 우수한 위치에 있다. 그러나 이미 서술한 것처럼, 정부 1은 결과와 관련된 성과 비율(outcome performance ratio)에서 가장 비효율적이다. 반면에 계약 B는 결과와 관련된 성과 비율에서 가장 우수하다. 만약 정부가 재정적 어려움에 봉착하여 5개 기관 중 하나를 줄여야 한다면, 그리고 성과에 기초하여 그런 결정을 엄격하게 내려야 한다면, 어떤 기관이 탈락되어야 하는가? 단순비율분석에 입각한다면 폐지 대상 기관은 우수한 성과 비율이 하나도 없는 계약 A가 될 가능성이 크지만, 그 답은 명확하지 않다.

단순비율분석의 명확성을 높이기 위해 제기된 방법으로 가중치가 부여된 평균값을 사용하는 것이 있다(Gupta, 1994; Sherman, 1984). 이 방법에서는 정책결정자들과 정책평가자들의 선호에 근거한 상대적 중요성을 반영해 각각의 성과 비율들에 가중치를 주고 있다. 물론 이 방법은 정책결정자들과 정책평가자들이 각각의 비율에 부여된 결정론적인 가치(deterministic value)에 합의할 수 있다는 것을 전제한다. 변수들(이 경우에는 성과 비율들)에 대한 가중치 부여는 정책결정자 및 정책평가자들에게 가장 어렵고 논란을 불러일으키는 과제이다. 예를 들어, 초중등 교육에서 다양한 시험 점수(예: 읽기, 수학, 언어, 일반적인 능력)와 졸업률은 결과와 관련한 효과성 성과를 측정하는 데 매우 유용하다. 어떤 사람들은 수학, 읽기, 언어와 같은 점수가 업무 수행에서 미래의 성공을 예측할 수 있기 때문에 일반적인 능력보다 중요하다고 주장할 수 있다. 다른 사람들은 모든 시험 점수가 잠재적으로 편향되어 있기 때문에－따라서 의심되므로－졸업률이 초중등 교육의 효과성을 측정하는 데 더 나은 성과측정 수단이라고 주장할 것이다.

다양한 성과지표 간에 일정한 서열을 정할 수 있다고 해도, 각각의 성과지표에 구체적인 가중치를 어떻게 부여할 것인가가 여전히 문제로 남는다.

<표 7-2>가 보여 주는 것처럼, 취업자의 수가 직업훈련 프로그램에 대한 효과성 지표로서 타당하고 유용하며 일반적으로 받아들일 수 있다는 점에서는 거의 틀림없다. 그러나 여전히 문제가 남는다. 두 개의 산출 관련 효율성 성과지표와 두 개의 품질지표와 비교하여, 취업자 수와 관련된 두 가지 성과 비율에 대한 가중치를 어떻게 주어야 하는가?

서비스 공급기관 간 비교를 위해 단순비율분석을 사용하는 것은 <표 7-2>와 유사한 상황을 만들 가능성이 많다. <표 7-2>에서는 5개의 기관이 관련되었지만, 더 많은 기관이 관련된다면 단순비율분석은 더욱 복잡하게 되어 그 유용성이 떨어질 것이다.

회귀분석

성과 관련 자료를 이용하여 서비스 공급기관들을 비교하는 데 회귀분석도 종종 사용된다(Hammond, 1986; Hatry & Fisk, 1992). 회귀분석은 모든 공급기관의 자료를 사용하여 생산성 함수(production function)를 구하는데, 방정식은 한 개의 독자적인 성과 변수(즉 효율성, 품질, 효과성)를 종속 변수로 하고 하나 이상의 투입 요소를 독립 변수로 설정한다. 예를 들어 <표 7-1>의 자료를 대상으로 회귀분석을 한다면, 두 가지 투입 변수(총 예산, 상근 인력)에 대해 세 가지 성과측정 변수(산출, 품질, 결과)를 개별적으로 회귀분석시킬 수 있다.

각각의 회귀방정식은 본질적으로 하나의 예측이 될 것이다. 즉 투입(여기서는 총 예산과 상근 직원)이 일정한 상황에서 기대해야 하는 성과(산출, 품질, 결과)는 어느 정도인가? 그런 예측은 주어진 성과 범주에서 모든 기관들의 평균적인 성과를 대표하는 것이다. 개별 기관들의 실제 성과와 모든 기관들의 평균적인 성과 간의 차이는 회귀 잔차를 통해 구할 수 있다. 예측했던 것보다 더 많은 산출, 품질, 결과를 생산하는 기관들은 잔차가 양의 값을 가지게 되고, 그렇지 못한 기관들은 잔차가 음의 값을 가지게 될 것이다. 주어진 성과 범주에서 가장 우수한 기관은 가장 높은 양의 잔차를 가진 기관이다.

〈표 7-3〉 투입 변수를 각각의 성과 변수에 회귀시켜 얻은 잔차

공급기관	종속 변수(산출)	종속 변수(품질)	종속 변수(결과)
정부 1	15.83	65.55	-29.81
정부 2	1.72	115.90*	-87.48
계약 A	-34.67	-11.34	40.32
계약 B	29.36*	-23.42	57.02*
계약 C	-12.25	-46.69	19.94

* 가장 우수한 평균 이상의 성과를 뜻함.

<표 7-1>의 자료를 가지고 회귀분석을 한 결과 <표 7-3>는 단순비율분석에 비해 좀더 명백하다. 계약 B는 세 가지 성과 범주 중 두 가지에서 가장 높은 양의 잔차를 가지고 있다(효율성 또는 산출에서 29.36이며 효과성 또는 결과에서 57.02). 그러나 계약 B는 품질의 경우 평균보다 상당히 낮다(-23.42). 반대로 정부 2는 품질 부문에서 가장 높은 잔차를 가지지만(115.90), 효율성 잔차는 아주 낮은 양의 값을 가지며(1.72), 효과성 잔차는 5개 기관 가운데 가장 낮다(-87.48). 나머지 기관들의 수치는 복잡하다.

회귀분석 결과에 따르면, 세 가지 성과 범주 중 두 가지에서 가장 높은 잔차를 보여 주는 계약 B가 전반적으로 우수한 기관이 될 수 있다. 그러나 계약 B를 우수한 기관으로 설정하는 것은 실제로 최적의 상태에 미치지 못하는 성과를 제도화하게 된다(Gowlin, 1986). 즉 회귀분석은 '평균적인 성과 기준'에 근거하는 것이다. 평균적인 성과 기준은 사이먼(Herbert Simon)이 '만족화(satisficing)' 행위라 부른 것과 유사한 비(非)극대화(non maximization) 가정을 의미한다(Ganley & Cubbin, 1992에서 인용). 회귀분석은 세 가지 성과 범주 모두에 대해 전반적으로 우수한 기관을 결정한다기보다는 개별 성과 범주에 대한 우수기관만을 선정하게 되는 것이다. 이런 의미에서 회귀분석은 단순비율분석을 개선한 것으로 볼 수 없다.

회귀분석이 성과에 대한 비교를 명확히 해 주지 못한다는 점은 다음과 같은 질문이 제기될 때 더욱 명백해진다. 예산상 제약으로 인해 서비스 공급을 축소한다고 할 때 어떤 기관이 폐지되어야 하는가? 이러한 질문에 회귀분석은 명쾌한 대답을 주지 못한다. 계약 A와 계약 C는 두 가지 성과 범

주에서 음의 잔차를 가지기 때문으로 감축 대상 기관으로 될 가능성이 있다. 그러나 결과 부문에서는 계약 A와 계약 C의 잔차가 정부 1과 정부 2보다 우수하다.

불행하게도 회귀분석 또한 단순비율분석과 같은 커다란 제약을 안고 있다. 즉 복합적인 성과측정(종속) 변수를 분석할 수 있는 능력이 없으므로 모든 부문에서 전반적으로 우수한 기관을 가려낼 수 없다. 단순비율분석과 회귀분석에 대해 평가해 보면, 이 두 가지 방법이 최우수 성과를 확정하거나 개별 기관들을 유지 또는 폐지하는 결정을 내리는 데 심각한 제약을 가지고 있음이 명확해진다. 정책결정자들과 평가자들이 예산, 보조금, 계약 등 자원 할당과 관련된 정책을 결정할 때 성과분석에 대한 결과들을 이용하는 것은 필연적인데 두 가지 방법이 가지는 약점들로 인해 이들은 어려움을 겪게 될 것이다.

드랜서(DeLancer, 1996: 19)는 "성과분석에서 가장 많이 사용되는 전통적인 비율분석과 회귀분석은 효율성과 효과성에 대한 한정된 정보만을 제공한다"고 지적한다. 그러므로 정책결정자들과 정책평가자들은 기관 간 비교를 위해 대안적인 방법을 모색할 필요가 있다. 자료포락분석(Data Envelopment Analysis: DEA)은 많은 기관들을 다루면서도 단순비율분석과 회귀분석이 가지는 단점들을 제거할 수 있는 유용한 방법이다.

제 3 절 자료포락분석

DEA는 선형 프로그래밍을 응용한 기법이다. 특히 공공부문에서 공급기관을 상호 비교하는 데 점점 더 유용한 도구로 되고 있다. 예를 들면, DEA는 학교(Callen, 1991; Chalos & Cherian, 1995; Kao, 1994; Lovell, Walters, & Wood, 1994), 인적 서비스 기관(Ozcan & Cotter, 1994), 사법기관(Lewin, Morey, & Cook, 1982), 보건기관(Capettini, Dittman, & Morey, 1985; Juras, Kaspin, & Martin, 1994; Nunamaker, 1983; Sherman, 1984, 1986) 등을 비교하는 데 사용되어 왔다. DEA의 개발은 패

렐(Farrell, 1957)의 프런티어 방법론에 근거하고 있는 찬스, 쿠퍼와 로드스(Charnes, Cooper, & Rhodes, 1978)에 힘입은 바 크다. DEA는 의사 결정 단위(decision-making units: DMUs)라 불리는 서비스 공급기관의 투입과 산출을 분석하여 전반적인 효율성을 평가한다.

DEA는 자료의 선택시에 상당한 유연성을 제공한다. 투입과 산출에 연속 변수, 서열 변수, 명목 변수 등 어떤 변수든 가능하다(Banker & Morey, 1986). 또 투입과 산출은 상이한 분석 단위로 측정 가능하다(예를 들어 달러, 상근 직원 수, 개인별 시험 성적, 수료율과 취업률). DEA에서 **산출**이라는 용어는 산출성과 측정뿐만 아니라 품질성과 측정과 결과 성과 측정을 모두 포함하는 광범위하게 사용할 수 있다. 마찬가지로 **효율성**이라는 용어는 효율성에 대한 평가뿐만 아니라 품질 및 효과성에 대한 평가까지 포함한다. 그래서 DEA는 효율성, 품질, 효과성 평가는 물론 이들로 조합된 어떤 평가까지도 가능하다(DeLancer, 1996; Lewin & Morey, 1986; Lovell et al., 1994; Thanassoulis, Boussofiane, & Dyson, 1995). 서비스 공급기관을 비교할 때, DEA는 단순비율분석과 회귀분석에 비해 세 가지 장점을 지닌다.

첫째, DEA는 모든 투입과 산출에 대해 수학적으로 최적의 가중치를 부여하는 반면 비율분석과 회귀분석은 가중치 부여 과정에서 정책결정자와 평가자들의 선호에 의존한다. DEA는 비모수 방법이기 때문에 선험적으로 가중치를 부여할 필요가 없다. DEA는 어떤 기관이 유리하게 비교하는 변수들에는 최대의 가중치가 부여되고 불리하게 비교하는 변수들에는 최소의 가중치가 부여되는 결정규칙에 근거하여 각 기관의 투입 변수 및 성과 변수에 부여할 가중치를 경험적으로 도출한다.

둘째, DEA는 복합적인 종속 변수들(산출, 품질, 결과)을 동시에 비교하는 것이 가능하며, 단순비율분석이나 회귀분석으로는 불가능했던 가장 우수한 기관에 대한 스칼라 측정(등급 측정: 역주)을 제공할 수 있다. 경제적 의미에서 배분적 효율성과 기술적 효율성을 가지고 공급기관을 동시에 측정할 수 있다. **배분적** 효율성은 비용에 대한 자료(예를 들어 산출 대비 비용, 품질 산출 대비 비용, 결과 대비 비용)를 통해 측정되는 반면, **기술적**

효율성은 자원에 대한 자료(직원 대비 산출, 직원 대비 품질 산출, 직원 대비 결과)를 사용하여 측정된다. 비효율적인 것으로 밝혀진 공급기관은, 적어도 다른 기관이 더 적은 투입으로 산출, 품질, 결과를 생산할 수 있다는 파레토 효율의 관점에서 **매우 비효율적**이다(Ludwin & Guthrie, 1989). GPRA, 특히 GASB의 SEA 보고서 등과 같은 성과측정 기제가 다수의 복합적인 성과지표를 사용하기 때문에, 다수의 성과 변수들을 동시에 비교할 수 있는 DEA의 능력은 중요하다.

셋째, DEA는 비효율적으로 드러난 기관에서 절약할 수 있는 자원의 양이나 추가적으로 생산할 수 있는 산출, 품질, 결과의 양을 계산할 수 있다.

DEA 그래프

DEA의 (넓게 정의된) 효율성 개념을 그래프로 보여 주기 위해 품질과 결과로 표현된 두 가지 성과측정 자료를 이용한다([그림 7-1] 참조). DEA는 다양한 비율의 생성 및 동시 비교와 관련되기 때문에, 분석에는 <표 7-2>에 나와 있는 두 가지 비율, 즉 품질 산출 대비 비용(<표 7-2>의 세 번째 열)과 결과 대비 비용(<표 7-2>의 나섯 번째 열)을 사용한다. 세 번째 열의 품질 비율 자료와 다섯 번째 열의 결과 비율 자료를 가지고 구성한 것이 [그림 7-1]이다. 그림은 DEA가 **효율성 프런티어**(efficiency frontier)라고 부르는 것 또는 등기효율성(isoquant)을 시각적으로 보여 준다. 효율성 프런티어는 분석의 두 차원을 따라 가장 우수한 기관들을 연결한 것이다. 섹스턴(Sexton, 1986)에 따르면, 효율성 프런티어를 시각적으로 보여주는 하나의 방법은 x축의 위로부터 하나의 선을 그리며 내려오는 것이다. 선을 그리며 내려오면서 x축으로부터 당길 때, 가장 우수한 의사결정 단위(DMUs)는 효율성 프런티어라 정의되는 볼록 곡선을 형성하게 된다. [그림 7-1]에서 정부 1과 계약 C는 끝 지점에 있다. 즉 정부 1의 경우 품질 산출 대비 비용이 가장 낮은 반면, 계약 C의 경우 결과 대비 비용이 가장 낮다. 또한 계약 B는 계약 C보다 품질 산출 대비 비용이 낮으며 계약 C를 제외한 다른 기관보다 결과 대비 비용이 낮다. 정부 2는 정부 1보다 결과 대비 비용이 낮으며 정부 1을 제외한 다른 기관보다 품질 산출 대비 비용이 낮다. 파레토 적합성의 규칙에서 명확히 제외되는 것은 계약 A인데, 계약 B보다 품질 산출 대비 비용이 높고 정부 2보다 결과 대비 비용이 높다.

효율성 프런티어는 모든 비효율적인 의사결정 단위를 **열악한 지역**(dominated region: 열악한 지역이라 표현한 것은 이 지역에 포함된 기관의 효율성이 효율성 프런티어에 존재하는 기관의 효율성에 비해 낮다는 점을 보여 주기 위한 것임: 역주)이라는 곳에 '포락(envelope)'한다. DEA는 비효율적인 기관들을 효율성 프런티어에 끌어들임으로써 비효율적인 기관들의 투입 변수와 성과 변수에 대한 최적의 가중치를 만들어 내고자 한다. [그림 7-1]에서 계약 A는 열악한 지역에 있으므로, DEA는 계약 A가 효율성 프런티어(A′ 지점)로 움직일 수 있는 두 가지 값(산출품질 대비 비용과 결과 대비 비용)에 대한 최적의 가중치를 발견하려는 것이다.

[그림 7-1] 자료포락분석 프런티어 구성

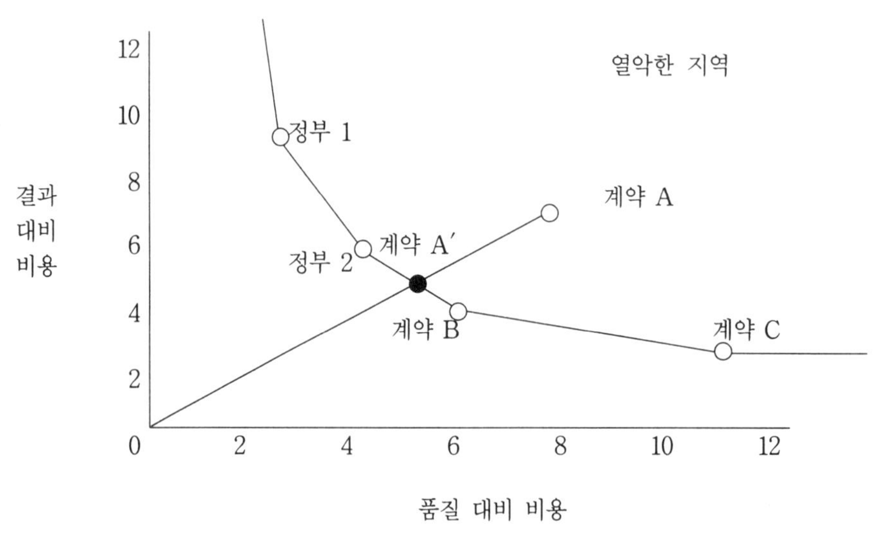

자료포락분석 모델의 수립

DEA는 표준 선형 프로그래밍 소프트웨어나 특수 목적을 지닌 DEA 소프트웨어를 사용하여 실행할 수 있다. *Frontier Analyst*(Banxia Software, 1996) 및 *Warwick Windows DEA*(Thanassoulis & Emrouznejad, 1996)와 같은 특수 DEA 소프트웨어는 일반적으로 사용자들에게 단순 자료표(스프레드시트)를 만들 수 있도록 하며, 모든 필요한 계산은 그 표에서 나오도록 되어 있다. 소프트웨어에 상관 없이, DEA 모델에 사용된 선형 프로그래밍 방정식은 가중치가 주어진 산출-투입 가치들의 분수식으로부터 나온다([그림 7-2] 참조, 그리고 자세한 토론은 Charnes et al., 1978 참조).

분석에서 각 공급기관을 위해 개별적인 선형 프로그램이 만들어져야 되기 때문에 표준 선형 프로그래밍 소프트웨어의 사용에는 많은 시간이 소모되는 경향이 있다. 표준 선형 프로그램을 사용하는 방법에 따르면, 이 논문의 DEA 사례를 해결하기 위해 [그림 7-3]은 [그림 7-2]의 공식을 사용해 투입 부문을 보여 준다.

이는 계약 A를 위한 선형 프로그램이다. Y는 산출 변수들이고 X는 투입

[그림 7-2] DEA 모델의 계약 A 적용

목적 함수(Objective Function): $Max\ Z_r = \sum_{r=1}^{S} Y_{rj} U_r$ (가중치가 부여된 산출의 최대 합)

(A)와 (B)에 대한 적용:

(A) $\sum_{r=1}^{s} Y_{rj} U_j - \sum_{i=1}^{m} X_{ij} V_j \leq$ (모든 DMU에 적용)

(B) $\sum_{i=1}^{m} X_{ij} V_j = 1$ (j번째 DMU만 계산)

Y=1부터 j까지 산출의 양 　　U=산출 j에 대해 부여된 가중치
X=1부터 j까지 투입의 양 　　V=투입 j에 대해 부여된 가중치

[그림 7-3] 계약 A에 적용한 표준 선형 프로그래밍 포맷

목적 함수: Max 200Y1+143Y2+143Y3
Subject to:
(A) 정부 1 900X4+15X5-350Y1-300Y2- 90Y3 ≧ 0
정부 2 1500X4+17X5-400Y1-375Y2-250Y3 ≧ 0
계약 A 1000X4+11X5-200Y1-143Y2-143Y3 ≧ 0
계약 B 1400X4+16X5-400Y1-234Y2-350Y3 ≧ 0
계약 C 1900X4+29X5-700Y1-190Y2-634Y3 ≧ 0
(B) 계약 A +1000X4+11X5 ≧ 1

변수들이다. U와 V는 각각 산출과 투입 변수의 상관 계수들이다. 목적 함수(200Y1+143Y2+143Y3)는 선형 프로그램이 여섯 가지 제약식(constraint)하에 200산출, 143품질산출, 143결과로 측정된 계약 A의 성과를 최대화시키려는 것을 보여 준다. (A)에 있는 다섯 가지 제약식은 평가 대상기관인 계약 A를 포함한 5개 기관에 의해 각각 생산된 성과(Y변수)와 소비된 자원(X변수)을 수학적으로 나타내고 있다. 그래서 정부 1은 생산된 성과로서 350산출, 300품질산출, 90결과, 소비된 자원으로서 총 예산 90만 달러와 15명의 상근 직원을 포함하고 있다. 제약식을 구성하는 데, 성과 변수들 앞에는 (−)를 붙이고 투입 변수들 앞에는 (+)를 붙인다. 그리고 각 제약식은 0보다 같거나 크게 한다(≧ 0). 여섯 번째이자 마지막 제약식은 평가받을 기관(계약 A)에 의해 소비된 자원(총 예산 100만 달러와 11명의 상근 직원)을 나타낸다. 이 제약식은 1과 같은 것으로 되는데($1000X4+11X5=1$), 이는 계약 A의 효율성이 1(또는 100%)을 초과할 수 없도록 하기 위해서이다.

DEA 결과에 대한 해석

표준 선형 프로그램을 실행하면 목적함수 값이 구해진다. 이 값은 DEA 용어로 **개별 효율성 점수**(individual efficiency score)라 불린다. [그림

7-4]를 보면, 계약 A의 개별 효율성 점수는 .744이다. 만약 계약 A가 다른 공급기관에 비해 효율적이었다면 계약 A의 효율성 점수는 1이 되었을 것이다. 효율성 점수가 1보다 적다는 것은 계약 A가 상대적으로 다른 기관에 비해 비효율적이라는 것을 뜻한다. 효율성 점수가 1보다 멀어질수록 공급기관은 비효율적인 것으로 간주된다. 계약 A에 대한 효율성 점수는, 투입 변수들과 성과 변수들에 주어진 다양한 가중치에도 불구하고 계약 A가 다른 기관에 비해 상대적으로 비효율적이라는 것으로 해석된다. DEA에서는 두 개의 투입 변수와 세 개의 성과 변수에 대해 어떠한 가중치를 주더라도 계약 A가 상대적으로 효율적이라는 것을 보여 줄 수 없다.

같은 과정을 거쳐 나머지 4개 기관이 평가되었을 때 모두 1과 같은 효율성 점수를 얻었는데, 이는 4개 기관이 상호간에 상대적으로 효율적임을 보여 주는 것이다. 그래서 계약 A를 제외한 모든 기관은 최우수 기관의 지위를 가지게 된다. 왜냐 하면 가중치가 부여된 이들 기관의 투입 변수와 성과 변수들의 평균값이 효율성 프런티어에 해당하기 때문이다.

이 사례에서 평가 대상인 5개 기관 중에서 4개 기관이 최우수 기관으로 된다는 것은, DEA에 적용되는 기관이 많을수록 DEA가 더욱 유용하다는 점을 말해 준다. 여기서는 가능한 한 DEA 분석을 단순하게 잘 보여 주기 위해 적은 수의 공급기관을 적용했다.

[그림 7-4] 계약 A에 적용한 표준 선형 프로그램 소프트웨어 자료 산출

목적함수 값 = 0.744

공급기관(DMU)	잠재가격(shadow prices)
정부 1	0.000
정부 2	0.184
계약 A	0.000
계약 B	0.316
계약 C	0.000

또 [그림 7-4]는 **잠재가격**(shadow prices)을 위한 표준 선형 프로그램 산출값을 보여 준다. 잠재가격은 선형 프로그램에서 중요한 의미를 지닌다.[1] 그러나 DEA에서 잠재가격은 다른 목적을 위해 사용된다. 0이 아닌 잠재가격은 상대적으로 비효율적인 기관을 위한 산출가치로서 나타난다. 잠재가격이 0이 아닐 경우, 잠재가격은 다른 기관들이 비효율적인 기관을 위해 **준거집합**(reference set)을 어떻게 형성하는지 보여 준다. 준거집합은 하나의 기관이 비효율적인 것으로 판명될 때, 효율적인 기관들의 수이다(Ganley & Cubbin, 1992). [그림 7-4]에 따르면, 계약 A를 위한 준거집합은 정부 2와 계약 B로 구성된다. 준거집합에 속한 기관들의 질적인 정보는 정책결정자 및 평가자들이 특정 기관의 상대적 비효율성에 대한 원인들을 이해하는 데 도움을 주기 때문에 준거집합은 중요하다(Callen, 1991). 예를 들어 정부 2와 계약 B의 활동을 연구하는 것은 계약 A의 생산성을 증가시키는 데 효과적인 방법에 대한 통찰력을 제공해 줄 수 있다.

그리고 비효율적인 기관(여기서는 계약 A)이 준거집합의 기관들처럼 효율적으로 되기 위해 요구되는 조건, 즉 절약 가능한 자원의 양 또는 추가적으로 생산 가능한 산출, 품질, 결과의 양을 계산하기 위해 준거집합을 사용할 수 있다. 이러한 값들을 구하기 위해, 준거집합 기관들의 잠재가격들은 해당 기관들의 투입-산출 변수와 곱해져서 준거집합 지수를 만든다([그림 7-5] 참조). 이 논문의 사례에서 계약 A를 위한 준거집합은 정부 2와 계약 B로 구성된다. 정부 2의 잠재가격(.184)은 정부 2의 예산(1,500)과 곱해지고, 계약 B의 잠재가격(.316)은 계약 B의 예산(1,400)과 곱해진다. 그리고 두 값을 더하면 718이라는 준거집합 지수가 만들어진다. 718이라는 숫자는

---

1) 잠재가격의 사용은 선형 프로그램에 익숙한 독자들에게 혼란을 일으킬 수 있다. 선형 프로그램에서 잠재가격은 특정한 제약하에 자원의 활용 가능성 면에서 한 단위 증가를 위한 목적함수 값의 변화를 표현한다. 잠재가격은 선형 프로그램의 민감성(sensitivity)을 테스트하기 위해 우측 값과 일치되게 사용한다. 또한 일부 독자들은 이중 가격(dual prices)을 사용할지도 모른다. 잠재가격은 최대화 문제에서는 같은 값을 가지며 최소화 문제에서는 반대 부호(+/−)를 가진다. DEA에서 잠재가격은 다른 목적을 위해 사용된다. 잠재가격은 우선 준거 집합을 정의하기 위해 사용된다. 다음으로 이 논문에서 서술된 것처럼 비효율적인 기관을 위해 절약 가능한 자원의 양 또는 추가적으로 생산 가능한 산출, 품질, 결과의 양을 계산하는 데 사용된다.

[그림 7-5] 계약 A를 위한 효율성 목표

		정부 2 (실제)		계약 B (실제)		준거집합 지수
투입						
예산(천 달러)		1,500		1,400		718
직원		17		16		8
산출	.184		+.316		=	
수료자		400		400		200
품질		375		234		143
구직자		250		350		156

	계약 A (실제)		준거집합 지수		효율성 목표
투입					
예산(천 달러)	1,000		718		282
직원	11		8		3
산출		-		=	
수료자	200		200		0
품질	143		143		0
구직자	143		156		13

계약 A가 준거집합의 기관처럼 효율적이기 위해 지출해야 하는 총예산(718,000달러)을 의미한다. 계약 A의 실제 예산은 1,000,000달러이다. 실제 예산을 준거집합 지수의 예산과 비교하면, 계약 A가 282,000달러 정도로 비효율적임을 보여 준다. [그림 7-5]를 보면, 같은 과정에 의해 계약 A가 준거집합 기관들과 비슷한 효율성을 가지기 위해서는 3명의 상근 인력을 줄이고 13명의 프로그램 이수자가 직장을 구하도록 해야 한다.

DEA에 대한 방법론적 검토

DEA는 성과 비교를 적용하는 방법을 개발하는 데 고려해야 하는 두 가지 독특한 능력을 지니고 있다. 첫째, DEA는 '통제 불가능한' 환경 투입 변수가 의사결정기관의 성과에 대해 미치는 영향을 설명할 수 있다. 서비스 공급자가 통제할 수 없는 요인들이 상대적인 성과에 자주 영향을 미치기 때문에 성과를 비교하는 평가는 실행하기 힘든 것으로 주장된다. 앞서의 예에서, 통제 불가능한 환경 투입 변수들은 직업훈련 프로그램이 수행되고 있는 지역의 소득 수준, 실업률, 교육 수준 등을 포함할 것이다. DEA는 통제할 수 없는 환경 투입 변수들의 상대적인 영향력을 설명하기 위해 수정될 수 있다. 이와 관련된 수학적 공식을 다루는 것은 이 논문의 범위를 벗어난다. 하지만 대부분의 DEA 소프트웨어 프로그램들은 통제 불가능한 환경 투입 변수들을 지정하도록 단순하게 요구하고 있다. 그런 후 등록된 통제 불능의 환경 투입 변수들의 영향을 설명하기 위해 DEA 최종 해법들이 수정된다.

둘째, DEA는 적절한 '규모 수익'(규모에 따른 수확, returns to scale)을 명확히 할 것을 요구한다. 대부분의 DEA 모델은 절대수익률(constant rates of return: 투입의 한 단위가 산출의 한 단위를 만들어 냄)을 가정한다. 이러한 방식은 통상 CCR 모델(Charnes, Cooper, & Rhodes, 1978)로 알려져 있다. 대부분의 공공부문에서는 절대수익률을 따른다. 하지만 BCC 모델(Banker, Charnes, & Cooper, 1984)이라는 대안적 모델이 있다. BCC 모델은 가변적 규모 수익 모델인데, 어떤 선험적인 가정을 하지 않으며 DEA 스스로 규모 수익의 법칙을 결정하는 것이다. 규모 수익의 법칙에는 규모에 대한 절대수익률(한 단위의 투입이 한 단위의 산출을 만들어 냄), 규모의 경제(한 단위의 투입이 하나 이상의 산출을 만들어 냄), 규모의 불경제(한 단위의 투입이 하나 이하의 산출을 만들어 냄) 등이 있다.

DEA의 한계

DEA는 기술적으로나 실제적으로나 제약이 있기 때문에 서비스 공급자들을 비교할 수 있는 만병통치약은 아니다. DEA의 수학적 복잡성은 반드시 해결되어야 할 대표적인 장애물이다. DEA는 단순히 일부 독자들에게는 너무 기술적이다 (Hatry & Fisk, 1992). 구체적인 DEA 소프트웨어를 사용할 수 있는 능력이 증가된다면 분석과 관련된 수학을 강조하지 않아도 될 것이며, 정책결정자들과 평가자들을 위한 의사결정 수단으로서의 개념적 이해와 유용성을 가능한 한 높여 줄 것이다. DEA는 비모수 기술이기 때문에 회귀분석처럼 오차를 측정하기 위한 통계지표를 가지지 않는다. 또한 비모수 기술은 일반적으로 가설 검증에 적합하지 않다. 이러한 제약으로 인해 DEA를 사용하는 연구자들은 자료를 잘 다루어야 한다.

그리고 DEA에 포함되는 공급기관의 수도 중요하게 고려해야 할 기술적 사항이다. 보편적으로 받아들일 수 있는 법칙이 존재하지 않는다 하더라도, 대부분의 학자들은 회귀분석의 독립 변수를 위해 4에서 15개 정도의 관찰변수(observations)가 필요하다고 주장한다 (Hair, Anderson, Tatham, & Black, 1992). DEA에서도 비슷한 방법이 요구된다. 의사결정 단위 수가 적은 경우 편향을 가질 가능성이 크며, DMU 수가 많을수록 DEA 해법의 설득력을 높이게 된다 (Banker, 1993).

DEA는 효율적이라고 판명된 DMU들 간의 상대적 차이를 측정하는 것은 아니다. 앞선 예에서, DEA 점수가 1인 4개 기관 간에는 어떤 차이도 없다. 이러한 제약 때문에, DEA는 이론적으로 최적의 성과 기준에 입각해 비교 가능한 정보를 제공하지 않는다. DEA는 상대적 비교를 사용하기 때문에, 연구에 포함된 일부 의사 결정 단위들이 상대적으로 덜 비효율적이라 하더라도 모든 의사 결정 단위들이 비효율적일 수 있다는 점이 지적되어야 한다.

대부분의 평가 방법에서처럼, DEA는 투입 변수와 성과 변수(산출, 품질, 결과)에 대한 현명한 선택을 요구한다. 이론적으로 탄탄한 투입 및 성과 변수의 사용을 대체할 만한 것은 없다. 투입 및 성과 변수의 선택에서 내용타당성이 높아진다면, 정책결정자와 평가자들은 DEA를 더욱 잘 이해하게 되고 받아들이게 될 것이다. 나아가 투입과 성과 변수들 간의 인과 관계에 대한 경험적 증거는, 비록 결정적이지 않다고 하더라도, 분석의 타당성을 높여 줄 것이다. 최근 수많은 DEA 연구에서 회귀분석을 통해 발견된 통계적으로 유의미한 관계가 사용되고 있다 (예: Chalos & Cherian, 1995; Lovell et al., 1994).

DEA에 포함된 투입 및 성과 변수의 수도 중요한 고려 대상이다. '탐색적 자료 분석(exploratory data analysis)'에서 투입 및 성과 변수를 많이 사용하는 것은 방법론적으로 옳지 않다고 간주되며 실제로 선호되지 않는다. 투입 및 성과 변수가 적을 경우 좀더 큰 설명력(explanatory value)을 지니는 경향이 있으며, 또 그렇기 때문에 선호되고 있다. DEA의 특징 중의 하나는, 투입 및 성과 변수가 많이 포함될수록 효율적인 또는 최우수기관의 비율이 증가하는 경향이 있으며(Chalos & Cherian, 1995), 그리하여 DEA 해법의 설명적 가치를 약화시키게 된다는 점이다. 누내메이커(Nunamaker, 1985: 54)는 다음과 같이 지적하고 있다. "고려되는 변수가 많을수록 비효율적인 기관이 추가된 영역을 주도하게 되어 결국 효율적인 것으로 될 가능성이 커지게 된다." 투입 및 성과 변수에 대한 가장 적합한 최소의 수를 결정하기 위한 하나의 방법으로 성과 변수에 대해 투입 변수를 회귀분석시켜 보는 것이 있다. 요인분석, 상관관계분석, 회귀분석 등을 사용하여 투입 변수들 간의 상관성을 통계적으로 검증하는 것은 상관성이 높은 투입 변수들의 수를 감소시키는 데 도움을 줄 수 있다.

제4절 결 론

향후 성과측정과 그것으로부터 나오는 최종 자료들은 점점 더 유의미하게 될 것이다. GPRA, NPR, 주정부와 지방정부의 다양한 벤치마킹, GASB의 SEA 보고서 등에서 이런 요구가 크기 때문에, 대부분의 연방기관들, 주정부와 지방정부들, 정부와 협력하여 업무를 수행하는 민간 계약자들과 보조금 수혜기관들은 멀지 않은 미래에 성과 측정과 관련된 문제들과 맞닥뜨리게 될 것이다. 공공기관들이 성과측정 자료를 일상적으로 수집하고 보고하게 되면, 논리적으로 다음 단계는 다양한 기관들의 성과를 비교하고 대조하는 것이 된다. 정책결정자들과 평가자들은 최우수기관을 선정하는 문제와 사업의 효율성, 품질, 효과성을 개선하기 위한 측정 기준을 확립하는 문제에 직면하게 될 것이다. 다수의 기관들에 대한 비교는 예산, 보조금, 계약 및 기타 자원 할당의 결정 과정에 많은 영향을 줄 것이다.

정책결정자들과 평가자들은 정책 결정에 도움을 줄 수 있는 분석적 도구들을 개선할 필요가 있다. 과거에는 단순비율분석과 회귀분석으로 충분했지만, 이제는 수많은 기관들 중에서 최우수기관을 선정할 수 있는 강력한 분석 방법이 요구되는 것이다. DEA는 이러한 요구에 부응하는 대표적인 방법의 하나라 할 수 있다. 평균화 원칙(averaging principle)보다는 최적화 원칙(optimizing principle)을 가지고 있다는 점에서 DEA는 단순비율분석 및 회귀분석보다 우수하다. 또한 DEA는 정책결정자와 평가자들에 의해 주어진 선험적 가중치보다는 투입 및 성과 변수에 대한 객관적 자료에 기초하여 가중치를 부여하고 있다. 그리고 DEA는 업무 개선을 위한 모델로 사용될 수 있는 최우수기관을 선정하고 비효율적인 기관의 개선 목표치를 만들어 낸다. DEA가 단순비율분석 및 회귀분석에 대해 몇 가지 장점을 가진다 해도, 세 가지 방법 모두 서비스 공급기관들의 상대적 효율성에 대한 다양한 관점을 제공하므로 함께 사용하는 것이 가능하다.

참고 문헌

Banker, R. D.(1993). Maximum likelihood, consistency and data envelopment analysis: A statistical foundation. *Management Science 39*: 1265-1273.

Banker, R. D., Charnes, A., & Cooper(1984). Models for estimation of technical and scale inefficiencies in data envelopment analysis. *Management Science 30*: 1078-1092.

Banker, R. D., & Morey, R. C.(1986). The Use of categorical variables in data envelopment analysis. *Management Science 12*: 1613-1627.

Banxia Software (1996). *Frontier analysis*. Glasgow, UK: Author.

Blodgett, J., & Newfarmer, G. (1996). Performance measurement: (Arguably) the hottest topic in government today. *Public Management 78(1)*: 6.

Callen, J. L (1991). Data envelopment analysis: Partial survey and applications for management accounting. *Journal of Management Accounting 3*:

35-56.

Cappettini, R., Dittman, D. A., & Morey, R. C. (1985). Reimbursement rate setting for Medicaid prescription drugs based on relative efficiencies. *Journal of Accounting and Public Policy 4*: 83-110.

Chalos. P., & Cherian, J. (1995). An application of data envelopment analysis to public sector performance measurement and accountability. *Journal of Accounting and Public Policy 14*: 143-160.

Charnes, A., Cooper, W., & Rhodes, E. (1978). Measuring the efficiency of decision making units. *European Journal of Operations Research 2*: 429-444.

City of Portland (1995). *Services efforts and accomplishment reporting 1993-94*. Portland, OR: Office of the City Auditor.

Curcio, C. (1996). *Performance indicators: Phoenix Parks, Recreation, and Library Department*. Washington, DC: American Society for Public Administration.

DeLancer, P. M. (1996; June). *Public productivity and data envelopment analysis (DEA): How compatible are they?* Paper presented at the annual meeting of the American Society for Public Administration, Atlanta, GA.

Epstein, P.(1992). Get ready: The time for performance measurement is finally coming. *Public Adminstration Review 52*: 513-519.

Farrell, M. J.(1957). The measurement of efficiency. *Journal of the Royal Statistical Society 120*: 253-290.

Florida Commission on Government Accountability to the People (1996a). *The Florida Benchmarks Report*. Tallahassee, FL: Author.

Florida Commission on Government Accountability to the People (1996b). *States doing benchmarking reports*. Tallahassee, FL: Author.

Fountain, J., & Roob, M.(1994). Service efforts and accomplishments measures. *Public Management 76*: 6-12.

Ganley, J. A., & Cubbin, J. S.(1992). *Public sector efficiency measurement: Applications of data envelopment analysis*. Amsterdam: North-Holland.

Gore, A. (1996). *Reinvention's next steps: Governing in a balanced budget world*. Washington, DC: National Performance Review.

Governmental Accounting Standards Board (1991). *Service efforts and accomplishments reporting: Its time has comer-Public health.* Norwalk, CT: Author.

Governmental Accounting Standards Board (1994). *Concept statement No. 2 of the Governmental Accounting Standards Board on concepts related to service efforts and accomplishments reporting.* Norwalk, CT: Author.

Gowlin, W.(1986). Evaluating performance in governmental organizations. *The Government Accountant's Journal 35*: 50-57.

Gupta, D. K.(1994) *Decisions by the numbers: An introduction to quantitative techniques for public policy analysis and management.* Englewood Cliffs, NJ: Prentice Hall.

Hair, J. F., Anderson, R. E., Tatham, R. L., & Black, W. C. (1992). *Multivariate data analysis with readings.* New York: Macmillan.

Hammond, C.(1986). Estimating the statistical cost curve: an application of the stochastic frontier technique. *Applied Economics 18*: 971-984.

Hatry, H., & Fisk, D. (1992). Measuring productivity in the public sector. In M. Holzer (ed.), *Public productivity handbook.* New York: Marcel Dekker.

Juras, P. E., Kaspin, J., & Martin, D. R. (1994). An analysis of gainsharing in a health care setting. *Health Care Supervisor 13*: 44-50.

Kao, C. (1994). Evaluation of junior colleges of technology: The Taiwan case. *European Journal of Operational Research 72*: 43-51.

Lewin, A. Y., & Morey, R. C. (1986). Measuring the relative efficiency and output potential of public sector organizations. *International Journal of Policy Analysis and Information Systems 5*: 267-285.

Lewin, A. Y., Morey, R. C., & Cook, T. J. (1982). Evaluating the administrative efficiency of the courts. *Omega 10*: 401-411.

Lovell, K., Walters, L. C., & Wood, L. L. (1994). Stratified models of education production using modified DEA and regression analysis. In A. Charnes W. Cooper, A. Lewin, & L. Seiford (eds.), *Data envelopment analysis: Theory, methodology, and applications.* Boston: Kluwer Academic.

Ludwin, W. G., & Guthrie, T. L. (1989). Assessing productivity with data envelopment analysis. *Public Productivity Review 12*: 361-371.

Martin, L., & Kettner, P. (1996). *Measuring the performance of human service programs*, Thousand Oaks, CA: Sage.

Minnesota Planning (1996). *Minnesota Milestones-1996 progress report.* St.

Paul, MN: Author.

Nunamaker, T. (1983). Measuring routine nursing service efficiency: A comparison of cosy per patient day and data envelopment analysis. *Health Services Research 18*: 183-205.

Nunamaker, T. (1985). Using data envelopment analysis to measure the efficiency of non-profit organizations: A critical evaluation. *Management and Decision Economics 6*: 50-58.

Oregon Progress Board (1994). *Governing for results: Using benchmarks to define and measure progress toward strategic priorities.* Salem: Author.

Osborne, D., & Gaebler, T. (1992). *Reinventing government.* Reading, MA: Addison-Wesley.

Ozcan, Y. A., & Cotter, M. A. (1994). An assessment of efficiency of area agencies in aging in Virginia through data envelopment analysis. *The Gerontologist 34*: 363-370.

Sexton, T. (1986). The methodology of data envelopment analysis. In R. H. Silkman(ed.), *Measuring efficiency: An assessment of data envelopment analysis* (New Direction for Program Evaluation, No. 32). San Francisco: Jossey-Bass.

Sherman, H. D. (1984). Hospital efficiency measurement and evaluation: Empirical test of a new technique. *Medical Care 22*: 292-295.

______. (1986). Managing productivity of health care organizations. In R. H. Silkman(ed.), *Measuring efficiency: An assessment of data envelopment analysis* (New Directions for Program Evaluation, No. 32). San Francisco: Jossey-Bass.

Spendolini, M. (1992). *The benchmarking book.* New York: AMACON.

Thanassoulis, E., Boussofiane, A., & Dyson, R. G. (1995). Exploring quality targets in the provision of perinatal care in England using data envelopment analysis. *European Journal of Operational Research 80*: 588-607.

Thanassoulis, E., & Emrouznejad, A. (1996). *Warwick Windows DEA.* Coventry, UK: Warwick Business School.

Tarcy, R. (1996). *Development and use of outcome information: Portland, Oregon.* Washington, DC: American Society for Public Administration.

Tarcy, R., & Jean. E. P. (1993). Measuring government performance:

Experimenting with service efforts and accomplishments reporting in Portland Oregon. *Government Finance Review 9*: 11-14.

Urban Institute (1980). *Performance measurement*. Washington, DC: Author.

U.S. General Accounting Office (1995a). *Managing for results: Critical actions for measuring performance*. Washington, DC: Author.

U.S General Accounting Office (1995b). *Managing for results: Status of the Government Performance and Results Act*. Washington, DC: Author.

U.S General Accounting Office (1996). *Effectively implementing the Government Performance and Results Act*. Washington, DC: Author.

▩ 필자 소개

로널드 니한(Ronald C. Nyhan)은 플로리다 애틀랜틱대학교(Florida Atlantic University)의 행정대학원(School of Public Administration) 조교수로 재직하고 있다. 그 전에는 조직의 구조조정(organizational restructuring), 생산성 개선, 정보 시스템 설계 등의 분야에서 연방정부, 주정부, 지방정부의 관리자문 역할을 16년 동안 했다. 그의 논문들은 *State and Local Government Review, Evaluation Review, Public Administration Quarterly, International Journal of Public Administration, International Review of Administrative Sciences* 등의 저널에 실려 있다.

로렌스 마틴(Lawrence L. Martin)은 컬럼비아대학교(Columbia University)의 사회행정학과 조교수로 재직하고 있다. 그의 논문들은 *Policy Studies Journal, Public Administration Review, State & Local Government Review, Administration in Social Work* 등의 저널에 실려 있다. 최근의 주요 관심 분야는 주정부와 지방정부, 민-관 경쟁, 성과측정과 성과계약 등이다.

찾아보기

ㅇ

ㅈ

ㅊ

옮긴이 소개

이광희

서울대학교 정치학 박사
한국행정연구원 정책평가센터 수석연구원(현)
국무총리실 국가평가인프라구축추진단 전문위원(전)

〈논문 및 저서〉
"공공기관 고객만족도의 측정과 활용: 만족의 불연속 개념을 중심으로"(2005)
"한국 도시정부 성과의 결정요인 분석"(2004)

한종희

미국 Claremont대학교 정치학 박사
한국행정연구원 정책평가센터 수석연구원(현)

〈논문 및 저서〉
"한국의 신공공관리적 정부개혁과 국가역할의 전환"(2005)
"이중적 성찰성과 전략적 선택성의 관점에서 본 국가 능력과 정책 변화"(2005)

윤수재

중앙대학교 행정학 박사
감사원 평가연구원 연구관(현)
한국행정연구원 정책평가센터 수석연구원(전)
특허청 자체평가위원회 평가위원(현), 한국환경자원공사 경영평가위원(전)

〈논문 및 저서〉
"정부성과평가시스템의 성공적 정착을 위한 BSC모델의 검토"(2005)

강은숙

서울대학교 행정학 박사
한국해양대학교 통상행정학부 교수(현)
한국행정연구원 정책평가센터 수석연구원(전), 특허청 자체평가위원(현)

〈논문 및 저서〉
"투명성 확보를 위한 인사운영시스템의 평가"(2004)
"정부업무평가제도와 MBO의 연계 방안"(2004)

공병천

한국외국어대학교 행정학 박사
감사원 평가연구원 연구관(현)
한국행정연구원 정책평가센터 수석연구원(전)
공정거래위원회 자체평가위원(현)

〈논문 및 저서〉
"정부기관평가제도의 탐색적 연구 - 중앙행정기관 평가를 중심으로"(2003)
"한국과 프랑스의 정책평가제도 비교 연구"(2005)

홍재환

미국 Oregon대학교 정치학 박사
한국행정연구원 정책평가센터 수석연구원(현)
해양수산부 자체평가위원(현)

〈논문 및 저서〉
"A Critical Analysis of the Customer Satisfaction Model: The Korean Institution Evaluation System in Comparative Perspectives(2003)"
"행정서비스 이용자 만족도조사 도입 방안"(2003)

정책평가와 성과관리

펴낸날 / 제1판 제1쇄 2006년 3월 10일
옮긴이 / 이광희 외
펴낸이 / 임춘환
펴낸곳 / 도서출판 대영문화사
주소 / 서울 용산구 청파동 1가 178-2 ㊃ 140-869
등록 / 1975년 12월 26일 제3-16호
전화 / (02)716-3883, (02)714-3062
팩시밀리 / (02)703-3839
우체국 온라인 / 011353-02-009106

ISBN 89-7644-196-6

〔값 10,000원〕